JN121257

# 労働実務
# 事例研究

## 2022 年版

労働新聞社

# はじめに

　人事・労務や安全衛生担当者、社会保険労務士など実務に携わる方々にとって、業務や法改正対応などのトラブルや疑問は、日常的に起こっているのではないでしょうか。

　弊社定期刊行物「労働新聞」「安全スタッフ」では、労働関係法の解釈から、職場で発生するトラブルの処理の仕方、人事制度の内容などＱ＆Ａ形式で幅広くお答えする「実務相談室」を掲載し、実務に役立つコーナーとして多くの読者の方々に支持され、大変好評を得ております。

　本書は、当コーナーに寄せられた2021年掲載分の相談248問を、労働基準、労災保険、雇用保険、徴収、健康保険、厚生年金、安全衛生、派遣、育児・介護休業など内容別に分類し、最新の情報に加筆・修正し、読みやすくまとめたものです。

　日常の問題解決やトラブル防止、ケーススタディとして本書をご活用して頂ければ幸いです。

2022年6月

# 目　　次

## 第 1 章　労働基準法編

### 賃金関係

## 労働時間関係

## 休憩・休日関係

# 第2章　労災保険法編

## 総則関係

# 第3章　雇用保険法編

## 総則関係

## 保険給付関係

# 第4章　徴収法編

# 第5章　健康保険法編

## 総則関係

## 保険給付関係

# 第6章　厚生年金保険法編

## 総則関係

**保険給付関係**

# 第7章　労働安全衛生法編

# 第8章　労働者派遣法編

# 第9章　育児・介護休業法編

○本書は「労働新聞」「安全スタッフ」（2021年1～12月掲載分）の実務相談室コーナーに寄せられた相談248問を、2022年4月1日現在の最新情報に改め、法律別に収載したものです。
○法改正等で内容に変更が生じる場合がございます。

# 第 1 章
# 労働基準法編

賃金関係

労働時間関係

休憩・休日関係

女性および年少者関係

労働契約関係

労務一般関係

# 賃金関係

## Q1 平均賃金算出どのように　試用期間中に休業　本採用後あまり変化なく

新規採用の従業員が、作業中のケガで休業したので、休業補償（平均賃金の6割）をします。ただし、この方はまだ3カ月の試用期間中です。法律の条文を確認したところ、「試用期間中の賃金を除いて」計算するとあります。実際問題として、本採用後も賃金にそれほどの差はないのですが、この場合、どのように対応すれば良いのでしょうか。【愛媛・I社】

## A. 雇入れから発生までみる

業務上のケガが発生した際、最初の3日間については、事業主が労基法に基づき休業補償をします（76条）。平均賃金を算定し、その6割相当を支払います。

平均賃金は、「算定事由発生日以前3カ月間に支払われた賃金総額を、その期間の総日数で除して計算」するのが原則です（労基法12条1項）。

ただし、賃金締切日があるときは、「直前の賃金締切日から起算」します（同条2項）。

算定事由発生日以前3カ月間中に、労基法12条3項に列挙する期間があるときは、「その日数および賃金」を控除して計算します。そのなかに、ご質問にあるとおり、「試みの使用期間」が含まれています。

試用期間中の日数・賃金を平均賃金の計算から除く理由については、「技能、人格等により、労働者として適格性を有するか否かを判

断し、本採用をするかどうか決める期間であり、本採用後の賃金より低い」ケースがあるため、と説明されています（労基法コンメンタール）。

しかし、試用期間中にケガをした場合、この規定に従うと、平均賃金の計算ができません。

そこで、労基則3条により別に「試用期間中に算定事由が発生した場合には、労基法12条3項にかかわらず、その期間中の日数・賃金」を用いるという例外を設けています。

さらに、ご質問の方は雇入れ後3カ月以内ですから、平均賃金の計算対象期間は「雇入れ後の期間」となります（労基法12条6項）。

この場合でも、賃金締切日があるときは、直前の賃金締切日から起算するのが原則です。ただし、その結果、「算定対象期間が1賃金算定期間（1カ月を下らない期間）に満たなくなるときは、事由の発生日から計算を行う」とされています（昭27・4・21 基収1371号）。

## Q2 猶予なくなり割賃5割!?　中小企業に該当せずサービス業へ切り替えで

当社はメーカーとして創業しましたが、近年、サービス業分野の比重が増えています。労基法本則では「月60時間超の時間外労働に5割の割増賃金」を支払う規定となっていて、中小企業対象の猶予措置は令和5年4月廃止の予定です。しかし、今後、当社の「本業」を正式にサービス業に切り替え、社名等も変更した場合は、そこから前倒しで「割増賃金5割」が適用されるのでしょうか。【東京・Y社】

## A. 変更時点から対象になる

平成22年施行の改正労基法では、「時間外労働が1カ月60時間を超えた場合の割増賃金率を5割」と規定しています。中小企業が対

象の猶予措置が設けられていますが、働き方改革関連法により、令和5年4月1日の廃止が決まっています。

　中小企業の範囲は、製造業（その他の事業）が「資本金3億円以下または労働者300人以下」、サービス業が「5000万円以下または100人以下」となっています。複数の事業活動を行っている場合、「その主要な事業活動（1年間の収入・販売額、労働者数・設備の多寡により判断)」により、業種を判断します（平21・5・29基発0529001号）。

　企業規模が変わらなくても、業種の変動があれば、中小企業に該当しなくなる可能性があります。この場合、当然のことですが、「中小でなくなった時点から割増賃金率の引上げが適用」されます（法改正当時の厚労省Q＆A）。賃金計算期間途中の変更の場合、「その時点以降で60時間超となった時間外労働」から、5割増しの対象となります。

　区分変更に伴い、割増賃金率の見直しと代替休暇制度の整備が課題となります。割増賃金率に関しては、法定を上回る率を定めること自体は問題ないので、「前倒し」で割増率を段階的に高めていく等の対応も可能です。

　一方で、5割の割増賃金率負担を軽減する代替休暇制度の導入に関しては、「中小事業主については、法37条3項の規定による代替休暇も適用されない」、つまりフライング不可という解釈になっています（前掲通達）。

　元々、制度を導入するか否かは労使の判断に委ねられているので、区分変更に合わせて直ちに対応する必要もありません。

　業態変更の時期を見据え、どのような形で移行するか今からシミュレーションしておくと良いでしょう。

## Q3 割増賃金と手当の関係は 家族手当など「限定列挙」

当社では、通勤手当などの他に、いくつか手当を支給しています。割増賃金を計算するうえで、基礎となる賃金から除外できる手当等が列挙されていますが、ここに含まれないものはすべて割増賃金の算定ベースに含めて考えるべきものなのでしょうか。【岡山・I社】

## A. 7種類以外も除外可能性 労働の対償か判断必要に

割増賃金を計算するうえで、単価から除外できるものとして、家族手当、通勤手当等労基法37条5項および労基則21条に定められた賃金があります。「等」には、子女教育手当、別居手当、住宅手当があります。その他、臨時に支払われた賃金や1カ月を超える期間ごとに支払われる賃金をあわせて7種類定められています。7種類の手当に該当する・しないで割増賃金の計算基礎に含める・含めないという判断は可能です。これらは限定列挙（列挙された事由に限る）であり、これらに該当するかは、手当等の名称はともかく実質をみる必要があります（昭22・9・13発基17号）。

例えば、家族手当は「扶養家族数またはこれを基礎とする家族手当額を基準として算出した手当」などをいい、扶養家族の有無や人数といった労働者の個人的事情にかかわりなく、一律に支給されるものは、該当しません。住宅手当は、住宅に要する費用に応じて算定されるものをいいます。賃料の額やローン額の一定割合を支給するものなどは除外賃金に該当します。全員一律に定額を支給するものは除外賃金に該当しません（平11・3・31基発170号）。1カ月を超える期間ごとに支払われる賃金の代表的なものは「賞与」ですが、その他に精勤手当などが該当します（労基則8条）。ただし、賞与といっても、年俸制を採用して、その一部を賞与に割り振るようなも

のは支給額があらかじめ確定しているものとして、算定基礎から除外できないことに注意が必要です（平12・3・8基収78号）。

　そして通勤手当は、労働者の通勤距離または通勤に要する実際費用に応じて算定される手当と解され、実際距離によらない一定額の部分は本条（法37条）の通勤手当ではない（昭23・2・20基発297号）とあります。

　上記7種類の手当には含まないものを、割増賃金の算定基礎に含める必要があるのかというと、そうともいい切れません。労基法に基づき割増賃金を計算するうえでベースとなるのは、そもそも「通常の労働時間または労働日の賃金」です（法37条）。これは、「割増賃金を支払うべき労働（すなわち時間外、休日または深夜の労働）が深夜でない所定労働時間中に行われたとした場合にその労働に対して支払われることになっている賃金」（労基法コンメンタール）としています。あるいは、労基法の賃金（11条）に該当するかという視点での確認も必要でしょう。

 **割賃の基礎に含む？　臨時業務へ手当支給　支社作業を週1回手伝う**

> 　突然の退職者が出た関係で、本社経理担当者に支社の事務も一部、受け持ってもらうことになりました。週1日、支社に出社する形になりますが、通勤の長時間化等の要素も加味し、手当を付加する案を検討しています。仕事量の増加で残業も増えると予想されますが、今回の臨時的な手当分は「割増賃金の算定基礎に含める」必要があるのでしょうか。【福岡・T社】

## A.　組み入れるが便法もあり

　業務負荷等の増加に応じて手当を支給する場合、2パターンが考えられます。第1は月給に定額を一律オンする方法、第2は支社へ

の出勤日数を月ごとに累計し、その日数に単価を乗じて手当を計算する方法です。

割増賃金の基礎単価は、「通常の労働時間または労働日の賃金」をベースに計算します（労基法37条1項）。除外可能な賃金は家族手当・通勤手当など7種類の賃金項目に限られますが（同5項、労基則21条）、ご質問にある手当はいずれにも該当しないと考えられます。手当も含めた額が「通常の労働時間・日の賃金」に該当するか否かは、その支払・計算方法によって異なってきます。

第1の方法を採った場合、月間を通して「通常の労働時間・日の賃金」は一定となります。月極めの定額の手当も含めて再計算した基礎単価を用いて、本社勤務・支社勤務分の区別を問わず、すべての時間外労働分の割増賃金額を計算する形になります。

第2の方法を採れば、その勤務内容に応じて「通常の労働時間・日の賃金」は変動します。解釈例規では、たとえば「危険作業が時間外等になされた場合には、危険作業手当を算定基礎に算入して計算した割増賃金を支払わなければならない」としています（昭23・11・22基発1681号）。

ご質問のケースでは、本社勤務分の時間外と支社勤務分の時間外を別々に集計し、支社分に限り、追加の手当を含めた算定基礎を用いて割増賃金を計算します。

このほか、便法として、支社勤務の日には、一定時間分の残業数の上乗せを認めるという対応もあり得ます。この場合、追加支払分はすべて割増賃金扱いですから、算定基礎は元のままです。ただし、この方法を採るときは月間の時間外総数が膨らむことになりますので、上限規制に注意する必要があります。

## Q5 平日金曜日が 40 時間超!? 副業として日曜日に働く

当社の所定労働日は月曜日から金曜日の週5日、1日の所定労働時間は8時間です。ある従業員から副業・兼業の届出が出されました。働くのは「日曜日のみ」の予定です。割増賃金の支払いは副業先にあると思っていたのですが、週の起算日が日曜日のときに、そこから時間を通算することとの関係で混乱しています。どのように考えればいいのでしょうか。【京都・N社】

## A. 本業の「時間外」でない　休日規定も通算対象外

労基法38条1項において労働時間は、事業場を異にする場合においても、労働時間に関する規定の適用は通算するとしています。事業場を異にするとは、同じ事業主の場合はもちろん、事業主を異にする場合も含みます（昭23・5・14基発769号）。

副業・兼業の場合に通算規定をどのように解釈するかに関して、通達（令2・9・1基発0901第3号）やガイドライン（令2・9改定）が示されています。

副業の開始前のタイミングでは、自ら（本業）の事業場における所定労働時間と、他の使用者（副業）の事業場における所定労働時間とを通算して、自らの事業場の労働時間制度における法定労働時間を超える部分の有無を確認します。この場合に法定時間「外」労働が生じた場合は、「時間的に後から労働契約を締結した使用者」が、時間外・休日労働（36）協定で定めて割増賃金を支払う必要があります。ご質問の割増賃金の支払義務は副業先にある、というのもおおむねこの解釈に基づくものといえるでしょう。

労基法32条では、週40時間を超えて労働させてはならないことを定め、これを超える場合には36協定が必要としています。この週の起算日ですが、就業規則等において別段の定めがない場合は、日

曜日から土曜日の暦週をいうものと解されています（昭63・1・1基発1号）。本業も副業も日曜日が起算日ということは十分考えられます。ちなみに、前述の令和2年9月の通達では、週の起算日が「異なる場合についても」、自らの事業場の労働時間制度における起算日を基に、通算するとしています。

実際に割増賃金を計算するに当たっては、まず労働契約の締結の先後の順に所定労働時間を通算し、次に所定外労働の発生順に所定外労働時間を通算することによって、法定労働時間を超える部分があるか判断することになります。ご質問の場合も、労働契約の締結順でみると、本業で1日8時間、週40時間の枠を使い切っています。日曜日の労働を時間外労働とみたとき、副業先が割増賃金を支払うことになります。

なお、休憩、休日、年休は労働時間に関する規定ではなく、通算しないことから、各社で休日が取得できていれば足り、法定休日労働の心配もありません。

## Q6 割賃と二重計算が必要に？　深夜手当増設を検討 除外項目では示されず

当社では、昼勤と夜勤の2交替制を採っています。労組サイドから、夜勤手当の増設要求があり、社内で検討しています。1勤務当たりいくらという定額の手当を設けた場合、それが深夜割増に跳ね返るのではないか、という点を心配しています。割増計算の除外賃金項目の中に深夜手当は含まれていませんが、「二重計算」は不合理です。どのように考えれば良いのでしょうか。【高知・T社】

## A. 昼間の所定労働分が基礎

深夜（午後10時から翌朝5時まで）に働かせた場合、使用者は「通

常の労働時間の賃金の2割5分以上の率で計算した割増賃金」を支払う義務を負います（労基法37条4項）。

　深夜割増については、「たとえ所定労働時間内でも支払わなければならないことはいうまでもない」とされています。その一方で、「深夜労働が所定労働時間であるときは、加給すべき賃金額は計算額の2割5分以上をもって足りる」と解されています（昭23・7・10基発996号）。

　貴社でも、夜勤については、深夜の勤務帯は所定労働時間に該当すると考えられます。

　割増賃金の算定基礎からは、「家族手当、通勤手当その他（別居・子女教育・住宅手当、臨時または1カ月を超える期間ごとに支払う賃金）を除外」できます（労基法37条5項）。この除外賃金項目は限定列挙で、深夜手当（名目でなく実態で判断）は含まれていません。

　しかし、家族手当等を除外した後の割増賃金の算定基礎（＝通常の労働時間の賃金）は、「割増賃金を支払うべき労働（時間外、休日または深夜の労働）が深夜でない所定労働時間中に行われた場合に支払われる賃金」と説明されています（労基法コンメンタール）。

　ですから、深夜手当を新設したとしても、算定基礎となる賃金は「昼間の所定労働時間に支払われる賃金」と同じです。深夜の割増賃金を「二重計算」する必要はありません。

　最後に、深夜手当の支給基準について、実務的な注意点をみておきましょう。「夜勤者に支払う」とだけ定めたのでは、途中勤務等の場合の取扱いが不明確です。たとえば、「深夜の時間帯（午後10時から翌朝5時まで）をすべて勤務した者」を対象とし、その時間帯の欠勤者は時間按分で手当を控除する等の対応が考えられます。

**Q7** 固定残業代を1日単位で!? 按分問題解消へ向け 稼働日数の影響を小さく

> 固定残業代を日数按分する場合、入社時の説明等が不足する場合には、トラブルが発生する可能性があると感じました。簡便な解決策として、1カ月単位でなく、1日単位で固定残業代を導入するというアイデアはどうでしょうか。こうした仕組みなら、稼働日数に応じて月払いの金額が変動しても、異論の出る余地がないと思います。【大阪・D社】

# A. 裁量低下する欠点と天秤

　固定残業代制は、実際の時間外労働数に関係なく、一定の残業代(割増賃金)を支払う仕組みで、「みなし残業代制」と呼ばれることもあります。

　名称的には紛らわしいですが、これは「事業場外労働みなし制」とは、似て非なる仕組みです。

　営業社員を対象に、「残業代見合い」の手当を支払う会社も少なくありません。この場合、誤解を避けるために、手当の性格を明確に規定しておく必要があります。

　「事業場外で業務に従事し、労働時間を算定し難いとき」は、事業場外労働みなし制を適用できます(労基法38条の2)。みなし労働時間として法定労働時間を超える時間を定めると、1日単位で時間外労働が発生します。

　1日単位で固定した残業代の支払義務が発生するので、基本的には、月間の稼働日数に応じて、支払うべき割増賃金額も変動します。

　一方、事業場外労働みなしを適用できない場合は固定残業代制の採用も選択肢の1つです。

　ご質問では、1日単位の固定残業代制を想定されています。こちらも1日単位で残業代の支払義務が発生します。月単位の手当では

ないので、日数按分という問題は考慮する必要がありません。

　しかし、事業場外労働みなしと異なるのは、「現実の時間外数に応じた割増賃金の額」が「固定残業代」を上回るときは、追加の清算が必要になる点です。

　「１日単位制」を選択すれば、月間をならした残業数が少なくても、突出して残業の多い日が１日でもあれば、その日について追加清算の義務が生じます。固定残業代制は「時間外労働の配分を本人の裁量に任せる（それにより労働効率の向上を図る）」側面もありますが、１日単位では、そうした効果は限定・減殺されることになります。

## Q8　固定残業代も減額調整？　欠勤等あった場合に確約した以上不可なのか

　他社の人事労務担当者と交流の機会があり、固定残業代の話題で情報交換しました。一人の担当者が、「固定残業代制を導入した場合、月当たり〇〇時間分の割増賃金を支払うと確約したのだから、欠勤等があっても、減額調整できないはず」という持論を展開されました。私自身は単純に、他の手当同様にカット可能と考えていましたが、なぜこのような意見が出るのでしょうか。【京都・Ｉ社】

## A.　期間の途中適用考えると

　この問題は、制度の設計思想をどう捉えるかと関連します。相反する２つの考え方を紹介します。

　第１は、実力主義の濃厚な完全フレックスタイム制と類似の性格を持つという立場です。コアタイムなしの完全フレックス制では、本人の選択で勤務時間ゼロの日もあり得ます。しかし、月間（清算期間）を通し所定の労働時間働けば、賃金カットの対象になりません。

　固定残業代制の場合、欠勤等が発生した際、固定給部分は日数按

分による減額調整の対象となり得ます。しかし、残業部分については、本人が、月間を通して欠勤分を補う働き方をすれば、「自動的に減額の対象とならないはず」というのも、１つの見識です。

　第２は、賃金実務の簡便化を主目的としつつ、効率的な働き方に報いる立場です。固定残業代は、通常、１カ月に発生する最大限の時間外数等を考慮し設定します。ただし、本人が効率的な働き方により、会社の求めるレベルの仕事を遂行すれば、時間外数が少なくても差額の清算を求めないという整理になります。

　この観点からは、１カ月の稼働日数に応じ、通常、発生する最大限の時間外数も変動するという前提で、制度を組み立てることも可能でしょう。固定残業代といっても「完全固定」ではなく、固定の総枠（マックスの時間数）を按分調整する形となります。

　欠勤等が多くても、短期間に集中して残業したとします。この場合も、「現実の時間外数に応じた割増賃金の額」が「調整減額後の固定残業代」を下回っているときは、追加清算されるはずなので、不利益は生じません。

　実際問題として、固定残業代制を途中適用・離脱する際には、日数按分により手当カット（固定の総枠を調整）するのが一般的でしょう。

**監視業務で賃金設定は？ 1日いくらで額決めたい**

夜間の警備員などの監視断続業務で「手待ち時間」が多い場合ですが、労基法では割増賃金に関して特例があると聞きました。ところで、賃金を1日いくらといった形で設定するうえで、実労働時間分を支払うような形にしたいのですが、最低賃金を考えると問題がありそうです。どのように考えればいいのでしょうか。【東京・I社】

## A. 許可受けて割増不要に　最低賃金は「減額特例」も

通常の労働者と比較して労働密度が疎である者について、労基法は労働時間、休憩、休日の規定の適用を除外しています。法41条3号では、「監視又は断続的労働の従事する者」を規定しています。対象となる範囲には、本来の勤務がこれに該当する者と、宿日直勤務でこれに該当する者に分けられます（労基法コンメンタール）。前者はさらに、監視に従事する者と断続的労働に従事する者の2種類に分けられます。本問では、前者の本来の業務として従事する者という前提で考えてみます。

本件は2種類の「許可」があることに留意する必要があります。前述のとおり「監視又は断続労働」は、労基法の適用が除外されることから、使用者の判断によることなく、労基署長の許可が必要とされています。業務によって許可基準が定められているものがあり、警備業務もそのひとつです。許可基準（平5・2・24基発110号）では、①監視労働の基準、②断続的労働の基準、さらに③1勤務の中で、①と②を行う場合の基準を示しています。

労基法の適用が一部除外されても、最低賃金の適用が除外されるわけではありません。寄宿舎の賄人（断続的労働に該当、昭22・9・13発基17号）の例ですが、拘束時間が13時間、そのうち実働が6

時間程度で、日給1万円を支払っている場合について、13時間をベースにして最低賃金法違反になるとしています（都道府県労働局のホームページ）。

最低賃金法では、7条で最賃の減額の特例を定めています。対象に「軽易な業務に従事する者その他の厚生労働省令で定める者」がいて、省令（最賃則3条2項）では、「軽易な業務に従事する者及び断続的労働に従事する者」としています。都道府県では定める最低賃金によらずにこれを減額するためには、都道府県労働局長の許可を受ける必要があります。

最低賃金に関しても基準として、減額の特例許可事務マニュアル（平20・7・1基勤勤発第0701002号、改正令2・12・24基賃発1224第1号）が定められています。例えば、監視の業務に従事する者について、労基法の適用除外許可を受けていたとしても、最賃法7条の減額特例の許可を自動的に受けられるものではなく、許可申請に基づき調査を行った結果、許可の可否を判断するとしています。

## Q10 代替休暇のメリットは何？　時間外60時間超で　結局割賃義務が消滅せず

「月60時間超の時間外労働に対して5割の割増賃金」の対策として、代替休暇制度の導入があります。通常の代休の場合、「休日を与えても、割増の支払い義務は消滅しない」といいます。代替休暇は、それとは異なり何か優遇の対象になっているのでしょうか。【岐阜・O社】

## A. 意向確認あれば縮減可能

労基法では、1カ月の時間外労働が60時間を超えた場合について、5割以上の割増賃金支払を義務付けています（37条1項ただし書き）。しかし、労使協定を締結し、割増賃金の支払いに代えて代替休暇を

与えるときは、「ただし書きによる割増賃金を支払うことを要しない」とされています（同条3項）。

ただし書きによる割増賃金とは、代替休暇未取得時の割増率（50％増し以上）と休暇取得時の割増率（25％増し以上）の差（換算率）により計算した割増賃金をいいます（労基則19条の2）。法定どおりなら、換算率は25％となるので、この数字を使って説明します。

代替休暇は1日または半日で付与するので、1日の所定労働が8時間なら4時間（半日）が最低の付与単位です。半日（4時間）の休暇を取得した場合、60時間を超える時間外のうち、16時間の割増率が50％から25％に下がります。これにより支払い義務がなくなる割増賃金は、16時間×25％×時間単価（A）＝4Aです。

一方、4時間の休暇は有給（賃金カットなし）で100％の賃金（4A）を支払います。つまり、割増支払を縮減した分、「すべてを吐き出す」形になります。

「代休を与えても、差引き25％の支払義務は残る」というのと同じで、代替休暇も、割増賃金の支払自体を浮かせる仕組みではありません。

しかし、代休と異なる点もあります。代休は、現実に休暇を与えてはじめて100％分のカットが可能になります。これに対し、代替休暇は、休暇取得の意向があった時点で「割増率の縮減」が可能になります。意向を確認できれば、使用者は、割増発生月の賃金支払日に「法37条1項の規定による割増賃金（休暇取得時の割増賃金）を支払う」ことで足りるとされています（平21・5・29基発0529001号）。

数カ月後の休日と振替？　賃金控除が先も可能か

1年単位の変形労働時間制で休日の振替を考えています。夏ごろの所定労働日と、年末の休日を振り替える案ですが、そもそもこうした振替が可能なのかどうかと、休日を先に取るときに賃金控除の取扱いはどのように考えればいいのでしょうか。【静岡・K社】

## A. 可能だが連続労働日数６日に注意 100％部分は支給しても

振替というためには、「休日を振り返る前にあらかじめ振り替えるべき日を特定して振り替える」必要があります。「休日労働を行った後にその代償として特定の労働日の労働義務を免除する」代休とは区別されます。「振替により休日となる日」が「労働日となる日」より前に来ても、一定の要件を満たす限りは、適法な振替と認められます。

1年単位の変形労働時間制における休日振替の要件も、まず就業規則等において規定を設けたうえで、休日を振り替える前にあらかじめ振り替えるべき日を特定して振り替える必要があります。この場合就業規則等において、できる限り、休日振替の具体的事由と振り替えるべき日を規定することが望ましいとされています。そのうえで、対象期間（特定期間を除く）においては、連続労働日数が６日以内という要件もクリアする必要があります。振り替えたときの年末の連続労働日数は確認が必要でしょう。

仮に首尾よく振り替えられたとして、賃金控除の取扱いで一般的に考えられている方法は、次のようなものです。振り替えた結果、本来の休日は労働日となり、その週の労働時間は40時間または40時間を超えて設定した所定労働時間を超える時間分については割増賃金の支払いが必要となり、振り替えたことによって休日となる週

労働基準法

はその日の所定労働時間分が少なくなるから、その時間分の賃金を控除できるというものです。

先に賃金控除するという点に関する公的な解釈ではありませんが、休日振替制度が厳格に実施され、月を超える振替の場合の取扱いについて、「振替出勤日の含まれる月（本問では年末）の賃金支払日に8時間分の0.25を支払い、1.00の部分には触れない（控除しない）」という処理も、結果的に不払いは生じないという見解がありました。

なお、本件と直接関係はありませんが、月60時間超の割増賃金に代わる代替休暇の解釈においては、柔軟な運用方法が可能とされています。通達（平21・5・29基発0529001号）では、代替休暇の取得の意向があれば、休暇を取得できないことが確定した賃金計算期間内に割増部分を支払えば足りるというものです。この場合は2カ月以内ではありますが、一部を先払いして後日に追加清算することも可能となります。

## Q12 年休賃金に歩合どう換算　当月の実績みて判断か

当社は運送業ですが、基本給のほか歩合給など各種手当を支給しています。年次有給休暇を取得したときの賃金ですが、当月の歩合給が確定していないとき、どのように考えればいいのでしょうか。当月末まで待って実績から所定労働日の賃金を割り出すほかないのでしょうか。【静岡・O社】

## A. 賃金締切日がベース　欠勤続くときは例外あり

年次有給休暇を取得した場合に支給する賃金は、3パターンあります（労基法39条9項）。平均賃金、所定労働時間に労働した場合に支払われる通常の賃金、健康保険法に規定する標準報酬月額の30分の1（労基則25条3項）です。一般に運送業のようにいろいろ

な手当が支払われる場合、分かりやすいのは一定の期間、額を固定しやすいという意味で、標準報酬月額を用いる方式かもしれません。ただし、労使協定の締結が必要です。どれを選択するかは、あらかじめ就業規則等のよって定めておく必要があります。労働者各人について、使用者がその都度恣意的に選択することは認められていません（昭27・9・20基発675号）。

いずれの方式も歩合給を含めて計算することに違いはありません。所定労働時間労働した場合に支払われる通常の賃金に関しても、「出来高払制その他の請負制によって定められた賃金」（労基則25条1項6号）が含まれています。同号にはカッコ書きがあり、「当該期間に（略）賃金がない場合においては、当該期間前において（略）賃金が支払われた最後の賃金算定期間」とあります。これは何を意味するかというと、労働者が欠勤等の事由によって当該期間中1日も労働しないで、引き続いて年休を請求、取得したような場合をいう（昭25・6・29基発355号）とあります。

あらためて労基則25条1項6号を確認してみましょう。出来高払制その他の請負制によって定められた賃金については、その賃金算定期間（略）において出来高払制その他の請負制によって計算された賃金の総額を当該賃金算定期間における総労働時間数で除した金額に、当該賃金算定期間における1日平均所定労働時間数を乗じた金額としています。

その賃金計算期間は「当月」を指すわけではありません。これは、「賃金締切日がある場合には、賃金締切期間」によるものであることは、則19条1項6号の規定から当然（前掲通達）としています。同号は割増賃金の計算方法を規定したものです。

したがって、年休を取得した場合に支払われる賃金のうち歩合部分に関しては、直近の賃金締切日において、算定した額に基づいて支払われることになります。当月ではなく前月の売上げなどがベースになります。

**Q13** 年休賃金の切替え可能？　平均賃金方式は額低下　「不利益変更」が心配で

　年休取得時に支払う賃金について、「通常の賃金から平均賃金への切換えは、金額の低下が大きい場合、不利益変更に当たる可能性もある」といいます。逆にいえば、金額の低下が少なく、意見聴取等の手続きをキチンと履行すれば、支払方法の変更も可能と理解しましたが、いかがでしょうか。【石川・Ｗ社】

## A. 説明難しく計算も煩雑化

　月給制など固定給中心の賃金体系を採る会社では、「所定労働時間労働した場合に支払われる通常の賃金」を用いて、年休賃金を支払うのが一般的です。「通常の賃金」の計算方法は労基則25条で詳細に定められていますが、同条で定める計算をその都度行う必要はなく、「通常の出勤をしたものとして取り扱えば足りる（欠勤控除をしない）」（昭27・9・20基発675号）とされています。

　しかし、就業規則等で明確に定めればどの支払方法を採用するかは任意に選択できます。つまり、固定給中心の体系でも、通常の賃金から平均賃金への変更が可能です。

　ただし、その場合、支払金額がどのように変化するかは要チェックです。月の所定労働日数21日（1日8時間）で月給（固定部分）21万円の従業員（Ａさん）がいたとします。通常の賃金方式だと1日当たり1万円（21万÷21日）ですが、平均賃金方式だとその7割相当の6923円（21万×3カ月÷91日）です。

　Ａさんが時間外労働等に従事すると、通常の賃金による場合は変化なしですが、平均賃金は増加します。仮に60時間の残業が発生したとしましょう。割増賃金の算定基礎は1250円（21万円÷21日÷8時間）ですから、1.25倍すると1563円です。60時間分の割増賃金9万3780円を固定給にプラスすると、月給総額は30万3780

円となります。

この場合、平均賃金は1万15円（30万3780円×3カ月÷91日）で、ようやく「通常の賃金による場合」と釣り合うレベルになります。

残業実績がこれより少ない一般従業員、割増賃金の適用外の管理職等にしてみれば、平均賃金方式への切換えは年休賃金の低下につながります。変更に伴い計算事務が大幅に煩雑化する点も考慮すれば、変更の合理性を主張するのはなかなか難しそうです。

## Q14 生理休暇の扱いに矛盾？　賃金計算上は無給 賞与査定で欠勤扱いせず

　労組の委員長を務めており、先日、新任の人事部長と懇談の機会を持ちました。話題の1つとして、いわゆる「生理休暇」も取り上げられました。当社では、賃金計算上、無給の規定ですが、賞与の査定上は、欠勤扱いしないルールになっています。何気ない口調で「矛盾していると思いませんか」と問われ、答えに窮しました。仮に正式に交渉の対象になった場合、どう説明すれば良いでしょうか。【岩手・K社】

## A. 労使自治だが昇給等注意

　使用者は、「生理日の就業が著しく困難な女性に対する措置」として、請求に基づき休暇を与えなければいけません（労基法68条）。

　「生理日のみに有害な業務は考えられない」という医学的見地に基づき、「従事している業務を問わず」、生理日に本人が下腹痛、腰痛、頭痛等の強度の苦痛を訴えれば休暇の対象となります。

　痛みは「主観的なものであり、厳密な医学的調査は不可能」（労基法コンメンタール）であるため、請求するかどうかは「本人次第」という面もあり、中には不公平感を訴える女性もいます。

　こうした点を踏まえ、休暇の取得日数に応じ、処遇面で差異を設

けることができないか、という発想が生まれます。貴社の人事部長さんも、今回の異動以前から、同様の声を耳にしておられたのでしょう。

賃金処遇に関する問題点を整理してみましょう。まず、休暇の取得日について、法律では賃金の支払いに言及していません。ですから、別段の定めがない限り無給という扱いで問題ありません。

次に、賞与の査定上、欠勤扱いが可能か否かですが、「賃金の支払が義務付けられていないことから、労使間において決定されるべき」問題とされています（昭63・3・14基発150号）。ただし、「女性に著しい不利益（出勤率に応じた減額）を課すことは法の趣旨に照らし望ましくない」と注意書きが付されています。

賃金は支払わないが賞与査定上は出勤扱いとしても、「矛盾」という指摘は当たらないでしょう。

慶弔休暇等についても、同様の取扱いとする例が少なくありません。

なお、昇給・昇格査定については、「権利抑制の程度が著しく、欠勤扱いは公序違反」という判例（日本シェーリング事件、最判平元・12・14）が存在します。

## Q15 定期代「前払い」に変更は　長距離通勤の中途採用者

中途採用で採用することになった従業員ですが、持ち家のため、長距離通勤となります。本人から、「通勤手当を前渡しでほしい」と要請がありました。当社では、通勤手当は「後渡し」の規定となっていて、賃金締切から10日後の支払いとなります。本人が定期を購入してから、40日程度を経過してから清算する形になりますが、問題ないという理解でよいでしょうか。【東京・C社】

# A. 毎月払いに注意する必要　まとめて後払い危険

　定期券は就労を開始する「前に」購入しますが、長距離通勤の場合、支出する金額は小さくありません。本人は、「業務上の必要のために、自分が立替払いするのだから、できるだけ早めに補填してほしい」と考えておられるのかもしれません。

　しかし、定期券は「実費弁償」の対象ではありません。例えば、業務命令に基づき、出張したとします。その際に発生する交通費は、業務必要経費ですから、従業員が立替払いした場合、会社は実費を補填します。出張日数が長ければ、交通・宿泊費も多額に上ります。40日、50日後の精算は、本人にとって負担が大きいといえます。

　ただ、通勤手当については、労基法上、会社に支払義務は課せられていません。「法律的には労務の提供も持参債務（民法484条1項）であるので、その弁済のために労働者は自己の費用で（同485条）債権者（使用者）の住所に赴いて履行すべきことになる」と解されています（荒木尚志「労働法」）。

　民法484条1項では「特定物の引き渡しは…債権者の現在の住所において、しなければならない」、同485条では「弁済の費用については、債務者の負担とする」のを原則と定めています。債務者（労働者）は、自らの費用で、債権者（会社）の住所に赴いて、労務を提供するのが基本です。

　会社は通勤費用を補填する義務はない（労働者負担が原則）のですが、労働契約により支給基準が定められれば、それは賃金となります。この場合、いつ、いくらを支払うかは、労使の話し合い次第です。必ずしも全額を補填する必要はなく（上限設定等も可能）、後払いでも問題ありません。

　ただし、支給時期については、労基法で毎月払いの原則を定めている点に、注意が必要です。1カ月ごとに支払う賃金であれば、毎月支払うのが基本です。毎月払いの例外が認められているのは、臨

時に支払われる賃金、賞与、その他（1カ月を超える出勤成績による精勤手当等）で、通勤手当はこれらに該当しないと解されるべきでしょう。もちろん、6カ月定期の費用をベースに通勤手当額を定める会社で、6カ月分を「前払い」するのは違法でありません。しかし、前払いが必ず必要という意味でなく、各月払いも可能です。

## Q16 次で精算できるか　通勤手当で過払い発生

当社では、通勤手当として、たとえば定期代など、実際にかかる金額を毎月支給しています。最近会社の近くへ引っ越した従業員がいますが、経理への連絡が遅れてしまい、先月の賃金では従前の多めの金額を支払ってしまいました。次の賃金支払いにおいて精算は可能でしょうか。【長野・Z社】

## A. 全額払原則に違反せず可能

労基法上、賃金とは、賃金、手当などの名称を問わず、労働の対償として支払うすべてのものを指します（労基法11条）。通勤手当も賃金です。通貨で、直接労働者に、全額を支払われなければなりませんが、過半数労働組合（ない場合は過半数代表者）との労使協定があれば、一部を控除し支払うことが可能です（法24条）。

前月分の過払い賃金を当月分で精算する程度は、賃金それ自体の計算に関するもので、全額払原則に違反しないとしており（昭23・9・14基発1357号）、労使協定なしに精算可能です。判例（最一小判昭44・12・18）でも、過払いと調整の時期が合理的に接着していて、事前に予告し、精算が多額に渡らないなど、行使の時期、方法、金額等が労働者の経済生活の安定との関係上不当と認められなければ法違反でないとしています。

 勤務免除して休業手当か　日をまたいだ残業の代償

突発的な事故対応のため、夜を徹しての作業を実施しました。本来、午後6時終業ですが、翌朝4時までの連続作業となり、その代償として、翌日の勤務を免除しました。「翌日の不就労分は賃金カット」という意見が多数派ですが、「会社都合の休日なので、休業手当が必要ではないか」という疑問の声もあります。どのように考えるべきでしょうか。【佐賀・N生】

## A. 代休付与でカット可能に　時間外労働数の累計みる

先に、「少数意見」の方から、検討しましょう。使用者の責めによる休業の場合、6割相当の休業手当の支払いを要します（労基法26条）。

休業とは、「労働契約に従って労働の用意をなし、労働の意思をもっているにもかかわらず、給付の実現が拒否」されることをいいます（労基法コンメンタール）。「労働契約に従って」ですから、所定労働日に、所定労働時間の労務の受領が拒否される事態が該当します。

ご質問では、会社は「翌日の勤務を免除した」とあります。免除というと、賃金は通常どおり支払うけれど、労働の義務は免れさせるという意味に誤解されそうです。いささか「不用意な言葉の使い方」だったという印象があります。

免除ではなく、会社の配慮による休業であれば、労基法26条が適用されそうです。

しかし、これは「多数派」の方々にとって、実務感覚的にいえば、納得がいかないことでしょう。

賃金を不支給とするには、それ相応の理屈が必要になります。当回答では、従業員にとっても分かりやすい「残業発生時の代休」という考え方をご紹介しましょう。

通常の代休は、休日（法定・法定外）に出勤を命じ、その代わりに所定労働日を休ませるというものです。

出勤日が法定休日に当たる場合、3割5分増し（135％）の賃金支払が求められます。法定外で、時間外労働に該当すれば、2割5分増し（125％）です。代休を付与した分は、100％の賃金カットが可能です（ノーワーク・ノーペイの原則）。

残業発生時の代休は、休日出勤ではなく、時間外労働が所定労働日1日分以上発生した場合に、代わりに1日分の代休を与えるという仕組みです。ご質問のケースでは、所定の終業時刻（午後6時）から翌朝4時まで10時間の残業が発生しました。その代償として、翌日に代休を与えたとします。

会社は10時間分の時間外割増（125％）、6時間分の深夜割増（25％）を支払いますが、8時間分の賃金（100％）をカットすることが可能です。ただし、トラブルの防止のため、「残業発生時の代休」の考え方、賃金の清算方法を、キチンと就業規則に定めておくのがよいでしょう。

## Q18　休業手当で対応が必要か　産前産後期間到来したら

新型コロナウイルス感染症の対応として、現在はテレワークを併用しつつ一定程度出社を命じる状況です。過去にはまとまった休業を命じていた時期があったのですが、仮に、休業中に産前産後から育児休業に入る予定の女性がいたとき、休業手当との関係はどうなっていたのでしょうか。【三重・Ｎ社】

## A. 前6週も請求あれば不要　労働の意思あるのが前提

労基法26条は、使用者の責に帰すべき事由による休業の場合において、平均賃金の6割を支払わなければならないと規定しています。

「休業」とは、労働者が労働契約に従って労働の用意をなし、しかも労働の意思をもっている（労基法コンメンタール）ことが前提です。

　産前産後に関しては、労基法65条に規定があります。使用者は、6週間（多胎妊娠は14週間）以内に出産する予定の女性が休業を請求した場合、就業を禁じなければなりません（1項）。

　産前休業を請求すれば前記「労働の意思なし」であり休業手当の対象とならず、この場合は、健康保険から出産手当金が出る可能性があるということになります。出産手当金は、1日当たり標準報酬月額（原則として過去12カ月平均）の30分の1をベースにして、その3分の2です。休業手当を上回ることも少なくないでしょう。

　会社があらかじめまとまった休業期間を設定していた場合に産前休業（および育児休業）を請求できるのかはさまざまな解釈があり得るところではありますが、育児休業に関しては、育介法で定める拒否事由には当たらないと解されます（私傷病休職期間中における育休の取扱いに関して、都道府県労働局における紛争解決事例がある）。その他、選択肢としては、年次有給休暇もあり得ます。

　産後8週間を経過しない女性を就業させることはできません。ただし、6週間を経過した場合において、医師が支障がないと認めた業務に就かせることは差し支えありません（法65条2項）。こちらも原則、出産手当金で対応ということになるでしょう。

　育児休業に関しては前述のとおりです。育児休業期間中は、雇用保険から育児休業給付金が支給されることがあります。休業期間中の育児休業をめぐっては、かつてはもうひとつ別の問題がありました。それは、育児休業給付の率の関係です。労基法の休業手当は平均賃金の6割であるのに対して、育児休業給付金は休業開始時賃金日額の2割や3割等（当時の職場復帰給付金を除く）という時代がありました。

　現在は、育児休業開始から6カ月までは67％（令和2年4月以降は、「当分の間」を廃止して本則化）が支給されるということになってい

ます。

## Q19 賃金の前払いが必要に!?　退職時「金品」請求され

　退職する際に上司とちょっとしたいざこざがあって突然退職した元従業員から、賃金を支払うよう請求がありました。元従業員は、労基法23条には金品の返還の条文があると主張します。ここでいう退職には例えば、自己都合や会社都合など何らか条件のようなものはないのでしょうか。【新潟・C社】

## A. 解雇など離職理由問わず　原則は働いた部分のみ

　労働者が主張する労基法23条1項および2項は、金品の返還について規定しています。条文を確認してみましょう。1項では、「使用者は、労働者の死亡または退職の場合において、権利者の請求があった場合においては、7日以内に賃金」を支払わなければならないとあります。権利者には労働者本人も当然に含まれています。そして、ここでいう退職ですが、「労働者の自己都合のみでなく、契約期間の満了等による自然退職および使用者の都合による解雇等労働関係が終了した場合のすべて」（労基法コンメンタール）をいいます。したがって、本人の離職理由は問わないという解釈になります。懲戒解雇など本人の責に帰すべき事由があったとしても、請求に応じなくてもいいというわけではありません。

　元従業員の請求はそれとして突然退職したという点で、例えば月給制であれば月給のうちいくら支払うべきなのかすぐにはっきりしない部分も残ります。労基法23条2項は、賃金または金品に関して争いがある場合においては、使用者は、異議のない部分を、1項の期間中（7日以内）に支払うよう求めています。この点、例えば、月の途中において退職した場合について、その月分の賃金の全額を

支払う旨の特約がある場合は、その特約に基づき労働しない部分に対して支払われるべき賃金も請求し得る（労基法コンメンタール）とあります。こうした特約がなければ、既往の労働に対する賃金のみを支払って、ということになります。

　その他、労基法23条の賃金の例外として定められているものとしては、退職金があります。退職金はあらかじめ特定した支払い期日が到来するまでは退職金を支払わなくても差し支えない（昭26・12・27基収5483号）としています。なお、賃金の支払い方に関しては、労基法24条で原則が定められています。例えば、月の支払日に支払うなど賃金規程等に定められている方法で支払う分には労基法24条の問題はありませんが、本件の労基法23条の要件は満たさないということになります。

# 労働時間関係

##  遅刻の取扱い変更可能？　ダイヤ乱れも該当に　部長交代で一転厳しく

　労組役員の改選で、委員長に就任したばかりなのですが、悩ましい事案が生じています。当社は、立地の関係でバス通勤者が多く、これまで「ダイヤの乱れによる短時間の遅れ」などは遅刻扱いとしていませんでした。ところが、総務部長の交代後、一転して取扱いが厳しくなったという印象があります。労組員の一部から、会社側と交渉してほしいという声が上がっていますが、どのように考えるべきでしょうか。【岩手・O労組】

# A. 労使話し合い基準統一を

始業時刻は、就業規則の絶対的必要記載事項です（労基法89条1号）。さらに、労契法では、「合理的な内容の就業規則」を「周知」させていた場合、労働契約の内容は就業規則によると規定しています（7条）。

遅刻に対する会社の処分は、2とおり考えられます。第1はノーワーク・ノーペイの原則に則り、不就労時間に応じた賃金カットを行うというものです。第2は減給制裁の規定によるもので、「30分に満たない遅刻を、常に切上げる」といった対応も「労基法91条の減給制裁」として取り扱われます（昭26・2・10基収4214号）。

新任の総務部長さんは就業規則の明文規定に従い、「弛緩していた取扱いを正常化したい」と考えておられるようです。

しかし、一方で、職場で長期間、反復された取扱いが労使慣行と認められるケースもあります。その条件の1つとして、「当該労働条件について決定権限を有する者が規範意識を有していたこと」が挙げられています（商大八戸ドライビングスクール事件、大阪高判平5・6・25）。過去の部長さん等は、前例を意識し、黙認・放置されていたのかもしれません。

慣行成立が認められれば、それが①「契約内容となることによって法的拘束力」を持ち得るほか、②「慣行に反する使用者の行為が『権利の濫用』として無効となる」、③「就業規則の解釈基準の地位を与えられる」といった効力を持ちます（菅野和夫「労働法」）。

ですから、少なくとも、就業規則の始業時刻の適用に関し、「ダイヤの乱れによる短時間の遅れは遅刻扱いしないという解釈基準が存在した」というような主張は考えられるところです。どのような事案で減給処分を課すか等について、労使間で認識の統一を図るのがベターでしょう。

## Q21 時間帯明示の趣旨は？　夜勤手当を増設する 深夜割増と定め方で違い

　深夜割増とは別に、1勤務いくらという夜勤手当を増設したとき、「『夜勤者に支払う』とだけ定めたのでは、途中勤務等の場合等の取扱いが不明確」との記載（1章Q6、26ページ参照）がありますが、手当の対象となる時間帯を明示する趣旨は何なのでしょうか。2種類の定め方の違いを説明してください。【千葉・F社】

## A. 残業し被る際などへ備え

　深夜（午後10時から翌朝5時まで）の時間帯に勤務した場合、2割5分以上の割増賃金を支払う義務が発生します（労基法37条4項）。それに加えて、夜勤手当を上増しで支給するとします。

　話を単純化するために、夜8時から翌朝5時まで（深夜の時間帯に1時間の休憩）というシフトを例として取り上げます。夜勤者が、この時間帯をフル勤務すれば所定の額が加算されるのは当然ですが、シフト勤務の一部を欠勤したとします。

　欠勤の有無に関係なく定額を支払うという考え方もありますが、通常は、時間按分で賃金カットを行うでしょう。

　「夜勤者に支払う」という場合、2時間遅刻して、10時から勤務を開始したとします。特段の定めがなければ、8時間勤務のうち6時間しか働かなかったのですが、夜勤手当も4分の1をカットするのが普通でしょう。

　一方、「深夜（午後10時から翌朝5時まで）の時間帯に勤務した者に支払う」という定め方であれば、夜8時から10時まで欠勤しても、夜勤手当に影響は及びません。

　さらに、考慮が必要なのは、割増単価の問題です。一定の時間帯に働いたときに手当を加算する場合、特殊作業に関するルールが適

用されると考えられます。特殊作業に従事した場合に手当が加給されるとき、「その手当を法37条の割増賃金の基礎となる賃金に算入して計算した割増賃金を支払う」べきとされています（昭23・11・22基準発1681号）。

夜8時の勤務開始から夜勤手当の対象となるとすると、昼間シフトの従業員が残業し、夜8時を超えて勤務した場合、「手当加算の対象となる時間帯に勤務したのだから、割増の算定基礎にも手当を加算すべき」と主張することが考えられます。そうしたトラブルを避けるためにも、手当の支給要件は明確に定めておくのがベターです。

## Q22 「自己研さん」といえるか　新たな機械を導入し操作

当社では、新製品の機械操作に慣れてもらうため終業後に使用することを認めています。労働時間と認識しているものの、いわゆる自己研さんでないともいい切れないところにすっきりしない感じがあります。どのように考えればいいのでしょうか。【岡山・N社】

## A. 作業内容変更時に該当も　自由・任意かポイント

厚生労働省は、労働時間の適正把握ガイドライン（平29・1・20基発0120第3号）の中で、労働時間の考え方を示しています。例えば、「参加することが業務上義務づけられている研修・教育訓練の受講や、使用者の指示により業務に必要な学習等を行っていた時間」は、労働時間としています。教育、研修、訓練等の時間が明示的な業務命令で教育への参加が命じられている場合、労働時間に当たることは明白でしょう。

業務上義務づけられていない自由参加のときですが、厚労省はパンフレットの中で「労働者が、会社の設備を無償で使用することの

許可をとった上で、自ら申し出て、一人でまたは先輩社員に依頼し、使用者からの指揮命令を受けることなく勤務時間外に行う訓練」は、労働時間に該当しない例として示しています。

　安衛法では、雇入時の安全衛生教育（法59条1項）、作業内容変更時の安全衛生教育（2項）、危険有害業務に就かせる際の特別教育（3項）などを定めています。通達（昭47・9・18基発602号）は、「法59条および60条の安全衛生教育は、労働者がその業務に従事する場合の労働災害の防止をはかるため、事業者の責任において実施されなければならないものであり、したがって、安全衛生教育については所定労働時間内に行うのを原則とすること。また、安全衛生教育の実施に要する時間は労働時間と解される」としています。したがって、例えば、本件を作業内容変更時（2項）と捉えて必要な時間とみれば、労働時間ということになるでしょう。これは、異なる作業に転換をしたときや作業設備、作業方法等について大幅な変更があったときをいい、軽易な変更は含まない趣旨（前掲通達）とあります。その他、教育の一環とすれば、安全衛生教育等推進要綱（平3・1・21基発39号、改正平28・10・12基発1012第1号）やリスクアセスメント（安衛則24条の11）と関連がある場合もあります。

　一方で、それ以外の企業独自の教育については、自由・任意参加かどうかが判断のひとつのポイントとなります。自由・任意参加である旨が明示されていないときには、労働者として自己および同僚労働者の生命、身体、健康を守るために必要な安全衛生教育であるから（略）、原則として労働時間になる（安西愈「新しい労使関係のための労働時間・休日・休暇の法律実務」）と解したものがあります。

 時間外はどの部分か　副業に管理モデル採用

副業として働きたいという応募があり、本業先は管理モデルを採用したいと話をしていました。初歩にはなりますが、副業先は時間外労働をどう考えますか。【東京・Ｋ社】

# A. 所定内で発生する可能性も

　本業先（先契約使用者）と副業先（後契約使用者）の労働時間は通算されます（労基法 38 条）。各々の所定労働時間の定め方などで割増賃金が必要な時間外労働の部分が異なるなど煩雑さが伴います。

　法令遵守と労使双方の手続きの負担軽減のため提示されたのが、「管理モデル」（簡便な労働時間管理の方法）です（副業・兼業の促進に関するガイドライン）。事前に本・副業先がそれぞれ労働時間を設定することで、その枠内に限り、他の事業場における労働時間を把握する手間が軽減されます。時間外労働となるのは、本業先は法定外労働時間の部分です。一方、副業先は、法定労働時間から本業先の所定内・外の労働時間を引いた時間数を超過した部分で、所定内・外にかかわらないため注意が必要です。

## Q24 所定内・外分けられる？　兼業先での労働時間　大部分は法定外と処理

　政府の旗振りにより、副業・兼業を推進する社会的機運が高まっています。そこで疑問があるのですが、一般に、労働時間は、所定内・外労働、法定外労働に区分されます。兼業を行う場合、労働時間が通算され、兼業者の働く会社では、大部分の時間を法定外労働時間として処理する必要があるといいます。こうした会社の場合、所定内・外労働という区分が成り立つのでしょうか。【東京・U社】

## A. 本業除く法定内で区分が

　労働時間の3区分について、その関係を確認しましょう。所定内労働時間とは、本来的には契約（就業規則・労働協約等）で定めた時間という意味です。具体的には、始業時刻から終業時刻までの時間のうち、休憩時間を除いた時間を指します。

　賃金との関係からいえば、所定労働時間をフルに働いた場合、契約で定めた所定の賃金が支払われます。遅刻等があれば賃金がカットされ、所定の時間を超えて働けば残業代が加算されます。

　所定労働時間は契約で定められますが、労働法規の制約を受けます。たとえば、1日の所定労働時間10時間と定めても、通常の労働時間制の下では、8時間を超える部分は法定外労働として取り扱われます。

　一方、所定労働時間が法定労働時間より短い会社で、所定労働時間を超えて働いた時間（法定労働時間の枠内で）は、所定外労働時間（法内残業）となります。法内残業に対して2割5分の割増は不要ですが、「通常の労働時間の賃金（別に定められた賃金があるときはその賃金）を支払う」必要があります（昭23・11・4基発1592号）。

　こうした理解のうえで、兼業会社で、労働時間の区分がどうなる

かみてみましょう。兼業会社でも、契約により働くべき時間（所定労働時間）を定めること自体は可能です。

　しかし、本業の会社で既に法定枠いっぱい（たとえば1日8時間）働いていれば、兼業会社で働く時間はすべて法定外労働として処理されます。

　本業の会社で不就労の日であれば、兼業会社で働く時間は基本的に所定内労働時間となり、契約時間を超えて働けば、その時間は所定外労働となります（通算して週40時間の要件は満たすとして）。つまり、自動的に法定外労働となる時間を除き、残された時間の範囲内で、所定内・外を区分する形となります。

 **36協定は短めに？　兼業者の時間外設定本業労働時間を考慮して**

> 　1日の所定労働時間が短い場合、多少の残業があっても、1日・週の法定労働時間を超える心配はありません。しかし、兼業者については、所定労働時間と法定時間外労働となる時間帯が重複するケースが発生します。こうした場合、時間外・休日労働（36）協定が必要になると考えられます。協定の締結に当たり、本業の労働時間を考慮し、上限を短めに設定する必要があるのでしょうか。【福岡・D社】

## A. 自ずと制限生じる仕組み

　労働時間は、「事業場を異にする場合も、通算」されます（労基法38条）。ダブルワーカーについては、他社で働く時間も考慮し、労働時間・賃金を管理する必要があります。

　時間的に先に労働契約を締結した事業場を本業、後から締結した事業場を副業と定義しましょう。

　本業と副業の所定労働時間の合計が法定労働時間を超える場合、

副業の所定労働時間の一部が法定時間外労働となります。所定労働時間の合計と法定枠の間に一定幅の「ゆとり」があるとき、その時間枠は本業・副業のどちらが先に時間外労働を命じたかにより、割増賃金を負担する事業場が決まります。

　本業がフルタイム勤務であれば、副業の労働時間の大部分が時間外労働に該当する理屈です。

　「時間外と休日労働の合計で単月100時間未満、複数月平均80時間以内の要件」については、副業・兼業の合計が規制対象となります（副業・兼業の促進に関するガイドライン）。一方で、月45時間、年360時間（特別条項は年720時間）等の要件については、通算規定の適用外とされています。

　たとえば、副業の所定労働時間が1日2時間だとすると、1日2時間×20日で、1カ月40時間程度となります。この大部分が時間外労働扱いの場合、それに所定外の残業時間が加われば、すぐに月45時間の枠（1事業場単独で適用）を超えます。ですから、念のため、特別条項の締結が求められます。

　これに上乗せで、本業の方で時間外＋休日労働が増えれば、今度は2事業場合計で単月100時間の枠に抵触します。副業の事業場で年間720時間の36協定を結んでも、その枠を使い切る以前に単月100時間等の制限により、労働時間を延長できる時間には自ずと制限が課される形となります。

## Q26　有効期間の扱いは？　フレックスと労使協定

　労使協議で、フレックスタイム制の導入が議題となりました。仮に導入する場合、労使協定に有効期間の定めは必要ですか。期間の基準は示されていますか。【香川・R社】

# A. 1月以内で清算は不要

　フレックスタイム制を導入するには、就業規則で始業と終業の時刻を労働者の決定に委ねる旨を定め、労使協定で清算期間などを規定します（労基法32条の3）。清算期間が1カ月を超える場合は、労使協定の有効期間を設定し、労基署長に届出をする必要があります（労基則12条の3）が、逆に1カ月以内ならばこれらは不要といえます。

　この有効期間の長さについては、解釈例規でも「労使協定に有効期間の定めをする」（平30・9・7基発0907第1号）とするのみで、具体的には示されていません。厚労省のパンフ（フレックスタイム制のわかりやすい解説＆導入の手引き）の労使協定例では、1年としています。

　なお、ほかの弾力的労働時間制度では具体的な長さを示しているものもあり、たとえば1年単位の変形労働時間制では、「1年程度…が望ましいが、3年程度以内…であれば受理して差し支えない」（平6・1・4基発1号）としています。

 **特定時期だけ設定？　繁忙月のみコアタイム**

　フレックスタイム制の導入を検討中です。例年、繁忙月が何度かあり、その月だけコアタイムを設けたいのですが可能でしょうか。また、場合によっては重要な業務が早い時間帯に多くなることから、コアタイムを繰り上げるといった措置などもできますか。
【徳島・N社】

# A. 労使協定通じ自由に設定可

　フレックスタイム制は、一定の期間についてあらかじめ定めた総

労働時間の範囲内で、労働者に始業・終業の時刻の決定を委ねる制度です（労基法32条の3）。導入に際しては、労使協定で対象となる労働者や清算期間などを定めるほか、任意で、コアタイムと、フレキシブルタイムを設定することができます。

　コアタイム、フレキシブルタイムの時間帯は、労使協定で自由に定めることができ、設ける日と設けない日、日によって異なるものなども設定可能としています（労基法コンメンタール）。したがって、ある月にだけコアタイムを設けることも可能です。また、コアタイムの繰上げ・繰下げについても、就業規則等と労使協定で規定をすれば可能とする見解があります（安西愈「労働時間・休日・休暇の法律実務」）。

## Q28 週6日勤務にも適用可？　フレックス制採用で　別部署の変形制へ合わせ

　当社では、月内の業務量の変動に対応するため、全社的に1カ月単位変形労働時間制を採用しています。所定労働時間を7時間に設定する一方で、5日出勤でない週もあります。現在、事務部門の一部で、フレックスタイム制を導入したいという話が出ています。たとえば、6日出勤の週等があっても、フレックス制を適用できるのでしょうか。【兵庫・A社】

## A. 完全週休2日制の特例使えず

　1カ月単位変形労働時間制もフレックスタイム制も、労働時間の弾力的管理を目的とする仕組みです。

　1カ月変形制の場合、変形期間の各日・各週の労働時間を特定します。フレックスタイム制は、始業・終業時刻を労働者の決定に委ねます。制度によって要件が異なるので、2つの仕組みを併用することはできません。フレックスタイム制を標榜するのなら、特定の日・

週に長めの時間を働くように強制はできない理屈です。

　しかし、フレックスタイム制は、「始業・終業時刻の決定」を労働者に委ねるだけで、休日については、基本的に使用者に決定権があります。

　一般の従業員が、ある週に6日出勤するのに、フレックスタイム制の対象者のみ5日というスケジュールを組むのは、現実的でありません。一般の従業員（貴社では1カ月単位変形制の対象）のカレンダーに合わせて休日を設定するのが、むしろ自然といえます。

　フレックス制の場合、週6日働き、週の労働時間が40時間を超えても、それにより直ちに時間外労働が発生するわけでもありません。ですから、変形制を「併用する」必要もないわけです。

　ただし、5日勤務体制を崩すと、労基法32条の3第3項の適用外となります。同項は、完全週休2日制（週の所定労働日数5日）で働く労働者について、時間外計算の特例を認めるというものです。労使協定を締結すれば、所定労働日数に8時間を乗じた時間数を清算期間における法定労働時間総枠とすることができます。

　たとえば、6月（祝日なし）に8日しか休日を与えないと、通常勤務（標準労働時間8時間を勤務）でも時間外が生じる（8時間×22日＝176時間）点を考慮した規定です。この規定の利用を想定しないなら、週5日勤務にこだわる必然性はないといえます。

## Q29　コアタイムの中抜けは？　フレックスでテレワーク

　テレワークの労働時間管理を考える中で、通常の労働時間制度よりもフレックスタイムのほうがいいのではないかという意見があります。ただ、1日のうち一定の時間帯に働いてほしいときにコアタイムを設ければ、その時間は中抜けすることはできないということになるのでしょうか。【静岡・K社】

# A. 許可制にすることも可　始業・終業委ねる必要

　フレックスタイム制（労基法32条の3）は、労使協定により使用者が、労働者に始業・終業の時刻を委ねることにより、労働させることができる制度です。例えば、1カ月の清算期間において週40時間を超えないという条件があり、超えた場合には割増賃金等の支払いが必要です。清算期間は3カ月以内の期間に限られます（同条1項2号）。

　テレワークに厳密な労働時間管理がなじまないということはこれまでも議論がなされてきました。テレワークガイドライン（令3・3・25基発0325第2号）においては、労基法にはさまざまな労働時間制度が定められているところ「全ての労働時間制でテレワークが実施可能」であり、「テレワークを実施しやすくするために労働時間制度を変更する場合は、各々の制度の導入要件に合わせて変更可能」としています。各労働時間制度のうち、フレックスは「テレワークになじみやすい」（前掲ガイドライン）としています。

　フレックスを導入した場合の中抜け時間について、「労働者自らの判断」で「その時間分その日の終業時刻を遅くしたり、清算期間の範囲内で他の労働日において労働時間を調整したりすることが可能」としています。規定例の中には、メール等で事前連絡するのを原則として、事前連絡できなかった場合には事後所属長の承認を要するとしたものがありました。

　一方で、コアタイムは「労働者が1日のうちで必ず働かなければならない時間帯」（厚労省「フレックスタイム制のわかりやすい解説＆導入の手引き」）です。設けるには、その時間帯の開始・終了時刻を労使協定で定める必要があります。コアタイムは、設ける日と設けない日があってもいいですし、日によって時間帯が異なってもいいとしています（前掲「手引き」）。いずれにしても、コアタイムを設ける以上は無条件に中抜け自由とはいかないでしょう。

コアタイムの遅刻、早退、欠務制度を設けることはこれまで差し支えないとされてきており、就業規則等で定める職務専念義務の問題もあります。一般的な労使協定の例をみてもコアタイムを設ける以上は、勤務すべき時間という規定になっています。中抜けを認めるのであれば、ここで少なくとも会社の許可を得て認めるという制度設計にしておくことが考えられます。

 続けて適用可能？　定年後も1年変形制

1年単位の変形労働時間制を採用しています。少し先に定年を迎える従業員がいて、引き続き嘱託で働くことになっているものの、定年の時期と対象期間の終了日が近いため、割増賃金の清算をせずに少しの間変形制下で働いてもらいたいです。可能ですか。【大分・S社】

## A. 継続雇用が確実なら可

1年単位の変形労働時間制では、対象期間中の途中採用者・退職者など、対象期間より短い労働をした者に対して、実際に労働させた期間を平均して週40時間を超えた労働時間につき、割増賃金を支払う必要があります（労基法32条の4の2）。清算を行う時期は、途中採用者は対象期間の終了時点、途中退職者は退職の時点です。対象となる時間数は、変形制下における実労働時間から、法定労働時間の総枠(40時間×〈実労働期間の暦日数÷7日〉)を減じて求めます。

定年後も嘱託として再雇用されるような場合については、労働者が希望すれば引き続き再雇用することが就業規則等に明確に規定されていれば、継続して適用可能となっています（平6・5・31基発330号）。

労使協定は届け出る？　みなし時間制を適用
勤務時間の一部だけでも

　外勤の営業社員を対象に事業場外労働のみなし労働時間に関する協定を結び、労基署に届け出ています。現在、「後方勤務（営業社員のバックアップ）」の内勤者についても、所定労働時間の一部を外勤で働いてもらう方向で検討中です。こうした「一部事業場外勤務」でも協定を結び、労基署に届け出る必要はありますか。【東京・G社】

## A. 事業場外が法定超過なら

　「労働時間の全部または一部について事業場外で業務に従事」した際のみなし労働時間制の適用には、3パターンあります。

　①基本は、「所定労働時間」働いたものとみなします（労基法38条の2第1項）。労働時間の一部についてだけ事業場外で働いた場合も、「その日は事業場内で業務に従事した時間を含めて『全体として』所定労働時間、働いたことになる」という解釈です（労基法コンメンタール）。

　②当該業務遂行のために通常所定労働時間を超えて労働することが必要なときは、「必要とされる労働時間働いたもの」とみなします（同条1項ただし書き）。みなし労働時間の対象になるのは「当該業務（事業場外における業務）」部分のみで、事業場内で働いた時間は含まれません。

　③②に該当する場合で書面による労使協定があるときは、「協定で定める時間」、働いたものとみなします（同条2項）。このパターンでみなしの対象となるのは、やはり「事業場外労働における時間」となります。

　そこでご質問のケースですが、一部事業場外で勤務した場合、「事業場内で業務に従事した時間と事業場外における業務に『通常必要

とされる時間』とを加えた時間が、所定労働時間より長い場合」には、②③パターンの対象になるとされています（前掲書）。

　この場合、「事業場外における業務」を何時間とみなすのか定める必要があります。「常態として」こうした勤務パターン（たとえば、事業場外4時間＋事業場内5時間）が生じるときは、「できる限り労使協定を結ぶ（③パターンによる）」のが望ましいとされています。

　ただし、労基署への届出については、「事業場外で労働する時間が法定労働時間を超える場合」に限り必要になるとされています（昭63・3・14基発150号）。

## Q32　どちらのみなし時間制？　専門型と事業場外テレワークで両方対象に

　テレワークの対象者が増え、常態化していく中で、管理体制の再編・一元化を検討しています。経営層は、現在の雇用管理の在り方に関係なく、常態的なテレワーク従事者には「一律に」事業場外労働みなしを適用するという対応を考えているようです。対象者の中には、一部、専門業務型裁量労働制の従事者も含まれますが、事業場外労働みなしという扱いで良いのでしょうか。【東京・C社】

## A.　健康福祉確保考慮し前者

　事業場外で働き、労働時間を算定し難いときは、事業場外労働みなし制の対象となります（労基法38条の2）。業務の性質上、その遂行の方法を労働者の裁量にゆだねる必要があるとき、所定の手続きを採り、専門業務型裁量労働制を適用できます（38条の3）。

　ご質問は、テレワークが双方の条件を満たす場合、どちらの仕組みを優先して用いるかという問題です。

　まず、前提として、テレワークが両制度の対象になるかですが、「テ

レワークガイドライン」では、「全ての労働時間制度でテレワークが実施可能で、テレワーク導入前に採用している労働時間制度を維持したまま、テレワークを行うことが可能」としています。

　次に労働時間を管理する際に両者に違いがあるかですが、第1に、労基法の賃金計算の観点からは、「みなし労働時間制が適用される労働者」は労働時間把握の必要がないとされています（平29・1・20基発0120第3号）。

　第2に、安衛法の面接指導の関連からは、事業場外労働、裁量労働制ともに「労働時間の状況の把握」が求められます（平30・12・29基発1228第16号）。

　上記2点は両制度共通ですが、裁量労働に関しては、このほか健康福祉確保措置も義務付けられています（労基法38条の3第1項4号）。労働時間の状況に応じて、代償休日・連続した年休の付与、健康診断、相談窓口の設置、配置転換等の対応が必要とされています。

　裁量労働（時間配分について労働者の広範な裁量を認める）という働き方を適用する以上、使用者は、それに伴う健康障害等を防止するために適切な措置を講じる義務を負います。「一元化」という名目で、安易に裁量労働の対象から外すことは賢明とはいえないでしょう。

# 休憩・休日関係

## Q33 年休取得時の賃金変更か　同一労働同一賃金で　パートは違う計算式採用

　顧問先に、数店の飲食店を経営する会社があります。従業員のパート比率が高いことから、同一労働同一賃金について相談を受けています。そのなかで、年休賃金について質問がありました。正社員は通常の賃金、パートは平均賃金を用いて支払っています。経営者は、「この際、同一店舗内では、平均賃金方式に統一したらどうか」というのですが、どのように答えるべきでしょうか。【岡山・D社労士】

## A. 額に不利益ないよう考慮

　年休取得者に支払うべき賃金として、①平均賃金、②所定労働時間労働した場合に支払われる通常の賃金、③標準報酬月額の30分の1（労使協定が必要）の3種類が定められています（労基法39条9項）。

　使い分ける理由としては、第1に計算の簡便性があります。固定給制の場合、②「通常の賃金」を使用するのがもっとも簡便で、出来高払制等の従業員に限り、①③を適用するのが一般的です。

　第2に、金額の多寡です。所定外労働の少ない勤務体系では、②で計算した金額と比べ、①③の金額は低めとなります。

　第3に、所定労働時間が変動する勤務体系の場合、「取得日の偏り」という問題も考える必要があります。②を採用する会社では、とくにパートに関し「所定労働時間が長いシフトの日をねらい撃ちで、

年休を申請する」という傾向が生じます。

①③を採用すれば、勤務時間の長短に関係なく、年休賃金は一定になります。ただし、「所定労働時間が短い日に年休申請が集中する」という逆作用も考慮する必要があります。

ご質問にある会社で、年休賃金に関し、正社員とパートの扱いを変えているのはどのような理由に基づくのか。その点を明確にしたうえで、検討すべき課題といえます。

「計算方法を統一」すれば、表面上、格差が是正されたかにみえます。しかし、月給制の社員について、②「通常の賃金」から①「平均賃金」に切り替えた場合、金額がどのように変化するかをチェックする必要があります。低下幅が大きければ、不利益変更と反対する従業員も出てくるでしょう。

一方で、パート・有期雇用労働法に照らし、正社員とパートで異なる仕組みを採ることに合理的な理由が存すれば、あえて統一を図る必然性もないといえます。

## Q34 年休取得したとき賃金は　月給21分の1支払う　欠勤控除を逆に考えて

総務課に配属され、仕事の合間に、労基法等の条文を勉強しています。当社は、欠勤時には月給の21分の1をカットする規定になっています。年休を取得した場合、その逆で月給の21分の1が支払われる形になると思います。しかし、労基則では、「月給を月の所定労働日数で除した金額」を支払うと規定してあります。当社の取扱いは、厳密にいうと問題ありなのでしょうか。【大分・Ｈ社】

## A. 両者均衡なら同額可能

月給者の場合、欠勤控除の方法として、大きく2とおりが考えら

れます。単純なのは、「月給を月の所定労働日数で除した金額」をカットする方法です。この方式だと、月ごとに控除額が変動します。

　しかし、計算の便宜から、控除金額を固定する企業もあります。貴社では、「月給の21分の1」という数字を用いておられますが、これは年間の所定労働日数を12で除した値をベースとするものでしょう。

　一方、労基法で定める賃金の計算方法も、条文によって考え方が異なります。たとえば、割増賃金の算定基礎の場合、「月によって定められた賃金は、その金額を月の所定労働時間（月によって所定労働時間が異なる場合には、1年の平均）で除した額」と規定されています（労基則19条1項4号）。こちらは、1年を基準とします。

　これに対し、年休取得時に支払う賃金の場合、「月によって定められた賃金については、その金額を月の所定労働日数で除した金額」と定められています（同25条1項4号）。こちらは、「月基準」です。

　貴社のように、欠勤控除の額について「年平均でみた月の所定労働日数」を用いている会社では、労基法の「月基準」の考え方と「齟齬」が生じるようにも感じます。

　貴社で年休取得時に全額の月給を支払っていれば、「机上の計算」としては、21分の1の欠勤控除をした後、21分の1の年休賃金を支払っているという理解となります。

　一方、年休賃金については、「所定労働時間労働した場合に、通常の出勤をしたものとして取り扱えば足りる」（平22・5・18基発0518第1号）と述べる解釈例規があります。控除額と年休賃金が均衡している限り、「机上の計算」額と労基則24条で定める額に差異が生じたとしても、もちろん、違法ではありません。

**Q35** 年休取得いくら払う　変形制の時間が短い日

　　時給制の従業員の年次有給休暇について疑義が生じました。取得時の賃金支払い方法は通常の賃金方式ですが、1カ月単位の変形労働時間制を採用しています。所定労働時間が短い日に年休を取得したとしても、その日の所定労働時間に応じて支払い額を計算して良いのでしょうか。【群馬・M社】

## A. 通常賃金は所定で算出

　年休を取得した日の賃金の決め方は、①平均賃金、②所定労働時間労働した場合に支払われる通常の賃金、③健保法の標準報酬月額の30分の1相当額——から選択します（労基法39条9項）。労基法コンメンタールでは、原則は①、②で、就業規則その他で明確に規定することが要求されており、かつ「労働者各人についてその都度使用者の恣意的選択を認めるものではない」（昭27・9・20基発675号）としています。

　時給制労働者に変形労働時間制を採用していても、②の場合は、「各日の所定労働時間に応じて算定」します（昭63・3・14基発150号）。よって、所定労働時間が長い日に取得申請が増えるおそれがあります。なお、①は、日単位の額が算出されるため、所定労働時間の長短による不公平さはなくなる一方、都度計算する負担は生じます。

**出勤率計算方法は　完全フレックス制で　出社日少ない働き方なら**

　フレックスタイム制の対象者でも、出社日は会社が指定しています。一方、完全フレックス制の場合、所定労働日に出社しないという選択も許されます。年休の8割出勤の要件をみる際、完全フレックスで出社日が少ない働き方をする人は不利になります。仮に8割を切った場合、年休を付与しなくても良いのでしょうか。
【岡山・M社】

# A. 所定労働時間が基準に

　完全フレックスタイム制は、別名スーパーフレックスタイム制ともいいます。フレックスタイム制は「始業・終業時刻を労働者の決定に委ね」ますが、コアタイム（必ず出勤しなければ時間帯）を設けることもできます。

　このコアタイムをなくせば、いつでも好きなときに出社・退社できるようになります。完全フレックスという場合、まったく出社しなくても、欠勤扱いとしません。

　しかし、フレックス制でも、労基法35条の適用を受けるので、カレンダー上では、1週1日以上の休日を配置する必要があります。

　一般の従業員が週休2日制の場合、施設の安全管理等の観点から、完全フレックスの対象者についても「残りの5日の中から勤務を選択」する形とするのが普通です。

　出社しなくても欠勤扱いしないので、各人が選択する働き方によっては出社日数が著しく少なくなる可能性があります。

　年休の出勤率は、出社した日数を「全労働日数」で除して算出するのが原則です。しかし、完全フレックスタイム制では、この原則をそのまま適用すると不合理が生じるので、次のとおり例外が設けられています（労基法コンメンタール）。

①清算期間について定められた総労働時間（所定労働時間）を労働している場合には、「全労働日」は労働者が実際労働した日とし、その全日出勤したものとして計算する

②総労働時間を労働していない場合には、「全労働日」は所定休日を除いた日とし、そのうち労働者が実際に労働した日を出勤日として計算する

完全フレックスの対象者が通常どおりフル勤務しているときは、出勤日数が少なくても問題ありませんが、労働時間が少なくなると「所定休日（逆にいうと所定労働日）」をどのように設定しているかが関係してくるので、注意が求められます。

## Q37 時季指定義務該当か　繰越し含めて10日に

パート労働者に週3日来てもらい始めて約2年半になります。新たに6日の年次有給休暇が発生しますが、昨年はあまり取得しなかったため、繰越し分と合わせると10日を超えます。使用者による時季指定義務の対象なのでしょうか。【埼玉・Ｙ社】

## A. 基準日単位で判断し対象外

パート労働者などについても年休は発生します。週所定労働日数が4日以下（週以外で定める場合は年216日以下）かつ週労働時間が30時間未満の場合は比例付与の対象として、労基則24条の3で定める表の区分に応じた日数の年休が付与されます。たとえば、週所定労働日数が3日で勤続6カ月のときは、5日です。

労基法39条7項で、使用者による時季指定義務（5日の取得義務）が課されていますが、比例付与の対象となる労働者については、繰越し分を含めて10日以上になったとしても、その年度に付与される法定（新規）の年休の日数が10日以上とならない限り、時季指定義

務の対象にはなりません（平31・4厚労省Q＆A）。週3日なら勤続5年半から、週4日なら勤続3年半からが、10日以上付与で対象となります。

## Q38 年休を併用できる？　半日休日出勤の代休と

当社では、年次有給休暇の半日単位取得を認めています。土・日曜日が休日としているところ、この前の土曜に半日出勤し、その分半日の代休を与えることとした労働者から、半日年休と組み合わせて丸1日休みにしたいといわれました。代休と年休の併用は可能なのでしょうか。【奈良・D社】

## A. 労使取決めあれば　割増賃金に留意は必要

労基法39条の年休は原則1日単位ですが、労働者の希望と使用者の同意により半日単位で付与できます。過半数労働組合（ない場合は過半数代表者）と労使協定を結べば、年5日まで時間単位の付与も可能です（同39条4項）。

次に、法定外休日の労働に対する代休の付与については、労基法上の規定がなく、労使で自由な取決めが可能とされています。半日単位で付与するのであれば、就業規則等で明確に定めておくのがベターです。なお、週40時間超など時間外労働に対する割増賃金には留意が必要です。

年休は労働義務がない日に請求する余地がない（昭24・3・28基発1456号）としていますが、ご質問のケースは、代休を半日取得しても、もう半日には労働の義務があると考えられるため、併用し1日休みとすることは可能といえるでしょう。

 いつまでに5日取得　海外出向で年休の扱い

当社から3年ぶりに海外のグループ会社へ労働者を出向させることとなりました。出向は来年1月からなのですが、出向する労働者には、今年10月に年次有給休暇が付与されることとなっています。このような場合、年休の5日取得義務については、どの時点で考えるのでしょうか。【静岡・K社】

## A. 取決めして基準日から1年以内へ

労基法39条7項は、年休を年10日以上付与される労働者に対し、基準日（付与された日）から1年以内に、うち5日について、使用者が時季指定し取得させることを義務付けています。

一方、海外出向し、海外の法人等から指揮命令を受けるような場合、出向先の法が適用されることから、出向期間に関しては、年休の時季指定義務の対象からは外れます。

ご質問のように基準日から1年以内に海外出向する際は、原則としては、労基法が適用される基準日〜出向までの間に、5日取得の義務を果たすことが必要としています（平31・4厚労省Q＆A）。ただし、出向元・先・労働者の三者間の取決めにより、出向後も含めた、基準日からの1年以内に、5日の時季指定をすることも差し支えないとしています。

 ５日取得は必要か？　休職期間満了により退職

入社から２年半が経過する少し前より、病気で休職を開始した従業員がいます。休職の上限は、勤続年数に基づき半年ですが、まもなく満了を迎え退職となる見込みです。休職開始後に勤続２年半の付与基準日を迎え、年12日の年次有給休暇を付与していますが、この場合も労基法上の５日の取得義務の対象となるのですか。【宮城・Ｓ社】

## A. 履行の義務を果たせず不要

使用者は、年休について、付与基準日からの１年間（付与期間）の中で５日与えなければなりません（労基法39条７項）。対象は、付与日数が10日以上の労働者です。確実な取得に向け、時季指定を行い、さらに実際に取得させることが必要です。労働者自らが取得した分は５日から除きます。

一方で、休職中は労働義務がないため、休職者は年休請求権を行使できないこととなっています（昭31・２・13基収489号）。

ご質問のように、付与期間の以前から休職しており、付与期間中に一度も復職しなかった場合など、使用者にとって義務の履行が不可能なケースでは、５日取得させなくても労基法違反を問われないとされています（平31・４厚労省Ｑ＆Ａ）。逆に、付与期間の途中で復職し履行可能な場合は、取得させることが必要になるといえます。

**Q41** １日未満の扱いは　時間単位年休を取得　時効はどう考えるのか

　令和３年１月１日から、看護・介護休暇の時間単位付与が始まり、当社も関連規定を整備しました。その過程で、従業員側から「年休の時間単位付与」を要望する声が出され、「時間単位で休む場合も、有給扱いを選択できる仕組みにしてほしい」とのことです。そこで時間単位の端数（１日未満）管理について疑問が生じました。この端数は２年で時効消滅するという理解で良いのでしょうか。【福岡・Ｄ社】

## A. 玉突き生じ３年目も影響

　労基法に基づく年休と、育介法による看護・介護休暇は、同じ「時間単位付与」といっても、規定内容に違いがあります。

　年休はその名のとおり、有給で付与されます。一方、看護・介護休暇は無給でも可とされています（令元・12・27雇均発1227第２号）。

　ですから、両方の制度を併用するのは、とくに従業員にとってメリットがあります（労基法は、労使協定の締結を条件とし、制度を導入するか否かは労使の判断によります）。

　このほか、両制度には、中抜けの可否や年度内に消化されなかった休暇の扱いに関して、大きな違いがあります。当回答では、後者に着目します。

　看護・介護休暇は、「一の年度に５日（対象者が複数の場合は10日）まで」の取得が可能という定め方になっています。法律的に繰越しに関する定めは設けられておらず、時間単位で申出を行い１日未満の端数が生じても、管理上の問題はありません。

　一方、労基法の年休は、８割出勤の要件を満たした従業員について、所定日数の年休権が発生するという整理です。年休は、労基法115条により２年の時効の対象になります（昭22・12・9基発501号）。

10日の年休が付与された従業員が、4日と3時間の年休を消化すれば、翌年に5日と5時間（所定労働時間8時間として）が繰り越されます。次年度に11日が付与され、5日しか消化しなければ、5時間が時効消滅し、11日が残日数となります（端数消滅）。

しかし、仮に6日消化すれば、時効消滅分はなく、10日と5時間が3年目に繰り越されます。2年目に時間単位で年休を使用しなくても、1年目の端数が「玉突き現象」を起こして、3年目の残日数に影響を及ぼすこととなります。2年で必ず端数が消滅するわけではない点に、注意が必要です。

## Q42　1年目の残り含まれない？　繰り越した年休で　1日未満に関する考え方

時間単位年休の端数管理に関するQ&A（1章Q41、71ページ参照）を読みました。1年目に発生した「1日未満の端数」については、3年目に影響が及ぶケースも少なくないという説明でした。そこで、疑問ですが、設問の例で、3年目に繰り越された端数がすべて「2年目の残り（繰越しの対象）」であり、「1年目の残り」は含まれないといい切れるのでしょうか。【埼玉・R社労士】

## A.　先から消化し2年目のみ

この問題については、前提条件として、年休の消化順序について確認する必要があります。年休繰越しにより、前年度発生の年休と今年度発生の年休の両方が存在する場合、どちらの年休を先に消化するのでしょうか。

労基法コンメンタールでは、「当事者の合意によるが、労働者の時季指定権は繰越分からなされていくと推定すべきである」（菅野和夫「労働法」）という見解が示されています。ただし、カッコ書きで「反対説」も紹介されています。

　当回答では、「繰越分から消化される」という立場で、時間単位年休の問題を検討しました。反対説を取れば、また結論に違いも出てきます。

　71ページで取り上げた例（2番目）について、もう一度、詳しくみてみましょう。

　10日の年休が付与された従業員が、4日と3時間の年休を消化すれば、翌年に5日と5時間（所定労働時間8時間として）が繰り越されます。

　翌年（第2年目）に、この従業員は、第1年目の繰越し分「5日と5時間」と、第2年目発生分「11日」の合計「16日と5時間」の権利を有しています。

　第2年目に6日の年休を消化したとすれば、「繰越分の5日と5時間」を先に使用し、2年目発生分（11日）については3時間だけ使う形になります。

　残っているのは、10日と5時間ですが、これはすべて「2年目の残り」であり、「1年目の残り」は含まれません。2年目の残りですから時効（労基法115条）の適用はなく、「端数も含めてすべて」が第3年目に繰り越されます。

　端数が消えるのは、第2年目に「6日と5時間」の年休を消化するなど、キレイに端数が相殺されるケースです。それ以外は、1年目の繰越分を「使い切って」2年目発生分に食い込むときは「玉突き」が発生します。

## Q43 0.5日分は切り上げる？　時間単位年休を導入　従来の半日と併用したい

新たに労使協定を結び、時間単位年休制を導入する際、1日未満の端数管理をどう管理するかというQ&Aを読みました（1章Q42、72ページ参照）。当社の場合、これまで半日単位年休制を運用してきました。時間単位制と併用する際、半日単位の端数は切上げ処理し、繰上げ日数を計算すべきでしょうか。【佐賀・W社】

# A. 労使で定めれば可能に

年休の時間単位付与は、労使協定の締結や利用日数の限度（1年度5日）等のルールが法律の条文で定められています（労基法39条4項）。一方、半日単位付与制の運用は基本的に事業場に委ねられています（平7・7・27基監発33号）。

端数管理については、年度の途中で制度を導入した場合と年度終了後に翌年度に繰り越す場合がありますが、当回答では後者について検討します。

たとえば7時間の事業場の場合、0.5日は3時間30分で1時間未満の端数が生じます。時間単位年休制では1時間未満の端数は繰上げ処理が原則ですが、「0.5日（3時間30分）の端数を翌年に繰り越す際には4時間として処理する必要があるか」というのが質問のご趣旨です。

この問題に関しては、「半日年休を取得した場合の残時間数を運用上どのように扱うかは、法定を下回らない内容により労使で定めることになる」としています（平成20年改正労基法に関する厚労省Q&A）。端数の時間換算処理がシンプルですが、事務の煩雑化をいとわなければ、時間・半日単位を別管理するという方法も考えられます。

所定労働7時間の事業場の端数管理について、1つの「例」を示

します。

　10日の年休が付与された従業員が、4.5日と5時間の年休を消化すれば、翌年に4.5日と2時間が繰り越されます。次年度に11日が付与され、4日しか消化しなければ、0.5日と2時間が時効消滅し、11日が残日数となります（端数消滅）。

　しかし、5日消化すれば、時効消滅分はなくなって、10.5日と2時間が3年目に繰り越されます（下図）。1年目の0.5日と2時間という端数は「玉突き現象」により、3年目に影響を及ぼします。

**玉突きが生じる例**

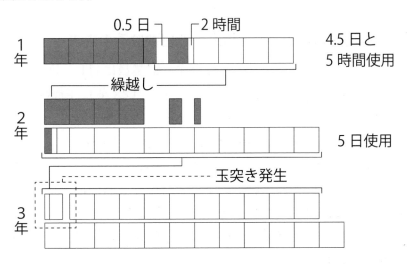

　5.5日消化すれば、繰越し分は10日と2時間となります（0.5時間の端数は相殺で消滅）。

## Q44 1日未満どう考える　半日単位年休の扱い
育児で短時間勤務利用へ

女性従業員から、「育児のため、短時間勤務を希望する」という申出がありました。当社は小規模事業場で、こうした申出は初めてのため、いろいろと調査中です。年休については、基本的に、短縮前の権利を引き継ぐとのことです。当社では、半日単位の年休制度を運用していて、この女性は前年度繰越分も含め、10.5日の年休があります。この半日の端数はどのように取り扱うのでしょうか。【和歌山・K社】

## A. 所定労働時間変更と捉え　残日数はそのまま

育介法では、3歳未満の子を養育する従業員に対し、所定労働時間の短縮措置を講じる義務を課しています（23条）。所定労働時間6時間未満の者、労使協定で除外対象とする者等を除き、申出があれば、短時間勤務できる体制を整えておく必要があります。

短縮後の労働時間は、「原則として6時間とする措置を含むもの」（育介則74条）とされているので、8時間が6時間に変更されたとして検討しましょう。この方は「前年度繰越分も含め、10.5日の年休がある」とのことですが、まだ次の年休付与基準日に達していないと想定します。

年の途中で所定労働時間が変更された場合の取扱いについては、時間単位年休を対象とした通達が示されています（平21・10・5基発1005第1号）。

時間単位の端数がある場合、年休の残日数は、次のルールに従って計算されます。

①　1日単位の残日数は、そのままキャリーオーバーされる

②　1日に満たない時間単位で保有している部分は、1日の所定労働時間の変動に比例して時間数が変更される（1時間未

満の端数は切上げ）

　ご質問にある半日年休は、時間単位年休制の創設以前に「１労働日を単位として付与すべきところ、休暇取得の阻害とならない範囲で認められる」とされていたものです（平７・７・27基監発33号）。ですから、１日単位の変形と捉え、①の基準を適用すべきと考えられます。つまり、所定労働時間変更後も残日数は10.5日のままです。

　ちなみに、時間単位で４時間（８時間の半分）の年休が残っていた場合も、②の基準を適用すると、４時間×６時間÷８時間＝３時間（所定労働時間変更後の0.5日）で、結果は同様です。

## Q45　半日年休は未消化扱い!?　午後出て８時間働いた

　午前の半日年休を取得した社員が、午後から出社して結局８時間の勤務となりました。所定労働時間に達したため、出勤として取り扱えば残日数も減らないので、問題ないのではという意見がありました。法的にはどのように考えればいいのでしょうか。【宮崎・Ｎ社】

## A.　賃金カットで認められず　時間外割増発生しない

　労基法39条に基づく年次有給休暇の請求は、暦日、半日、時間単位の方法があります。法条文が10労働日としているとおり労働日単位を表していて、原則として暦日計算によるべきものと解されています。さらに、法39条４項では、時間を単位として年休を与えることができると規定しています。

　これに対して、半日単位は、労働者がその取得を希望して時季を指定し、これに使用者が同意した場合であって、本来の取得方法による休暇取得の阻害とならない範囲で適切に運用される限りにおいて、問題がない（平30・９・７基発0907第１号）としています。

半日の定義は、大きく２つのパターンに分けられます。一般的な日勤であれば、正午を境に前半、後半とする方法です。ただし、正午を境にすることにより所定労働時間に差がついてしまう場合には、時間を等分する方法もあり得るでしょう。

　法的にははっきりとした規定がない半日年休ですが、年休５日の付与義務（法39条８項）との関係においては、年休を与えた場合として取り扱って差し支えない（前掲通達）とあります。

　また、使用者側から時季指定する場合（労基則24条の６第１項）も、労働者の意見を聴いた際に半日単位の年次有給休暇の取得の希望があった場合においては、使用者が時季指定を半日単位で行うことも差し支えありません。これらの場合において、半日単位の年休の日数は0.5日として取り扱います。

　本件は、所定労働時間は８時間で、午前午後それぞれ４時間の例で考えてみます。午前中年休を取得して、午後から勤務した結果、終業時刻を超えました。所定労働時間（８時間）に達したため、午前の年休は未消化と処理できるかというものです。

　午前中の４時間に支払われる賃金（例えば、所定労働時間労働した場合に支払われる通常の賃金）に加えて、午後８時間の賃金（100％部分）が支払われるとすれば、12時間相当分の賃金になります。実労働時間は８時間ちょうどのため、時間外割増賃金は発生しません。午前中の年休を未消化としてイコール４時間分の賃金も発生しないという処理にしたとき、支払われる賃金も８時間分に減ってしまいます。

　こうした日に、比較的長時間の残業を命じるべきかどうかは別途検討の余地があるでしょう。

 対象者を絞れるか　時間単位年休を導入で

　　現在、時間単位年休制度の導入を検討しています。当社には、通常の労働時間制で動いている部署と、変形労働時間制を適用している部署があるのですが、業務内容の都合などから、前者だけを時間単位年休の対象者とするようなことはできるのでしょうか。【三重・Ｔ社】

## A. 事業運営の観点から可

　年次有給休暇は、過半数労働組合（ない場合は過半数代表者）との労使協定の締結により、年5日分まで時間単位で付与することができます（労基法39条4項）。締結内容は、①対象労働者の範囲、②時間単位年休の日数、③1日の時間数、④1時間以外の時間を単位とする場合、その時間数——です。

　変形制適用者を対象外とすることは可能です。事業の正常な運営との調整を図るという観点から一部を対象外とすることができます（厚労省パンフ）。変形制勤務者やフレックスタイム勤務者を対象外にできるとする弁護士の見解も存在します（安西愈「労働時間・休日・休暇の法律実務」）。

　なお、年休をどのように利用するかは労働者の自由であるため、育児を行う労働者に限るなど、利用目的で対象者を絞ることはできません。

通常の代休とどう異なる　代替休暇を付与で
月60時間超残業に対し

「月60時間超の時間外労働」が発生した際、5割の割増賃金を
支払う代わりに、代替休暇を与えるというQ&A（1章Q10、31ペー
ジ参照）の中で、「代替休暇は、取得の意向があった時点で『割
増率の縮減』が可能になる」との説明がありました。通常の代休
とどう異なるのか、もう少し具体的に説明してください。【山梨・
U社】

# A. 効果は支払い負担平準化

重複する部分もありますが、代替休暇の仕組みを再確認しましょう。

月60時間超の時間外労働が発生すれば、25％ではなく、50％の
割増支払（金銭補償）が必要です（労基法37条1項ただし書き）。
しかし、労使協定を結び、100％の賃金が支払われる休暇を付与すれ
ば、「法37条1項ただし書きによる金銭補償に代える」ことができ
ます。

割増を休暇に「代える」際は、換算率を使います。法定どおりの
割増率を支払う会社の場合、換算率は25％（＝50％－25％）です。
100％の賃金を支払う休暇を1時間与えれば、時間外労働4時間分の
割増率が50％から25％に「縮減」されます（1時間÷換算率25％
＝4時間）。

トータルの支払金額でみれば、代替休暇を付与する場合と付与し
ない場合で違いはありません。

しかし、支払うタイミングを比較すると、両者にはタイムラグが
あります。月60時間超の時間外が発生したとき、通常は、「その月
の賃金支払日」に「60時間を超える時間数×50％」の割増賃金を
支払います。

一方、時間外が60時間を超えたときは、「当該月の末日からでき

る限り短い期間内に、代替休暇取得の意向を確認」します（平21・5・29基発0529001号）。

　取得意向があれば、代替休暇の取得予定が翌月以降であっても、「その月の賃金支払日には25％の割増賃金」を支払えば足ります。これが、「取得の意向があった時点で『割増率の縮減』が可能になる」という文章の意味するところです。

　代替休暇は2カ月以内に取得する必要があります（労基則19条の2）が、取得できなかったときは2カ月経過後の最初の賃金支払日に清算します（前掲解釈例規）。代替休暇制度は、上記のとおり金額支払のルールを定めることで、使用者の支払負担を「平準化（分散化）」する効果を持ちます。

# 女性および年少者関係

## Q48　妊婦の休業は有給無給？　母性健康管理で指導

　当社で妊娠中の従業員が、医師の指導に基づいて休業した日があります。有給とする義務はないはずですが、無給とするのも違和感があります。どのように考えればいいのでしょうか。【佐賀・C社】

## A.　生理休暇同様に話し合い次第　年休あれば充当認めても

　均等法で、妊娠中および出産後の健康管理に関する措置について規定しています。事業主は、保健指導や健康診査を受けるために必要な時間を確保したうえで（12条）、指導事項を守ることができる

ようにするため、勤務の軽減等必要な措置を講じなければならない（13条）というものです。

　具体的に講ずべき事項に関する指針（平9・9・25労働省告示105号）が定められていて、その中で「作業の制限、勤務時間の短縮、休業等の必要な措置を講ずる」としています。休業の例として、妊娠悪阻、切迫流産、産後うつ等の症状に対応するため、医師等の指導に基づき、症状が軽快するまでとしています（厚労省「働く女性の母性健康管理のために」）。具体的には、母性健康管理指導事項連絡カードの利用が考えられます。医師等が発行したカードを事業主に提出し、措置を申し出る形です。カードの提出がなければ、措置を講じなくていいわけではありません。本人申出の内容が不明確な場合には、事業主は、女性を介して医師等と連絡を採り、判断を求める等適切な対応が必要です。

　妊婦健診などの母性健康管理措置を理由とした不利益取扱いは違法（均等法9条、均等則2条の2第3号、平18・10・11厚生労働省告示614号など）です。

　母性健康管理措置の休業について、賃金をどうすべきかは、「労使で話し合って決めることが望まれます」（前掲パンフレット）としていて、有給としなければならないわけではありません。年休の残日数があれば、まずは取得するパターンもあるでしょう。

　女性が、就業が著しく困難として休業を請求したときに、就業させてはならないものに、生理休暇（労基法68条）があります。休暇の日数ですが、各人で就労の難易等が異なるとして、就業規則等により日数を限定することは許されないとしています（昭23・5・5基発682号）。休暇中の賃金ですが支給しても、しなくても差し支えありません（昭23・6・11基収1898号）。

　生理休暇と比較して、母性健康管理措置に基づく休業は長期に及ぶ可能性も考えられますが、妊娠により生じる疾病（つわり、切迫流産、切迫早産など）は、傷病手当金の対象になると解されていま

す。すなわち、健保法99条では、「療養のため労務に服することができないとき」に、その間、傷病手当金を支給するというものですが、健康保険の被保険者である必要があります。

## Q49 交替勤務は可能か　年少の男性に対し　人手不足で夜勤シフトへ

当社は飲食店ですが、早朝近くまで営業しています。深夜勤務の従業員が相次いで退職し、シフトのやり繰りが厳しい状態となっています。高校中退の従業員がいますが、年少者でも「男性の交替制勤務は認められている」という話を聞きました。人員の補充が付くまで、応急措置でこの従業員に夜勤シフトに入ってもらいたいと考えています。問題ないでしょうか。【北海道・T社】

## A. 一定期日昼夜を満たさず

満18歳未満の年少者は、原則として深夜業が禁止されています（労基法61条）。ただし、同条では次のような例外を設けています。

① 交替制で使用する満16歳以上の男性（1項ただし書き）

② 交替制で労働させる事業（3項）

③ 非常災害時の時間外労働または農林、畜産・水産業、病院・保健衛生業および電話交換業務（4項）

②は深夜の時間帯の変更（午後10時から午前5時までを午後10時半から午前5時半までにスライド）ですから、貴社（商業）で平時に利用する価値があるのは、①ということになります。

労基法61条では、1項ただし書き（上記の①）と3項（同②）で「交替制」という用語が用いられています。しかし、その意味は異なります。

①については、「同一労働者が一定期日ごとに昼間勤務と夜間勤務とに交替につく勤務の態様をいう」と定義されています（昭23・7・

5 基発 971 号）。

　広い意味では、「労働者の勤務時間に変更のない常昼勤制とか常夜勤制」なども交替制と呼ばれます。しかし、これは①の「満 16 歳以上の男性の特例」の対象にはなりません。

　解釈例規でも、「12 時から翌日 12 時まで労働させ（休憩・睡眠を除き 1 日実働 7・5 時間）、次の 24 時間は非番とする」勤務形態は、「法 61 条 1 項ただし書きにいう交替制とは認められない」としています（昭 24・4・12 基発 4203 号）。

　一方、②（3 項）の交替制は「事業全体として交替制を採っている場合を意味する（必ずしも労働者全体が交替制で労働している必要はない）」とされています。

　貴社の年少者に対し、人員の補充が付くまでの間とはいえ、もっぱら深夜勤務のみを担当させるのであれば、これは①の特例は適用されないという解釈になります。

## Q50 年少者にも適用可能？　1カ月単位の変形制 10人未満特例事業場で

　当社では、小規模小売店で、週 44 時間の 1 カ月単位変形労働時間制を採用しています。このたび、従業員の募集をしたところ、高校中退の女性の応募がありました。フルタイム勤務という条件に対し、本人もやる気をみせています。しかし、年少者に該当するため、他の従業員同様のシフトが可能か心配しています。特例措置対象事業場の扱いは、どうなっていたでしょうか。【富山・G社】

## A. 週平均40時間に収めて

　満 18 歳に満たない年少者に対しては、労働時間関連の規定のうち、次の条文は適用されないと規定されています（労基法 60 条）。

① 32条の2から32条の5まで（変形労働時間制、フレックスタイム制）
② 36条（労使協定による時間外・休日労働）
③ 40条（労働時間・休日の特例）
④ 41条の2（高度プロフェッショナル制度）

　商業・サービス業等では、規模10人未満の零細規模店舗を対象として、1週44時間、1日8時間制が認められています（労基則25条の2第1項）。この特例措置対象事業場で1カ月単位変形制、フレックスタイム制を採用する際には、法定労働時間の総枠を44時間として計算します（同条2・3項）。一方、1年単位変形制、1週単位の非定型変形制を採る場合、特例の適用はないとされています（同条4項）。

　貴社は1カ月単位変形制なので、週平均44時間によるシフト勤務が可能なわけです。しかし、労基則25条の2は、労基法40条（前記の③）に基づく特例ですから、年少者に限っては、週44時間の適用が不可となります。

　また、1カ月単位変形制も、①に該当するので、原則として年少者を対象に実施できません。

　ただし、労基法60条では、満15歳以上満18歳未満の者を対象とする特例を定めています。変形労働時間制そのものの適用は認められませんが、「1週48時間、1日8時間の範囲内において、1カ月単位変形、1年単位変形の『規定の例により』労働させる」ことは可能です（60条3項2号）。

　貴社で、週48時間と40時間を週交替で繰り返すシフト（週平均44時間）を組んでいたとします。特定の週に年少者を最長48時間働かせるときは、他の週の出勤日を調整し、週平均40時間に収める工夫が求められます。

# 労働契約関係

## Q51 出向時に明示する条件は 就業規則どう適用する

当社から出向する従業員の労働条件に関して、どこまで具体的に示せばいいのでしょうか。労働条件によってどちらの就業規則の適用があるか考えれば良さそうですが、どのように考えればいいのでしょうか。そもそも明示すべきは「出向元」なのかどうか教えてください。【愛知・T社】

## A. 新たな労働契約が成立 期間延長は規程も確認

出向とは、出向元と何らかの労働関係を保ちながら、出向先との間において新たな労働契約関係に基づき相当期間継続的に勤務する形態（昭61・6・6基発333号）と解されています。新たな労働契約関係が成立するとあります。したがって、労働条件の明示（労基法15条）が必要になります。明示すべき具体的事項は、労基則5条に規定されています。ただし、出向中の労働条件に関しては、出向労働者が「元」、「先」のいずれの事業場の労働者として扱われるのかという問題もあります。前掲通達は、それぞれ労働契約関係にあるので、それぞれ労働契約関係が存する限度で労基法等の適用がある、としています。例えば、労働時間関係は出向先と解されています（昭35・11・18基収4901号）。労働時間のほか、休憩・休日、安全衛生関係なども出向先、としています。

厚生労働省の出向契約書の例をみてみましょう。記載事項は主に、①出向先、②出向期間、③従事する職務の内容等、④労働時間、休憩、休日、休暇等、⑤復職、⑥その他で構成されています。

　労働条件の明示に関する労基則5条と異なる事項としては、出向期間などがあります。契約書の例では、出向期間を短縮または延長する場合、会社間で協議のうえ、書面による合意により決定し、「元」は決定内容を出向者に通知するとしています。留意が必要なのは、延長に関する事項を、就業規則（出向規程）等にも規定しておく必要があるということです。これは、就業規則と労働契約の内容を比較して、どちらが有利なのか不利なのかという問題が出たときに、就業規則で定める基準に達しない労働条件を定める労働契約は、その部分について、無効（労契法12条）としているためです。

　その他、出向契約書も労基法15条の要件を充足する労働条件通知書であることを前提とすれば、別途、厚生労働省のモデル労働条件の内容を参考にすることも考えられます。例えば、残業に関して「所定労働時間を超える労働の有無」があり、さらに「時間数」の欄もあります。

　出向元、先のどちらで労働条件を明示すべきかですが、前掲契約書では、原則「先」としつつ、ただし、「元」が「先」に代わって、明示を行うことができるとしています。これは、労基法コンメンタールと同旨です。

 「ない」と通知書に明記？　退職金制度存在せず　相対的必要記載事項だが

　当社はベンチャー企業から発展した経緯で、正社員にも退職金制度を設けていません。会社への貢献度は、短期で賃金・賞与に反映させるのがモットーです。ところが、先日、中途採用した従業員からクレームがありました。退職金制度がない点について、「労働条件通知書に明示されていない」というのです。必須の記載事項でないと理解していますが、当社の対応に問題があるのでしょうか。【兵庫・I社】

# A. 書面による確認がベター

　貴社の中途採用者が何度も転職をしている場合、労働条件通知書も何種類か目にしているはずです。

　厚労省のモデル労働条件通知書を使っていたとすれば、そのなかに「退職金の有無、時期、金額等」を記載する欄が設けられています。一方、貴社の労働条件通知書が自社様式で、退職金に関する欄がなければ、中途採用者が「不審に思う」可能性もあります。

　しかし、厚労省モデルの記載要領には「制度として設けている場合に記入することが望ましい」と説明があります。

　労基法の規定では、「書面等により明示すべき労働条件」は、6種類です（労基則5条）。

　　①　労働契約の期間
　　②　契約更新の基準
　　③　就業場所・業務
　　④　始・終業時刻等
　　⑤　賃金（昇給に関する事項除く）
　　⑥　退職に関する事項

「退職手当に関する事項」は、「これらに関する定めをしない場合」には、口頭による説明も不要という位置付けです。

　一方、パート・有期雇用労働者に関しては、書面等により明示すべき労働条件の1つとして、「退職手当の有無」が挙げられています（パート・有期雇用労働法6条、同則2条）。明示が義務付けられているのは「有無」だけですが、それ以外の内容（時期、金額等）は「明示に努めるべき事項」という扱いです（平31・1・30雇均発0130第1号）。

　今回の採用者が正社員であれば、「必須の記載事項でない」という理解で間違いありません。

　ただし、労契法では「労働契約の内容について労働者の理解を深

める。書面により確認する」等の対応を求めています（4条）。正社員で退職金がないのは一般的とはいえないので、今後は、できる限り書面確認によるのがベターでしょう。

労働基準法

# 労務一般関係

 兼業先でケガをしたら？　労基法上責任あるか　労災法は改正されたが

> 他社（兼業）でのアルバイト中にケガをして、就労不能になっても、当社（本業）としては、自己都合による休業として処理して良いと考えていました。しかし、労災法が改正されて、複数事業労働者に対する保護が強化されたと聞きます。他社でケガした場合、労基法上の責任については、従来と変わりないという理解で問題ないのでしょうか。【山形・Ｓ社】

## A. 従来と変わらず負わない

ダブルワーカーの労災には、2種類あります。第1は片方の事業場でケガ等をするパターン（①）、第2は両方の業務負荷を総合して業務上の災害と判断されるパターン（②）です。

ケガ等の場合、①であることは明白です。過労死等については、片方の負荷だけで労災と認定されるケース（①）、両方を通算して初めて労災となるケース（②）が考えられます。

①パターンについて、従来からの労基法では、どのように解されているかみてみましょう。まず、業務上の傷病に関する解雇制限（労基法19条）ですが、当該企業の傷病を対象とし、「他の企業の業務

により傷病にかかった場合は、本条の『業務上』といえない」としています（労基法コンメンタール）。

　次に、業務上災害を発生させた使用者は、被災労働者に対する無過失災害補償責任を負います（労基法8章）。労災保険はこの労基法上の責任を代行するものですが、従来、災害発生事業場の賃金のみを基準として補償が行われていたのは、労基法上、災害発生事業場のみが補償責任を負うとされているからです。

　令和2年9月施行の改正労災法では、給付内容の充実が図られ、①②パターンともに、複数事業場の賃金をベースに給付額を計算する形に改められました。

　しかし、改正法の建議では、①の被災パターンについて、「非災害発生事業場の事業主は、従来どおり、労基法に基づく災害補償責任を負わない」と述べています。複数事業労働者に対して2事業場分の労災補償が行われても、「災害発生事業場の事業主が、非災害発生事業場での賃金を基礎とした給付分まで労働基準法に基づく責任を負うことはない」とされています。

　なお、被災の②パターンに関しては、「いずれの事業場も労基法上の災害補償責任を負わない」という解釈です。

 **兼業副業の対象どこまで　年少者や妊産婦は除外？**

　当社で、副業兼業の規定を整備しています。一般的なモデル規定をみると、副業等を広く認めているような印象です。対象者について、例えば、年少者や妊産婦は当然に除外してもいいように思うのですが、そういうわけにもいかず認めるべきということになるのでしょうか。【千葉・K社】

# A. 危険有害業務も時間通算　法定枠で制限あることも

　厚生労働省の「モデル就業規則」では、労働者は、勤務時間外において、他の会社等の業務に従事することができる（1項）とあり、2項において、禁止または制限できる場合を規定しています。本業の業務に支障を来さない範囲で、というのが一つ前提といえそうです。厚生労働省は、禁止・制限条項に関して、各企業（事業場）で判断することとする一方で、拡大解釈して必要以上に副業等を制限することのないよう求めています。

　事業場を異にする場合においても労働時間は通算する（昭23・5・14基発769号）とあり、事業主を異にする場合も含むと解されています。副業・兼業による過労等により業務に支障があっては本末転倒ですから、就業時間が長時間にならないよう配慮することが望ましいでしょう。

　時間外労働の上限規制の関係でいえば、休日労働を含み、単月100時間未満、複数月平均80時間以内の要件（労基法36条6項2号、3号）は、自らの事業場における労働時間および他の使用者の事業場における労働時間も通算して考えます（平2・9・1基発0901第3号）。

　「副業・兼業ガイドライン」およびガイドラインのQ＆Aが示されています。ガイドラインでは、その者からの申告等により就業時間を把握すること等を通じて、就業時間が長時間にならないよう配慮することが望ましいとしています。

　本件の18歳未満の年少者や、妊娠中および産後1年を経過しない妊産婦に対しては、労基法で特別の保護規定が設けられています。満18歳未満の年少者は、原則として、週40時間、1日8時間を超えてはならない、としています（法60条）。深夜業も原則不可です。本業の勤務態様によっては自動的に副業兼業の対象からは除外される可能性があります。

妊産婦も同様に時間外労働等が制限される規定があります（法66条）。ただし、こちらは、本人の請求が前提とはなっています。

その他、有害業務の労働時間の上限規制があり、1日2時間という制限があります（法36条6項1号）。当該規定も、他の使用者の事業場における有害業務の時間を通算します。健康上特に有害な業務は、労基則18条に定められています。

##  請求に応じるべきか　退職証明書を再交付で

　1年半前に退職した労働者から、「再度転職したため、退職証明書を送ってほしい」という連絡がありました。退職直後にも一度退職証明書を渡しているのですが、再交付に応じる必要はあるのでしょうか。【新潟・S社】

## A. 2年の時効へかかる前なら

退職した労働者が以下の5項目に関する証明書を請求してきたとき、使用者は遅滞なく交付しなければなりません（労基法22条1項）。5項目とは、①使用期間、②業務の種類、③その事業における地位、④賃金、⑤退職の事由（解雇の場合はその理由を含む）です。ただし、労働者の請求しない事項を記入してはならず（同条3項）、解雇の事実のみの記載を求めてきた場合には、理由を記載してはいけません（平11・1・29基発45号）。

退職等の証明書の請求回数に制限はありません（平11・3・31基発169号）が、請求権には法115条で定める2年の時効が適用されます。令和2年の法改正で時効に変更がありましたが、法22条は変わらず2年のままとなっています。

## Q56 自己都合としても良いか？ 退職時証明求められ 実際は成績不良で勧奨

労働基準法

　以前、当社に勤めていた従業員から、退職時証明の交付依頼がありました。手続きを進めるうえで、当時の上司に確認したところ、「成績不良のため、本人に退職願の提出を求めた」ということです。従業員ご本人のためを思えば、自己都合と記載したいところですが、後から「勧奨の事実を隠していた」といわれる心配もあります。どのように対応するのが良いのでしょうか。【長野・R社】

## A. 合意内容確認して記載を

　退職願は、基本的に個人的な事情等により、従業員本人が自主的に提出するものです。しかし、会社からの働きかけによるケースもあります。

　退職勧奨はその名のとおり、勧奨であって強制ではありません。会社が退職を勧めることは自由ですが、従業員が拒否すれば、それ以上の不当な強要は許されません。あくまで、本人の判断により、退職という決定がなされます。

　お尋ねのケースで、上司の方は、「退職願の提出を求めた」という認識のようです。しかし、話合いの実態をキチンと確認する必要があります。

　実務的には、成績不良等の事実があっても、まず従業員に対し、「どのように状況を改善するのか、自分なりの対案を示してほしい」と求めるのが常道です。その後の話し合いで、最終的に自主的な退職という合意にたどりつくパターンが少なくありません。この場合、「退職事由は勧奨とせず、自己都合とする」のが一般的です。従業員からみれば、雇用保険上、自己都合退職による給付制限がかかりますが、再就職時に経歴にキズが残らないメリットがあります。

労務一般関係　　93

今回、元従業員の方は退職時証明書の交付を求めています。証明事項としては、①使用期間、②業務の種類、③事業における地位、④賃金、⑤退職の事由が挙げられています（労基法 22 条）。

　このうち退職の事由については、使用者の見解を記載すれば足りますが、「それが虚偽であった場合（使用者がいったん労働者に示した事由と異なる場合等）は、義務を果たしたことにならない」とされています（平 11・3・31 基発 169 号）。

　雇用保険の離職票提出時にどのように申告したか等も含め、退職時の合意内容を再確認し、それに従って退職事由を記載する必要があります。

 **転職決まり法的な問題は　懲戒解雇される心配が!?**

　ヘッドハンティングにより、他社から高度専門技術者を引き抜く計画です。好条件を提示し、本人の合意はほとんど取り付けました。しかし、他社の方でも優秀人材の流出を警戒しているようで、以前、上司から「在職中に、他社と雇用契約を結んだら、懲戒解雇する」などといわれたと心配しています。当社としては、転職の約束を確実にするために契約を結びたいのですが、「在職中の契約」は、本当に法律的に問題があるのでしょうか。【千葉・S社】

## A. 採用内定の状態に　効力発生するのは入社日

　転職の際、前の会社を辞めた翌日から、新しい会社で働くというのは、よくある話です。この場合、退職願を提出（一般には 2 週間前）する前に、「採用」の確約を取っているはずです。

　一方で、労基法の解雇予告の除外認定基準（昭 23・11・11 基発 1637 号）では、「他の事業場へ転職した場合」、即時解雇可能として

います。このため、ご質問にある「他社の上司」は、「他社と雇用契約を結んだら、懲戒解雇できる（退職金を支払う必要もない）」と考えておられるようです。

　入社（転職）の約束を取り付けてから、実際に他社で働き始めるまでの間、転職予定者は、法律的にどのような状態にあるのでしょうか。基本的には、新しい勤め先（ご質問では貴社）から転職予定者に「採用内定」が出されたとみるのが適切でしょう。

　内定については、「始期付解約権留保付労働契約」の成立とみるのが通説です（大日本印刷事件、最判昭54・7・20）。内定といっても、通知の段階で労働契約は成立していますが、会社は一定の理由があれば解約する権利を持ちます。

　入社日については、「就労の始期」と解する立場と「効力発生の始期」と解する立場の2とおりがあります。ご質問のケースでは、後者（効力発生の始期）の考え方に基づくのが分かりやすいでしょう。

　内定の時点で、労働契約を結ぶことは確約されていますが、入社日の時点で、一定の解約事由に該当しないときに、始めて「雇用契約の効力が発生」します。転職の場合だと、「他社の退職」を効力発生の要件として定めることも可能です。入社日までに他社（元の会社）を辞めていなければ、貴社は内定を取り消すことができます。

　実際問題として、元の会社で「他社への転職を決めた」というだけの理由で、懲戒解雇（退職金も不支給）などできる相談ではありません。

　しかし、ヘッドハンティングの対象者が不安を感じておられるようなら、「あなたが元の会社を辞めて、当社に入社するその日まで、雇用契約の効力が発生したことにはならない」点を説明してあげるとよいのではないでしょうか。

### 退職金減額規定有効か　競業避止義務に違反
### 賠償予定禁止抵触と反論

　当社の退職金規程では、競業避止義務違反について「退職金を減額・没収することがある」と規定しています。今回、初めて規定に抵触する事例が発生し、3分の1の減額を決定しました。それに対して、本人は「賠償予定の禁止に違反する」と強硬に撤回を求めています。減額規定は珍しい例ではないと思いますが、本人に対して明確に反論できない状況にあります。当社の対応に何か問題があるのでしょうか。【岐阜・I社】

## A.　功労報奨的な取決めで適法

　懲戒解雇の場合、退職金の不支給等のペナルティーが課されるのは社会人の常識です。競業避止義務違反等についても、同様に減額規定を定める企業が少なくありません。

　しかし、労基法を盾に取り、不当な対応だと主張する従業員もいます。想定されるのは「賃金の全額払違反（24条）」と「賠償予定の禁止（16条）」です。

　後者（16条違反。6カ月以下の懲役または30万円以下の罰金）には、前者（24条違反。30万円以下の罰金）より1ランク上の罰則が適用されます。

　違反とされるのは、「労働契約の不履行について違約金を定め、または損害賠償額を予定する契約をする」ことです。現実に生じた損害に対して賠償請求すること自体は違法でなく（昭22・9・13発基17号）、賠償額を実害のいかんにかかわらず一定の金額に定める行為が問題とされます。

　貴社では、競業避止義務に抵触する行為があったとして、退職金の3分の1を減額する決定をしました。退職金の「請求権は毎年の勤続によって既に発生していて、支払いが退職時まで猶予されてい

る」と解釈すれば、その確定額から賠償予定額を控除する形となるので、16条に違反しないかという疑問が生じます。

全額払違反も、退職金債権が確定していることが前提条件となります。

しかし、判例・通説は、減額・没収条項は「退職手当の成立要件に関する適法な功労報奨的な取決めと認められる」としています（菅野和夫「労働法」）。競業避止に関する減額は、退職金請求権の解除条件に該当します。

ですから、原則的に退職金規程に基づき減額調整することは可能です。ただし、競業の態様等に応じて公序違反とならないか（顕著な背信性があるか）という観点から検討が求められます。

 **除外認定あれば有効に？　懲戒解雇事由なしと主張**

金銭の不正処理が発覚し、最終的に解雇の除外認定を受けたうえで、懲戒処分を実施しました。ただし、従業員本人は、最後まで不正の事実を認めようとしません。本人拒否のまま、即時解雇した場合、その効力はどうなるのでしょうか。【長野・Ｙ社】

## A. 予告不要だが効力は別　裁判で争う余地残る

懲戒解雇する際には、解雇の予告（労基法20条）を行わず、即時解雇するのが一般的です。大多数の会社の就業規則では、「労働基準監督署長の認定を受けたときは、解雇予告手当（平均賃金の30日分）を支給しない」等のただし書きを付しています。

会社が懲戒解雇を決定したときは、所轄の労基署に対して「解雇予告除外認定申請書」（様式3号）を提出します。解雇の意思表示をする前に認定を受けるのが原則ですが、「意思表示をした後、解雇予告除外認定を受けた場合、その効力は即時解雇の意思表示をした日

に発生する」と解されています（昭63・3・14基発150号）。

　会社は就業規則で懲戒事由を列挙しているはずですが、労基署が除外認定をする際、「就業規則等に規定されている懲戒解雇事由に拘束されない」とされています。どのような場合に認定がなされるかについては、解釈例規により基準が示されています（昭23・11・11基発1637号）。

① 極めて軽微なものを除き、事業場内における盗取、横領、傷害等刑法犯に相当する行為のあった場合

② 賭博、風紀びん乱により職場規律を乱し、他の労働者に悪影響を及ぼす場合

③ 他の事業へ転職した場合

④ 原則として2週間以上正当な理由なく無断欠勤し、出勤の督促に応じない場合

⑤ 出勤不良または出欠常ならず、数回にわたって注意を受けても改めない場合

　お尋ねのケースは①に該当すると考えられますが、「相当する行為のあった場合」という文言が用いられています。実務的には、本人が事実を認め、始末書や顛末書を提出すれば、除外認定の手続きもスムーズに進みます。

　しかし、本人が頑強に事実を否認するケースも考えられます。この場合も、「労基署長は、能力の範囲内で、労使関係者より事情を聴取する等の事実調査を行い、その自由な心証に基づいて認定することができる」と解説されています（労基法コンメンタール）。必ずしも起訴が前提条件となるわけではありませんが、警察が送検等を行っていれば、その事実は除外認定の有無を判断する重要な参考資料となるでしょう（有罪と確定するまで待つ必要なし）。

　ただし、従業員が別に裁判で争う余地は残されていて、労基署が除外認定を認めても、それにより自動的に即時解雇の効力が生じるものではない点に留意が求められます。

# Q60 メールで証明書送付は？　労働条件の明示と同様に

> 無断欠勤を繰り返す従業員に対し解雇を検討しています。思えば、採用時の労働条件の明示に始まり、これまでの本人との業務の連絡手段もメールが中心でした。解雇の通知も理由証明書もすべてメールで処理して構わないでしょうか。【福岡・T社】

## A. 法条文から認められない　採用時のみ規制を緩和

使用者は、労働契約の締結に際して労働条件を明示（労基法15条）するうえで、賃金および労働時間に関する事項等は、厚生労働省で定める方法により明示しなければならないとしています。具体的には、労基則5条1項1号から4号の事項（昇給除く）について、原則は書面交付、労働者が希望した場合には、電子メール等による方法が認められています（労基則5条4項2号）。この条文は、平成31年4月の改正で導入されたものになります（平30・9・7厚生労働省令112号）。

次に解雇予告（労基法20条）に関してです。労基法は、使用者が労働者を解雇しようとする場合に、原則として、少なくとも30日前の予告か、予告をしない場合に解雇予告手当の支払いを義務付けています。予告の方法として、いつ解雇されるのであるかが明確に認識できるように解雇の日を特定する必要があります。したがって、「文書で行うのが確実な方法であるが、口頭で行っても有効」（労基法コンメンタール）としています。電子メールの方法もただちに否定されるわけではないでしょう。解雇に関して争いが起こった場合に証明困難となる場合が多いので、書面交付が望ましいとしているところです。

解雇された場合の証明書は、労基法22条2項に根拠があります。労働者が、解雇の予告がされた日から退職の日までの間において、

解雇の理由について証明書を請求した場合においては、使用者は、遅滞なくこれを交付しなければならない、というものです。交付すべき法定記載事項は、「解雇の理由」です（前掲コンメンタール）。

解雇理由証明書の交付を電子メールで送信する方法で代えることはできるのでしょうか。

前述の労働条件の明示のほか、パート・有期雇用労働法に基づく特定事項の明示は、法条文で明確に電子メールを可能としているのに対して、労基法22条の退職時等の証明は法15条等と異なり、「厚生労働省令で定める方法」を規定していません。

解雇の理由は、具体的に示す必要があり、就業規則の一定の条項に該当することを理由として解雇した場合には、当該条項の内容および当該条項に該当するに至った事実関係を記入しなければなりません（平11・1・29基発45号、平15・12・26基発1226002号）。厚生労働省や各都道府県労働局のホームページで様式を示しており参考になります。

## Q61 「解雇制限」に抵触するか　懲戒発覚も労災休業中

ケガにより労災の休業補償給付を受給している従業員ですが、過去の懲戒事由が発覚しました。本人の重大な責に帰すべき事由があっても解雇することは労基法の解雇制限に抵触するのでしょうか。打切補償というのがあるそうですが、どのような給付でしょうか。【和歌山・N社】

## A. 本人の責あっても不可　打切補償なら1200日分

使用者は、労働者が業務上の傷病により療養のために休業する期間およびその後30日間は、解雇してはならないとしています（労基法19条）。法19条には例外があり、使用者が、法81条の規定によっ

て打切補償を支払う場合または天災事変その他やむを得ない事由のために事業の継続が不可能となった場合には、この限りでないとあります。天災事変等の場合は、その事由の存否について所轄労基署の認定を受けるべきとしています。

打切補償に関する法81条では、法75条の療養補償を受ける労働者が、療養開始後3年を経過しても傷病が治らない場合においては、使用者は打切補償を行い、その後はこの法律の規定による補償を行わなくてもよい、としています。打切補償の額は平均賃金の1200日分です。ただし、療養の開始から3年を経過したタイミングで、傷病補償年金を受けている場合には解雇制限が解除されることになります（労災法19条）。療養開始後3年の解釈として、①療養を始めた日から起算して満3年、②療養を中止した後、再び療養を受ける場合、その中止した期間を除き、最初の療養の日から起算して現実に療養を受けた期間のみ、これを通算、③療養を中止してもそれが自己療養によると認められる場合、中断期間は3年の期間に含むとしたものがあります（昭25・1・20基収3689号）。

傷病補償年金自体は、療養開始後1年6カ月を経過した日以後で、一定の傷病等級に該当する場合、休業補償給付から傷病補償年金に切り替わる可能性があります。

業務上災害で解雇が制限されるのは、例えば、休業開始3年未満で引き続き休んでいるときや3年を経過していても、傷病補償年金に切り替わっていない場合等が考えられます。

労働者本人から打切補償を請求した場合に、会社に応ずべき義務があるかについて最高裁判決（最三小判昭41・12・1）は否定的です。使用者側が支払うかどうか決定することになります。

労働者に非違行為があり、仮に就業規則所定の「懲戒解雇」に該当するような場合でも、法19条の解雇制限は、ただし書きで除外される場合のほかは適用があると解されます。

**Q62** 保険料を立て替え免除？　休職明け一定勤務を条件

　私傷病など休職期間中の社会保険料の本人負担分ですが、会社が立て替えています。復職支援の一環として、仮に、復職後の一定期間の勤務を条件に返済を免除するとしたとき、賠償予定の禁止等に抵触するのでしょうか。【茨城・Ｙ社】

## A. 「賠償予定」に当たらず　労基法上問題なしの解釈

　休職期間中も原則として健康保険の被保険者資格は継続するため、その間の社会保険料も生じることになります。産前産後や育児休業期間中は、保険料が免除される仕組みがありますが、一般的な私傷病休職期間中はこの限りではありません。

　例えば、特定の修学または研究の費用を使用者が貸与し、その条件として、一定期間当該使用者のもとで勤務した場合は費用の返還を免除する場合があります。この場合に、一定期間勤務しなかったときに費用を返還させるという契約は、損害賠償予定の契約と判断され、労基法16条（賠償予定の禁止）に違反となることもあれば、費用の援助が純然たる貸借契約として定められたものであれば、同条に抵触しない（労基法コンメンタール）と解されています。労基法16条に違反するか否かの判断要素として、業務性の程度や任意性・自発性等が挙げられています（荒木尚志「労働法」）。

　健康保険料そのものは、被保険者および事業主がそれぞれ保険料額の2分の1を負担すべきものです（健保法161条）。育休中の社会保険料の免除規定が整備されていないころの解釈例規（平3・12・20基発712号）で、事業主が育休中の社会保険料を立て替えた場合について、「一定年限労働すれば、当該債務を免除する旨の取扱いも労働基準関係法上の問題を生じさせない」としています。

　その他、免除せず徴収（控除）する場合の方法等についてもあら

ためて確認しておきましょう。社会保険料は、毎月の報酬からは、前月およびその月の標準報酬月額に係る保険料しか控除することはできないのが原則です（健保法 167 条）。労基法 24 条の賃金全額払いの関係では、「法令に別段の定めがある場合」として、労使協定の締結が前提とはなっていませんが、復職後に控除しようとするときは労使協定の締結が必要と解されています（前掲平 3 通達）。

　休職中の社会保険料の徴収方法をめぐっては、トラブルになる可能性があります。会社が立て替えた場合に復職できないパターンはその典型例でしょう。免除に関しても同様に退職や再休職といったことを想定して、あらかじめルール化しておく必要があるでしょう。

## Q63 10人以上は合計で判断？　営業所拡充して「支所」へ

　営業所の一つを拡充し、人員を補充する方針です。同時に近くの営業所と一体で、「支所」に格上げする案が浮上しています。2つの拠点では、これまで本社の就業規則を使っていました。人員を合計すると 10 人を超えるので、「支所」で就業規則を作成し、届け出た方がよいのでしょうか。【青森・S社】

## A. まとめて管轄なら一括　原則は場所的に決まる

　従業員が 10 人以上になると、就業規則が必要になるといいます。1 つの営業拠点で規模 10 人以上となった場合、作成義務の有無はどのように考えるのでしょうか。

　労基法の条文をみると、まず 89 条により、作成義務を負うのは「常時 10 人以上の労働者を使用する使用者」と規定しています。これだけを読むと、企業単位なのか、事業場単位なのか、判然としません。

　しかし、労基法 90 条では「事業場の過半数労組（ないときは過半数代表）の意見を聴く」義務を課しています。また、「許可および認

定の手続き、届出、報告その他の事務は、一の独立の事業を単位として処理」するのが原則です（昭22・9・13発基17号）。このため、就業規則の作成義務も、「事業場単位で判断すべき」と解されています（労基法コンメンタール）。

　貴社では、これまで2つの営業所（支所に昇格するA営業所とそれに従属する予定のB営業所）について独立の事業場扱いせず、本社の就業規則を適用する形を採っていました。個々の営業所が「一の独立した事業」と認められるか否かは、「主として場所的観念によって決定」されます（前掲解釈例規）。

　例外として、同一場所にあっても「著しく労働の態様を異にする部門が存在し、分離することによって、労基法がより適切に適用できる場合」、別個の事業として取り扱います。逆に、別の場所にあっても「規模が小さく組織的関連ないし事務能力を勘案して独立性のないもの」については、直近上位の機構と一括して取り扱います。

　A営業所で人員を8人に拡充し、B営業所の人員が3人のままだったとします。A営業所が組織形態を整え、一の独立した事業に該当する場合ですが、B営業所が本社に従属しているのであれば、A営業所単独では10人に達しません。ですから、これまでと同様、本社と別に就業規則を作成する義務はないという結論になります。

　一方、A営業所の「支所」昇格により、B営業所も直接管理する形になれば、A支所とB営業所を合わせたものが、一の事業とみなされることになります。従業員数が合計で10人以上となるので、A支所の方で就業規則を作成し（ただし、意見聴取の際の「過半数労働者」の母数には、B営業所の従業員も含まれます）、所轄の労基署に届け出る義務が生じます。

## Q64 就業規則作成義務か 常時 10 人未満の営業所

　このたび、新たに関西に営業所を設ける運びとなりました。営業所へは本社から数人が赴任して、アルバイトも募集する予定です。10 人以上にはならない予定ですが、それでも関西の営業所で就業規則を作成し労基署へ届出をすることは必要なのでしょうか。【千葉・Ｔ社】

## A. 事業場単位判断で不要

　常時 10 人以上の労働者を使用する場合、就業規則を作成し、行政官庁へ届け出なければなりません（労基法 89 条）。作成・届出の義務は、企業単位ではなく、事業場単位で考えます（労基法コンメンタール）。各営業所が場所的に分散し、規模が著しく小さいともいえない点などから、本社とは独立した事業場とされる場合（昭 22・9・13 発基 17 号）、企業全体で常時 10 人以上の労働者を使用していても、常時 10 人未満の営業所については、作成・届出の必要がないといえます。なお、義務付けられていなくても、同条の趣旨から作成するのが望ましいとされています。

　常時 10 人以上の営業所でも、本社と同じ就業規則を適用する際は、本社管轄の労基署に一括し届け出ることができます。ただし、意見聴取は各事業場ごとに行います。

立候補者は正社員限定？　労使協定の改定手続き

時間外・休日労働（36）協定など各労使協定を締結、改定する際は、過半数代表者を選任しています。当社には労働組合はありません。パート・有期雇用労働者は、出勤日や出勤時間が異なっています。正社員の中から候補者を募り、最終的に、全労働者の過半数が認める形であれば問題ないでしょうか。【富山・Ｎ社】

# A. 過半数賛成でも問題あり　パート含む複数代表検討

過半数代表者といえるかどうかは、文字どおり、当該事業場の全労働者数のうち代表者を支持する者の数が、2分の1を超える必要があります。超える数のため、半数プラス1人が必要です。

全労働者数に含まれる労働者の範囲は複雑です。しかし、少なくとも直接雇用する労働者のうち、期間の定めがあるか否か、フルタイムか短時間かなどといった雇用形態等にかかわらず、労基法の労働者は全労働者に含めて考えます。管理監督者（労基法41条2号）や年少者、病気欠勤、出張中および休職期間中など事業場において当面労働が予定されていない者も含まれます（昭46・1・1845基収6206号など）。

ただし、過半数代表者として選出可能な者からは、下記の者が除かれています（労基則6条の2第1項）。

・管理監督者（ただし、管理監督者しか在籍しない事業場の例外あり）
・使用者の意向に基づき選出された者

上記、管理監督者等に該当しない者を、全労働者数の過半数が支持すれば問題ないでしょうか。

この点、「はじめから使用者のほうで候補者を推せんすることとし、候補者を募らないということは民主的な手続きとして問題がある」

（安西愈「改正労働時間法の法律実務」）としたものがあり、その他、ものの本によれば民主的な手続き（平11・3・31基発169号）に関し、「過半数代表者に立候補する機会が事業場の労働者に与えられている状況であれば」回覧や電子メールによる選出であっても民主的な手続きであると解されるとしたものもあります。

　逆に考えると上記労基則6条の2第1項で定める除外要件に該当しなければ、誰でも過半数代表者になることができます。仮に、パート・アルバイトを立候補者から自動的に除外すると、「使用者の意向に基づき選出された」疑いを生じさせることにもつながります。

　なお、過半数代表者を複数とすることは可能と解されています。パート・有期雇用労働法7条では、事業主は、短時間・有期雇用労働者に係る事項について就業規則を作成し、または変更しようとするときは、当該事業所において雇用する短時間・有期雇用労働者の過半数を代表すると認められるものの意見を聴くように努めるものとしています。

## Q66 職種ごとに代表者？　複数の1年変形制適用へ

　1年単位の変形労働時間制の導入を考えています。繁閑が異なることから、職種ごとに別々の労働時間を設定する予定です。労使協定は、過半数代表者を各職種のグループごとに選出し、それぞれと締結する必要があるのでしょうか。【宮城・R社】

## A. 1人と締結で問題なく

　1年単位の変形労働時間制を採用する際には、適用する事業場に過半数で組織する労働組合があればその労働組合、ない場合には労働者の過半数代表者と、労使協定を締結したり就業規則による定めをすることが必要です（労基法32条の4）。たとえば事務職と営業

職で別々の労働時間を設定するなど、同じ事業場内でグループごとに異なる変形労働時間制を用いることも可能としています（平6・5・31基発330号）。

過半数代表者は、①管理監督者でない、②投票、挙手等の方法で選出され、使用者の意向に基づき選出されていない——ことが要件です（労基則6条の2）。事業場の過半数代表者として選ばれるので、適用する変形労働時間制のグループごとに過半数代表者を選出する必要はないといえます。

 **5分の4以上必要？　労使委員会の規程変更**

労使委員会について、定例の委員会の開催月を変更するため、運営規程を改定します。これも5分の4以上の賛成が必要ですか。過半数では問題ありますか。【京都・Y社】

## A. 法令上は同意を求めるのみ

労使委員会の設置に際し、充足すべき要件の1つとして、運営規程を定めることが挙げられています（労基則24条の2の4第4項）。具体的には、労使委員会の招集（定例の委員会の開催月など）、定足数、議事その他労使委員会の運営について必要な事項です。

労使委員会の出席者の5分の4以上の多数による議決が求められる事項には、対象業務など労基法38条の4第1項で定めるものや、時間外および休日労働関係など同条第5項で示すものなどがあります。

一方、運営規程については、労使委員会の同意を得なければならないとしていますが、委員の5分の4以上の多数による議決によることは法令および指針上求められていません（平12・1・1基発1号）。過半数の同意でも問題ないといえます（安西愈「新しい労使関係のための労働時間・休日・休暇の法律実務」）。

# 第2章
# 労災保険法編

総則関係

保険給付関係

# 総則関係

　保険証を誤って使ったら　業務上災害のおそれ

業務上災害に当たるおそれのある負傷をした従業員が、軽傷だったためか、健康保険証を医療機関に提示し受診してしまいました。どのように対応させればよろしいでしょうか。また、当社としてはどのような対応が必要でしょうか。【滋賀・Ｓ社】

## A. 早期なら病院で切替も　設定後は保険者等で調整

一般労働者は、自身の加入している保険の種類や給付内容について正確に理解していないものです。特に労災保険による治療と健康保険による治療など、医療機関もほとんど変わらないことから、しばしば誤解を生ずることも多いようです。ご質問が多い、労災保険で給付を受けるべきケースで、健康保険の給付を受けてしまった場合（健康保険証を提示して健康保険の療養の給付を受けた場合）について解説します。

### 健康保険療養の給付

健康保険の被保険者が業務以外の事由により病気やけがをしたときは、健康保険で治療（診察薬剤または治療材料の支給等）を受けることができます。これを「療養の給付」といいます。

「療養の給付」は以下の手順により受けることになります。

・健康保険を扱っている医療機関・診療所に「被保険者証」（いわゆる保険証）を提出する。70歳〜74歳の方（後期高齢者医療制度の被保険者等になる方を除く）は「高齢受給者証」もあわ

せて提示する。

- 一部負担金（70 歳未満の被保険者はかかった医療費の３割を、70 歳以上の被保険者は原則２割）を支払い、診察・治療・薬の支給・入院などの治療を治るまで受けることができる。また、医師の処方せんをもらった場合は、保険薬局で薬剤の調剤をしてもらうことができる。

お尋ねの労災事故であったのに医療機関で健康保険を使ってしまった場合はどのように対応すればよいでしょうか。

労災保険への切替の手続きは、受診した医療機関が健康保険の保険者（全国健康保険協会（「協会けんぽ」といいます）または健康保険組合）に対して健康保険扱いの手続きを済ませているかどうか等によって手続きが異なります。従って、まず、受診した医療機関に労災請求すべき事故であったものを、誤って健康保険証を使ってしまったことを伝え、健康保険から労災保険への切替ができるのかどうか確認することになります。切替可能という返答であれば、「療養の給付請求書」に医療機関で支払った領収書を添付して医療機関へ提出し、医療機関からは、支払った３割の自己負担分が返還されます。一般に、受診した日も月内である場合、このような手続きになる可能性が高いようです（これは診療報酬の請求のスケジュールによるものです）。

しかし、すでに健康保険扱いの手続きが完了している等の理由で、当該医療機関では労災保険への切替ができないという場合は、健康保険の保険者に対して自己負担しなかった７割部分（健康保険の保険者負担分）の医療費をいったん保険者に支払った後、先に支払った３割と併せて全額を返還してもらうべく、労働基準監督署に対して労災保険への切替の手続きを行うということになります。

### 労災保険への切替手続

まず、健康保険の保険者（協会けんぽの各都道府県支部または健

康保険組合）に労災給付を受けるケースであったにもかかわらず、誤って健康保険を使ってしまったことを報告します。

健康保険の保険者から医療費の7割部分の支払いを求める納付書等（医療費返納の通知と納付書）が届いたら金融機関で納入します。※この場合、医療費の確認作業等のため、健康保険の保険者から納付書等が送られてくるまで約3カ月くらいかかる場合があります。また、健康保険への返納が難しい場合、健康保険に対する返納が完了する前であっても労災保険へ請求できます。そして、支払い後、保険者から領収書と診療明細書（レセプト）が発行されます。これで、当該被災に関しての負担は全額自己で行ったことになります。

次に労災の手続きです。「療養の費用請求書」（療養補償給付たる療養の費用請求書（業務災害であれば様式第7号（1）、通勤災害であれば様式16号の5（1）））に所定事項を記載し、事業主と診療した担当医師の証明を受け、医療機関で支払った返納金の領収書、健康保険の保険者へ支払った領収書、診療明細書を添付して所轄労働基準監督署に提出し費用を請求します。請求内容を確認後、労災保険から指定口座へ治療に要した費用が振り込まれて決了となります。

※労災認定された傷病等に関し、健康保険等への返還が必要となる場合、返還を行う被災労働者等の負担軽減を図るため、救済される手続きがあります（平29・2・1基補発0201第1号）。

# Q2　事業主いくら負担？　未手続きで重大事故

業務上災害が発生したときの企業のリスクを考えていて、労災保険では「事業主からの費用徴収」という仕組みがあることを知りました。たとえば、保険関係成立届を提出しないまま、死亡事故などを起こしてしまうと、徴収額が積み重なっていくのでしょうか。【静岡・O社】

# A. 保険給付の４割上限に

　条文から確認していきましょう。事業主の費用徴収に関する条文は、労災法 31 条 1 項にあります。3 パターンあり、1 号が保険関係成立届を提出していなかった未手続期間中の事故、2 号が保険料滞納期間中の事故、そして 3 号が事業主の故意または重大な過失による事故です。

　未手続き（1 号）のときの徴収金は保険給付の 4 割相当、事業主の故意または重過失（3 号）は 3 割相当、保険料滞納（2 号）は滞納率が関係してきますが上限は 4 割相当としています。2 号と 3 号が同時に存する場合、いずれか高い方の額をもって徴収金とします（昭 47・9・30 基発 643 号）。1 号と 3 号が同時に存する場合ですが、1 号事案に該当する事由に対応する額をもって徴収金の額とする（平 30・5・21 基発 0521 第 3 号）とあります。高い率を適用というイメージです。費用徴収は、保険給付の支給の都度行われます（労災法コンメンタール）。

## Q3 病気の労災認定難しいか　業務起因性などどう判断

　業務上災害の業務上外認定において、「業務遂行性」と「業務起因性」が認められることが要件になることは承知していますが、業務上疾病の場合の「業務遂行性」と「業務起因性」はどのように考えたらいいのでしょうか。【富山・Ｔ社】

# A. 職場で有害物ばく露なら　基礎疾患悪化した場合も

　業務上災害の場合と同様に、業務上疾病においても「業務遂行性」と「業務起因性」が認められることが必要です。

　当該疾病と業務との関連について、ばく露期間、発症の条件等を

厚生労働省労働基準局長が行政通達の形で示したものが「認定基準」と呼ばれるものです。認定基準を満たしている疾病については、原則として業務上疾病として取り扱われますが、労基法別表第1の2に定められた疾病すべてに認定基準が示されているわけではありません。

認定基準が示されていない疾病については、個々の事案について業務起因性の判断が行われることになります。

「業務遂行性」と「業務起因性」の考え方は以下のとおりです。

### 1　業務上疾病における「業務遂行性」

「業務遂行性」とは、「労働者が労働契約に基づいて事業主の支配管理下にあること」をいいます。業務上疾病は、労働者が労働を提供している中で業務に内在している種々の有害因子にばく露して引き起こされるものであるので、事業主の支配管理下で有害因子を受ける危険にさらされている状態が「業務遂行性」ということになります。

### 2　業務上疾病における「業務起因性」

業務上疾病において業務起因性が認められるかどうかは、以下の要件から判断されます。

①　労働者が労働をする場所において有害因子が存在していること。

　　ここでいう「有害因子」とは、業務に内在する有害な物理的因子、化学物質、身体に過度の負担のかかる作業態様、病原体等の因子を指します。

②　一定のばく露条件を満たしていること。

　　上記①の状況下において、当該健康障害を引き起こすに値するばく露があったかどうかが問題になります。

③　有害因子の性質、ばく露条件等からみて発症の経過および病

態が医学的に妥当であること。

　ばく露と発症の時間的な問題（潜伏期間などの状況）、関連した症状や障害などは有害因子の性質、ばく露条件等により異なることから、医学的研究によって確立された知見に基づいて判断されることになります。

## 3　いろいろな原因が競合している場合の考え方

① 業務の場における有害因子と業務以外の要因に両方がある場合

　業務の場における有害因子と業務以外の要因の両方がある場合には、いずれが発症の有力原因であるかを判断することになります。

　それぞれを比較することにより、業務の場における有害因子へのばく露がその発症の有力原因であると判断された場合には業務上疾病となります。

② 業務とは関係のない基礎疾患または既存疾病を有する労働者が、労働をきっかけとして、または労働に従事しているときに発症または増悪した場合

　業務とは関係のない基礎疾患または既存疾病を有する労働者が、労働をきっかけとして、または労働に従事しているときに発症または増悪した場合、一般的にはその発症または増悪の多くは加齢等による自然経過によるものとして業務起因性は認められません。

　しかし、当該労働者が業務上の有害因子にばく露したことにより、基礎疾患または既存疾病の自然経過を超えて発症または明らかに増悪したと医学的認められる場合には、業務と発症等との間に相当因果関係が認められるものとして、その発症または増悪した部分については業務上疾病となります。

### 4　業務上疾病に付随して発病した疾病も労災の対象となるか

業務上疾病に付随して発病した疾病について、個々の事案において医学的経験則に照らして業務上疾病と相当因果関係があるかどうかが判断されます。

業務上疾病と相当因果関係が認められた疾病は、当該業務上疾病と一体のものとして取り扱われることになります。

例えば、治療の際の薬剤による副作用等を原因として発症する疾病等です。

付随する疾病は、原疾患としての業務上疾病が治ゆする前の段階で発症する場合が多いですが、原疾患の治ゆ後に発症する場合もあります。

 過労死認定の改正教えて　脳・心臓疾患発症したら

脳・心臓疾患の労災認定基準が改正された模様ですが、主な改正点について教えてください。【長野・Ｆ社】

## A. 時間以外も考慮　明確にハラスメントを評価

脳・心臓疾患の労災認定基準については、令和３年９月14日付けで認定基準が改正されました（「血管病変等を著しく増悪させる業務による脳血管疾患及び虚血性心疾患等の認定基準について」（基発0914第１号））。

新たな認定基準では、時間外労働時間数がいわゆる「過労死ライン」に達していなくても、不規則勤務や身体的負荷などの労働時間以外の負荷を柔軟に判断することとされています。

## 1　専門検討会報告書と認定基準改正

　脳・心臓疾患の労災認定基準については、改正から約20年が経過する中で、働き方の多様化や職場環境の変化が生じていることから厚生労働省の「脳・心臓疾患の労災認定の基準に関する専門検討会」において検証などを行い、令和3年7月16日に報告書が取りまとめられました。

　この報告書を踏まえて、脳・心臓疾患の労災認定基準が改正されたものです。

## 2　改正内容

　改正の大きなポイントは4点です。

　（1）長期間の過重業務の評価に当たり、労働時間と労働時間以外の負荷要因を総合評価して労災認定することを明確にしました。

　長期間の過重業務において、労働時間の評価については、発症との関連性は強いとされる発症前1カ月間に100時間、または2～6カ月間平均で月80時間を超える時間外労働の水準には至らないとしても、これに近い時間外労働と一定の労働時間以外の負荷の状況も十分に考慮し、業務と発症との関係が強いと評価できることを明確にしました。

　（2）長期間の過重業務、短期間の過重業務の労働時間以外の負荷要因を見直しました。

　労働時間以外の負荷要因として、休日のない連続勤務、勤務間インターバルが短い勤務、事業場外における移動を伴う業務、心理的負荷を伴う業務、身体的負荷を伴う業務を新たに追加しました。

労働時間以外の負荷要因として示されたのは以下の項目です。

| 労働時間以外の負荷要因 | 勤務時間の不規則性 | 拘束時間の長い勤務 |
| --- | --- | --- |
| | | 休日の少ない連続勤務 |
| | | 勤務間インターバル（終業〜次の勤務の始業まで）が短い勤務 |
| | | 不規則な勤務・交代制勤務・深夜勤務 |
| | 事業場外における移動を伴う業務 | 出張の多い業務 |
| | | その他事業場外における移動を伴う業務 |
| | 心理的負荷を伴う業務 | |
| | 身体的負荷をふもなう業務 | |
| | 作業環境 | 温度環境 |
| | | 騒音 |

（3）短期間の過重業務、異常な出来事の業務と発症との関連性が強いと判断できる場合を明確化しました。

業務と発症との関連性が強いと判断できる場合として、以下の例を示しました。

| 短時間の過重業務 | 発症直前から前日までの間に特に過度の長時間労働が認められる場合 |
| --- | --- |
| | 発症前おおむね1週間継続して、深夜時間帯に及ぶ時間外労働を行うなど、過度の長時間労働が認められる場合 |
| 異常な出来事 | 業務に関連した重大な人身事故や重大事故に直接関与した場合 |
| | 事故の発生に伴って著しい身体的、精神的負荷のかかる救助活動や事故処理に携わった場合 |
| | 生命の危険を感じさせるような事故や対人トラブルを体験した場合 |
| | 著しい身体的負荷を伴う消火作業、人力での除雪作業、身体訓練、走行等を行った場合 |
| | 著しく暑熱な作業環境下で水分補給が阻害される状態や著しく寒冷な作業環境下での作業、温度差のある場所への頻回な出入りを行った場合 |

（４）対象疾病に「重篤な心不全」を新たに追加しました。

心不全は心停止とは異なる病態のため、新たな対象疾病として追加したものです。

「重篤な心不全」には不整脈によるものも含みます。

 腰痛の業務性どう決まる　災害型と疲労蓄積型で

> 運送作業において従業員が２人で荷を持ち上げようとしたところ、テンポが合わずに一人が無理な体勢になって持ちこたえたため、腰に急激な痛みを訴えました。「急性腰痛症」との診断だったのですが、作業中の動作に起因する腰痛と日常的な荷物運搬作業の積み重ねによる腰痛について、労災補償の対象となる判断を教えてください。【東京・Ｔ社】

## A. 「重さ」や「時間」カギ　既往症あると判断困難

腰痛は多数の原因または条件が競合して発症します。例えば、加齢、肥満、運動不足、偏った姿勢などの日常生活全般も原因の１つになりますし、仕事上での重量取扱い作業や、腰部に過度の負担がかかった場合なども腰痛の原因になります。発症した腰痛が業務上疾病に当たるか否かは、「認定基準」に示された一定の要件を満たしているかどうかで判断されます（昭51・10・16基発750号）。

### 1　「業務上疾病の範囲」と「認定基準」

労基法75条２項において、業務上の疾病を厚生労働省で定めることとされていて、この規定に基づいて労基則別表第１の２の規定およびこれに基づく告示が定められ、その範囲を明確にしています。

## 2　「腰痛において認定基準に示された一定要件」

腰痛は、「災害性の原因による腰痛」と「災害性の原因によらない腰痛」の2つに分類して、それぞれ労災認定されるための要件を示しています。

### （1）災害性の原因による腰痛

業務遂行中に生じた負傷（転倒・転落等による腰部の負傷）に伴って発症した腰痛や、業務遂行中に腰部に対して急激な力の作用が突発的に加わった場合に発症した腰痛をいいます。

事例：

　ア　足元が悪い状況で重量物を運搬していた際にバランスを崩して腰部に負担がかかった。

　イ　荷物を持ち上げようとした際、荷物が予想に反して重かった（軽かった）ために不適切な姿勢になってしまい、腰部に負担がかかった。

　ウ　重量物の運搬中に転倒した。

　エ　2人で1つの荷物を運搬している際に、何かのきっかけで瞬時に腰部に負担がかかった。

### （2）災害性の原因によらない腰痛（非災害性腰痛）

非災害性の原因による腰痛は、①腰部に過度の負担のかかる業務に従事する労働者に発症した腰痛と、②重量物を取扱う業務または腰部に過度の負担のかかる作業態様の業務に継続従事した労働者が発症した慢性的な腰痛をいいます。

①腰部に過度の負担がかかる業務に、概ね3カ月から数年以内の比較的短期間従事した労働者に発症した腰痛

事例：

　ア　港湾荷役作業のような概ね20kg程度以上の重量物または軽重不同の物を繰り返し中腰で取り扱う業務

　イ　柱上の配電業務のような腰部にとって極めて不自然ないし

非生理的な姿勢で毎日数時間程度行う業務

　ウ　長距離トラックの運転業務のような長時間にわたって腰部の伸展を行うことができない同一作業姿勢を持続して行う業務

　エ　車両系建設機械の運転業務のような腰部に著しく粗大な振動を受ける作業を継続して行う業務

②事例：

　ア　概ね30ｋｇ以上の重量物を労働時間の3分の1程度以上取り扱う業務

　イ　概ね20ｋｇ以上の重量物を労働時間の半分程度以上取り扱う業務

### 3　「急性腰痛症」やいわゆる「ぎっくり腰」の場合

　ご質問のケースのような、業務中に発症した「急性腰痛症」やいわゆる「ぎっくり腰」が労災として認定されるかは、「災害性の原因による腰痛」としての要件を満たしているかどうかで判断されます。当該傷病が業務遂行中の突発的な出来事として生じたと明らかに認められ、腰部に作用した力が発症の原因であることが医学的に認められる場合に業務上の疾病と認められることになります。

### 4　既往症があった場合

　当該労働者に腰痛の既往症または基礎疾患があり、日常は腰痛そのものがほとんどなかったり、軽快していた状態であるときに、再発または増悪したとすればどのように判断されるのでしょうか。

　既往症または基礎疾患のある労働者が発症した腰痛について、その再発または増悪が「業務遂行上での災害性の原因による」ものであることが明らかである場合は、業務上の疾病と認められることになります。

　再発または増悪が「業務遂行上での災害性の原因による」ものか

どうかは、発症時の作業状態（重量物の形状、重量、作業姿勢、持続時間、回数等）、および腰部に作用した力の程度と痛み出す前の症状等から判断されることになります。

##  業務上認定後の影響は？　障害残る大ケガが発生

　過日、当社、作業場において、障害が残る程度の大きな労災事故がありました。重大事故においては労基署の調査があると聞いています。しっかり対応するため、どのような調査が行われるのかご教示ください。また、労災認定後、業務や経営にどのような影響があるのかも教えてください。【栃木・R社】

## A. 機械使用できないことも　許認可業種は別に処分

　経営にとって、「業務災害」はそれ自体が衝撃ですが、発生時、並びに労災の補償が確定してからも、有形無形の影響を受けることがあります。

　まず、労災補償は最低限の生活保障である観点から、使用者責任を根拠として、被災労働者から損害賠償請求を受ける可能性があります。メリット制などの恩恵を受けていた労災保険料が上がるケースも大きな負担となるでしょう。その他、行政の入札で指名停止処分を受けたり、それぞれの業種に係る法令によって行政処分や刑事罰を受けることがあります。報道などにより社会からの批判を受けることも少なくありません。しかしながら、まず対応しなければならないのは、労災事故発生に付随する労基署の臨検・調査です。

### 労基署の立入り、調査

　労災事故が発生した場合、労基署は、事業場へ立ち入り、「災害時監督」を行います。

一定以上の大きな労災事故（死亡、障害、長期の休業等を伴う事故）が発生した際、その原因究明や再発防止策の提案を行うために行われる調査と位置付けられています。

調査後、事業主は速やかに是正勧告に従った対策を講じなければなりません。対策を講じている期間、実質的には営業停止に近い状態になることもあります。また、是正勧告を受けた後の調査として、当該勧告内容が是正に向け実行されているかを確認するために、いわゆる「再監督」が行われることもあります。

**調査のポイント**

労基署が事業場を調査するに当たっては、以下がポイントとなります。
- ・墜落・転落その他各種事故防止措置の状況
- ・安全衛生管理体制
- ・作業主任者等の適切な配置
- ・機械の使用状況
- ・労働時間・休憩時間の状況
- ・定期・特殊健康診断の実施状況、実施後の対応など

上記項目に不適切な状況が認められた場合、事業者は是正勧告を受けたり、一部または全部の営業停止を余儀なくされたりすることとなります。具体的にみていきましょう。

## 1　機械等の使用禁止や特定区画に立入り禁止

機械等の使用が禁止されると、労基署が状況改善を確認するまで、当該機械等の使用はできなくなります。コア業務に関わっている機械等であった場合、営業停止命令に近いダメージとなることがあります。

被災現場などの特定区画内の状況改善を労基署が確認するまで、指定現場における業務の遂行が不能となります。この禁止処分も、実

質的には営業停止と同様の処分となります。

## 2　事業主の送検

当該労災において、事業主に重大な過失があると指摘された場合、事業主が送検される可能性も出てきます。事業主は、業務における意思決定など経営の要ですから、長期に渡って、事業継続が困難に陥ることがあります。

## 3　重大労災における事業への制裁的処分

重大な事故については、前述に加え、以下の制裁が考えられます。

① 入札参加における指名停止処分

　　建設業などについては、公共機関において、入札に際し「指名停止措置要綱」を設け、重大な労災事故があった場合、当該事業主を指名停止処分とすることが定められています。

② 事業主や責任者の刑事罰

　　重大労災においては、事業主、その他責任者に刑事罰が科されることがあります。特に多いのが安衛法違反により罰金が科されるケースです。安衛法に違反した場合には事業者に6カ月以下の懲役または50万円以下の罰金が科されます。さらに、業務上過失致傷罪、業務上過失致死罪など刑事罰に問われることもあります。

③ 業種による行政処分

　　国・都道府県の許可を受けて経営が成り立つ許認可業種（建設業や派遣業など）において、労災事故の発生に伴い、法令に違反があった場合、「指示処分」など行政処分の対象となり、業務継続に支障が出ることがあります。

**骨折で障害認定されるか　崩れた荷の下敷きに**

　従業員が、崩れた荷の下敷きになって右肘、右足を骨折してしまいました。先日症状固定との判断があったので後遺障害に係る労災請求を予定しています。障害補償給付における障害等級の仕組み、障害等級認定に当たっての考え方などを教えてください。
【岡山・C社】

## A. 利き腕かどうか影響なし　「後遺障害」の有無判断

　障害補償は、当該傷病等が「治ったとき」に身体に障害が存する場合にその障害の程度に応じて行われますが、この障害補償給付の対象となる身体障害とは、労災則別表第1の「障害等級表」に該当する障害、または同程度の障害をいいます。

### 1　障害等級の考え方と給付額

　障害補償の対象となる障害の程度は、労基則別表第2に定める身体障害等級表および労災則別表第1の障害等級表に定められていますが、障害等級表は身体をまず部位に分け、次にそれぞれの部位における身体障害を障害群（障害の系列）に分け、さらに、各障害はその労働能力の喪失の程度に応じて一定の順序のもとに配列されています。

　労災事故の結果として一定の身体障害が残った場合に、その障害の程度に応じて保険給付が行われ、障害等級第1級から第7級までに該当した場合には年金としての支給、第8級から第14級に該当した場合には一時金として支給されます。

　業務上の傷病により、何らかの後遺障害が残っていたとしても「障害等級表」に掲げられている障害、もしくはこれと同程度の障害と認められない場合は、障害補償は行われないことになります。

## 2　障害等級認定に当たっての基本的な考え方

（1）障害等級表にある身体障害が2以上ある場合（併合）

　障害等級表に掲げる身体障害が2以上ある場合においては、重い方の身体障害の該当する等級によることとし（労基則40条2項、労災則14条2項）、次の場合には、それぞれの方法により重い方の等級を繰り上げることになっています（労基則40条3項、労災則14条3項）。これを障害等級の「併合」といいます。

　　イ　第13級以上に該当する身体障害が2以上ある場合には、重い方の身体障害の該当する等級を1級繰り上げる。

　　ロ　第8級以上に該当する身体障害が2以上ある場合には、重い方の身体障害の該当する等級を2級繰り上げる。

　　ハ　第5級以上に該当する身体障害が2以上ある場合には、重い方の身体障害の該当する等級を3級繰り上げる。

　繰上げの結果、それぞれの身体障害の等級による障害補償の金額を合算した額が、繰り上げた等級の補償の額に満たない場合は、合算額が補償の額になります。

（2）既存障害のある労働者が、業務上の負傷・疾病によって同一部位について障害の程度を加重した場合（加重）

　既に身体障害がある者が負傷または疾病によって同一部位について障害の程度を加重した場合には、加重された障害の該当する障害補償の金額から、既にあった障害の該当する障害補償の金額を差し引いた金額の障害補償を行うことになります。

　ただし、既存の身体障害が第8級以下に該当するものであって、新たに加重の結果、第7級（年金）以上になった場合には、現在の身体障害の該当する障害等級の障害補償の年額（日数）から既存の身体障害の障害補償の額（日数）の1/25を控除して得た額とすることになっています。

　この場合、以前からある障害が業務災害や通勤災害によるもので

あるかは関係がありません。

（３）利き腕の等級の考え方

　労災保険の障害補償は、障害による労働能力の喪失に対する損失てん補を目的とするものです。

　したがって、負傷または疾病が治ったときに残存する当該傷病と相当因果関係を有し、かつ将来にわたっても回復が困難と見込まれる精神的または身体的なき損状態（「障害」）であって、その存在が医学的に認められ、労働能力の喪失を伴うものを障害補償の対象としています。

　「労働能力」を構成する要素として、被災労働者の年齢、職種、利き腕、知識、経験等があると思われますが、労災補償における評価を行うに当たっての「労働能力」は一般的な平均的労働能力をいうとされていますので、属人的な要素は障害の程度を決定する要素にはなっていません。

　現実的には利き腕、利き足は「労働能力」を構成する要素ではありますが、障害の程度を決定する要素にはなっていません。

　したがって、障害等級表における、１上肢に障害が残った場合の「障害の程度」は利き腕であるかどうかの記載はされていませんので、利き腕、利き足であっても、なくても同一等級ということになります。

## Q8　実家に立ち寄り通災は？　母親が「要介護状態」で

　当社の従業員は会社から自宅への帰宅途中において、１日おきに実家に立ち寄り、要介護状態にある母親の介護を行ってから帰宅しています。家族の介護という問題を多く耳にする中、このような移動が行われている場合の通勤災害についての考え方を教えてください。【埼玉・Ｓ社】

# A. 日常生活上必要な行為　合理的経路なら補償

## 1　労災法の規定

　労災法7条2項において、通勤とは、就業に関し、住居と就業の場所のほか、就業の場所から他の就業の場所や住居間を、合理的な経路および方法により往復することをいい、業務の性質を有するものを除くとしています。同条3項では、労働者が、前項の往復の経路を逸脱し、または同項の往復を中断した場合においては、当該逸脱または中断の間およびその後の同項の往復は、通勤とはしないとしています。

## 2　「逸脱」および「中断」および「日常生活上必要な行為であって厚生労働省令で定めるもの」の考え方

　通勤途中において、労働者が逸脱・中断した場合、その後における帰宅行為は原則として通勤とは認められないものとされていますが、逸脱・中断の目的が「日常生活上必要な行為であって厚生労働省令で定めるものをやむを得ない事由により行うための最小限度のものである場合」には、当該逸脱・中断の間を除き、合理的な経路に復した後は通勤と認められることとされています。

　※右図参照

## 3　「日常生活上必要な行為であって厚生労働省令で定めるもの」とは

　「日常生活上必要な行為」については、厚生労働省令（労災則8条）で次のように定められています。
　　①　日用品の購入その他これに準ずる行為
　　②　職業訓練、学校教育法第1条に規定する学校において行わ

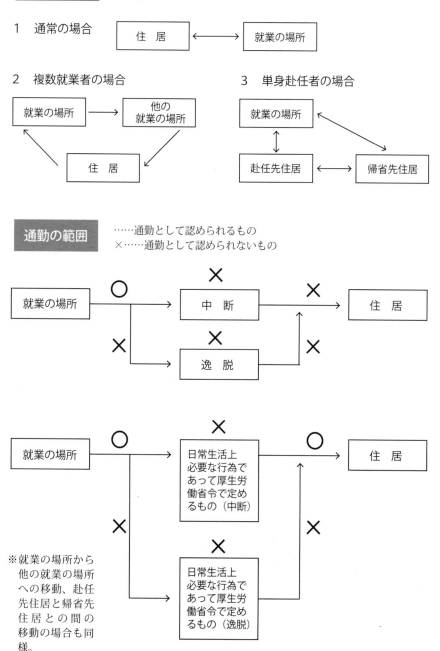

**通勤の形態** 2および3の形態については、一定の要件がありますので
ご注意ください

1 通常の場合

住 居 ←→ 就業の場所

2 複数就業者の場合

就業の場所 → 他の就業の場所 → 住 居 → 就業の場所

3 単身赴任者の場合

就業の場所 ←→ 赴任先住居 ←→ 帰省先住居 ←→ 就業の場所

**通勤の範囲**

○……通勤として認められるもの
×……通勤として認められないもの

就業の場所 ○→ 中 断 ×→ 住 居
就業の場所 ×→ 逸 脱 ×→

就業の場所 ○→ 日常生活上必要な行為であって厚生労働省令で定めるもの（中断）○→ 住 居
就業の場所 ×→ 日常生活上必要な行為であって厚生労働省令で定めるもの（逸脱）×→

※就業の場所から
他の就業の場所
への移動、赴任
先住居と帰省先
住 居 と の 間 の
移動の場合も同
様。

れる教育その他これらに準ずる教育訓練であって職業能力の開発向上に資するものを受ける行為

③　選挙権の行使その他これに準ずる行為

④　病院または診療所において診察または治療を受けることその他これに準ずる行為

⑤　要介護状態にある配偶者、子、父母、孫、祖父母および兄弟姉妹並びに配偶者の父母の介護（継続的にまたは反復して行われるものに限る）

※⑤の介護行為については、羽曳野労基署長事件（大阪高判平19・4・18）を契機に労災則が改正され、一定の介護行為も「日常生活上必要な行為」に当たるものとして保護の対象となったものです（平成29年1月1日施行）。

## 4　本件ケースの場合

会社から自宅への帰宅途中において、1日おきに実家に立ち寄り、要介護状態にある母親の介護を行ってから帰宅する場合において、当該行為は「日常生活上必要な行為であって厚生労働省令で定めるもの」に該当するので、当該逸脱・中断の間を除き、合理的な経路に復した後は通勤と認められることになります。

 異なる経路で通災？　ケガに健康保険使うか

最寄り駅まで自転車で行く途中にケガをした従業員がいます。会社にはバスの利用を申し出ていました。通勤災害に労災保険は使えず健康保険で処理することになるのでしょうか。【神奈川・K社】

# A. 合理的ルート複数あり得る

　通勤とは、労働者が、住居から就業場所等への移動を、合理的な経路および方法により行うことをいい、業務の性質を有するものは除く（労災法7条2項）とあります。会社に届け出ているような、鉄道、バス等の通常利用する経路および通常これに代替することが考えられる経路等が合理的な経路となることはいうまでもない（平18・3・31基発0331042号）とあります。

　会社が認めた経路ではなくても、合理的な経路に該当する可能性はありますが、ただ、経路は、手段とあわせて合理的なものであることを要す（前掲通達）ともしています。通災と認められるかは、自転車で通るルートにもよるでしょう。

　通勤災害については労災保険からの給付が健康保険に優先（平25・8・14事務連絡）ということになります。

## Q10　出退勤状況がどう影響？　通勤災害になる往復行為

　労災保険の通勤災害認定において、通勤は「就業に関し」行われるものとされていますが、出勤における就業との関連性の有無、退勤における就業と帰宅との関連性について考え方を教えてください。【京都・O社】

## A. 若干の遅刻早退なら対象　終業後施設滞在で問題も

　労災保険において、通勤として認められるには、往復行為が業務と密接な関連をもって行われることが必要となります。

　労働者が出勤の途中で被災した場合には被災当日において業務に従事することになっていたか否か、退勤の場合であれば現実に業務に従事したか否かが問題となり、加えて、出勤、退勤において始業・

終業時刻との関連性が失われていないことが必要です。

## 1　通勤の定義

通勤については、労災法7条2項において、労働者が、就業に関し、住居と就業の場所等との間を、合理的な経路および方法により往復することをいい、業務の性質を有するものを除くと定義されています。

## 2　「就業に関し」とは

通勤の定義における、「就業に関し」とは往復行為が業務に就くためまたは業務を終えたことにより行われるものであることを必要とする趣旨を示すもので、通勤と認められるには往復行為が業務と密接な関連をもって行われることが必要であるということを示しています。

① 被災当日業務に従事することになっていたか否か

② 出勤の場合の就業との関連性

通常、労働者が行っているような所定の就業日に所定の就業開始時刻を目途に住居を出て就業の場所へ向かう場合においては、当然ながら就業との関連性は認められます。例えば寝過ごしによって遅刻しての出勤や通勤ラッシュを避けるために若干早く出勤するなど、就業開始時刻と若干の前後があったとしても就業との関連性は失われることはありません。

③ 日々雇用される労働者の場合

日々雇用される労働者で、継続して同一の事業に就業している場合は就業することが確実であり、その場合の出勤は就業との関連性は認められ、また、ハローワーク等でその日の紹介を受けた後に紹介先へ向かう場合で、その事業で就業することが見込まれるときも就業との関連性が認められることになります。しかし、ハローワーク等にその日の紹介を受けるために向かう場合は、まだ就業できる

かどうか確実ではないため、就業との関連性が認められないということになります。

④　退勤の場合の就業との関連性

通常労働者が行うように終業後直ちに住居へ向かう場合は就業に関し行われるものとして問題はありません。また、所定の就業時間終了前に早退をするような場合であっても、業務を終了して帰宅するものとして就業との関連性は認められます。

⑤　業務の終了後に事業場施設内に業務以外の用件で滞在した場合

認定上問題となるのが、業務の終了後に会社内でのサークル活動や労働組合の会合など、業務以外の用件で会社に滞在し、その後に帰宅するような場合です。その場合には、社会通念上、就業と帰宅との直接的関連性を失わせると認められるほどの時間であったか否かが問題となります。

【事例】

　概要：所定労働時間終了後、残業を2時間行い、引き続き労働組合の用務を会社内で約1時間25分行った後、帰宅途中に通常の通勤経路上で負傷したもの。

　結論：通勤災害と認められる。

　理由：本件の組合用務に要した時間は、就業との関連性を失わせると認められるほどの長時間とはいえない（昭49・3・4基収317号）。

【事例】

　概要：17時10分に業務を終えてから会社内の茶道室において茶のけいこに参加。けいこは19時30分位に終了したので、更衣室で着替えの後、20時ごろ退社し、通常の通勤経路を帰宅途中に被災した。

　結論：通勤災害とは認められない

　理由：本件の業務終了後事業場施設内においてサークル活動等

に要した時間は、社会通念上就業と帰宅との直接関連性を失わせると認められるほどの長時間であって、その後の帰宅については労災法7条2項にいう通勤には該当しない（昭49・9・26基収2023号）。

### 3　まとめ

ある災害が通勤災害と認められるためには、「通勤の途上」での災害であることが必要であり、災害が「通勤による」ものと認められることが必要になります。全ての災害の発生状況は、それぞれ異なるものですので通勤災害に該当するか否かについて判断に迷う場合には、労働局もしくは労働基準監督署へご相談されることをお勧めします。

 **特別加入手続きは？　65歳以上の高齢者　創業支援等措置で追加**

労災保険の特別加入の対象として、「65歳以上の高齢者」が追加されたようです。令和3年4月1日から、改正高年法により、「70歳までの就業確保措置」が努力義務化されましたが、当社としては、当面、継続雇用制度の整備で対応し、将来的に、創業支援等の措置も講じていきたいと考えています。高齢者が特別加入を希望するとき、会社はどのような手続きを採るのでしょうか。【大阪・R社】

## A.　情報提供など便宜図る

特別加入には、中小事業主、一人親方・特定作業従事者、海外派遣者の3種類があります。一人親方等については、対象となる事業の範囲を労災則で定めています（46条の17、46条の18）。

令和3年4月1日にその対象範囲が拡大され、「①柔道整復師」、「②

芸能従事者」、「③アニメーション制作従事者」（以上、令和3年1月26日付官報）、「④創業支援等措置に基づき事業を行う高年齢者」（同2月26日付官報）が追加されました。

　④は、同じく令和3年4月1日から施行されている改正高年法と関係があります。同法で定める就業確保措置は65歳以上70歳未満の高齢者を対象としますが、大きく「雇用によるタイプ」と「創業支援タイプ」に分けられます。さらに、後者の支援方式にも、次の2種類があります。

- ・新たに起業する高齢者と委託契約を締結（高年法10条の2第2項1号）
- ・会社が支援する社会貢献事業と高齢者が委託契約を締結（同項2号）

　創業支援タイプの場合、高齢者は会社または社会貢献事業と委託契約を結び、事業主として働きます。労働者ではないので、自動的に労災保険の保護対象とならないため、特別加入制度を拡充したものです。事業主のうち、「常態として労働者を使用しないで作業を行う者」が対象になります。

　この度の改正で拡大の対象となったのは、すべて一人親方・特定作業従事者のグループです。建設業の一人親方が代表例ですが、こうした個人事業主については、「一人親方等の団体を適用事業の事業主、団体の構成員となる一人親方等を労働者とみなして」保険関係を成立させます。

　貴社（一人親方等と委任契約を結ぶ会社）は、加入手続きに直接タッチしません。高齢者に対しては、情報提供等の便宜を図ってあげるのがベターでしょう。

# Q12 一人親方化の問題教えて　正社員から身分変更

同業者が、キャリアや実績がある正社員を退職させ、個人事業主や一人親方として、請負業者として専属的に仕事をさせる方法を検討しているといいます。効果として、公的保険の負担から逃れるなどを挙げているのですが、法的に、何より労災認定などにおいて問題があるのではないでしょうか。【滋賀・M社】

## A. 労働者性有するかは実態　特別加入は拡大の流れに

### 偽装一人親方が生まれる背景

法人は雇用している労働者に賃金等を支払っていますが、賃金以外に社会保険等に関して保険料の半額程度を負担することとなっています。従業員一人に支払う社会保険料等だけでも法人には相当な負担となっていることは事実でしょう。いわゆるエキスパートといえる手に職を持っている従業員に、個人事業主あるいは一人親方として独立を促し、自己の会社の業務を専属的に請け負ってもらうという発想に至るわけです。しかし、このように手に職がある正社員を退職させ、個人事業主や一人親方にして専属的に仕事をさせることが不正な「偽装一人親方」を生むことにつながっているのです。

### 偽装一人親方が現場で被災したとき

本来なら労働者に該当するであろう、一人親方が業務の現場等で被災した場合、労基署の判断により、労働者とみなされて数次の手続きや報告を経て元請業者の労災保険が適用されるケースも考えられますが、本来適用されるべき業務上災害における補償が不安定な状態で据え置かれることになり、被災者は著しく不利な状況を甘受せざるを得ません。こういった不具合を完全に防ぐために、一人親

方としての業務請負が偽装とならないように、当人はもちろん発注者である事業主も注意が必要です。

## 一人親方が偽装とならないために

「偽装一人親方」を整理してみます。雇用はされていないが、特定の使用者の事業場において、就業規則等により時間や業務の遂行などに制約を設けられ、時間給・日給など、時間の経過が賃金計算のよりどころになっている。さらに、必要な道具類等も自己所有のそれではなく支給されるなどのケースがあれば、「偽装一人親方」として問題になります。

労働者性の判断に関して、例えば、フリーランスガイドラインでは、「運送業の持込運転手」と「作業場を持たず1人で内装等を請け負う大工」について、労働者性を否定した事案を紹介していて参考になります。ポイントとして「業務遂行上の指揮監督の有無」「拘束性の有無」「報酬の労務対償性」「事業者性の有無」などを総合考慮した結果、労働者に当たらないと判断したものです。

厚生労働省は、形式的には請負契約等により従事する個人事業主等でも実態として労働者である人を、事業主が使用した場合は、労災保険の適用があるとしています。個人事業主等に対して、「労働者であるのに一人親方等として扱われる場合」等は、お近くの労基署にご相談くださいとしています。

# Q13 特別加入遡及できるか　65歳以上など範囲拡大

フリーランスと契約する場合の労災補償ですが、最近は特別加入の範囲が拡大しているといいます。ＩＴ関係や65歳以上の創業支援等措置などが対象になりましたが、契約期間中に発生した事故であれば、遡って加入することは可能でしょうか。【愛知・Ｎ社】

## A. 届出前の事故は給付対象外

創業支援等措置は、65～70歳までの就業確保措置のうち、業務委託契約の締結など雇用によらない措置を指します。

特別加入団体を通じて加入手続きをすることで、特別加入者は労働者とみなされ、労災法に定める保険給付等を受けることができます（労災法35条、労災則46条の23）。

注意が必要なのは、現在特別加入者として届出等されている者であっても、届出等の前（受付日当日も含む）の災害については、保険給付の対象とはならない（労災保険給付事務取扱手引）としていることです。海外派遣の特別加入に関する事案（東京地判令3・4・13）ですが、特別加入の申請の時期に関係なく赴任日に遡り労災法が適用されるとの誤った認識に基づき、特別加入の申請手続きを採らなかったと判断したものがあります。

#  自転車配達の事故補償は　特別加入制度教えて

> 　自転車を使った配達業が盛んですが、配達の人たちは発注者と雇用関係にないため、事故が起きた場合に労災が適用されないと聞きました。バイク、原付、軽貨物車両登録の場合は労災の特別加入制度が利用できるようです。自転車の配達員はかなりの数に上っているようですが、救済制度は検討されないのでしょうか。
> 【千葉・T社】

## A. 令和3年9月1日から対象者拡大　運転や積卸し中にケガ

　労災保険は、労働者の業務や通勤による災害に保険給付を行うことを基本とする制度ですが、労働者以外であっても、労働者と同じ程度に保護することが必要な一定の人たちにも特別に労災保険に任意で加入することを認めています。すなわち「特別加入制度」です。また、従業員を雇用していない場合は、一人親方の労災保険に特別加入することも可能です。

　この度、厚生労働省は、令和3年9月1日を施行日として、「自転車を使用して行う貨物の運送の事業」「情報処理システムの設計等の情報処理に係る作業（ITエンジニア）」を行う労働者以外の者について、労災保険の特別加入制度の対象範囲とするとしました。一方、加入が任意であることから、働き手が自ら保険料を負担するため、利用が広がらないことも懸念されています。

　特別加入では、働き手があらかじめ3500円から2万5000円の範囲で「給付基礎日額」を設定し、保険料はこれに乗じる保険率で決まる制度となっています。保険率は仕事の危険度により、宅配代行業は1000分の12、ITエンジニアは1000分の3とされています。

　詳細をみてみましょう。

**「自転車を使用して行う貨物の運送の事業」における特別加入**

特別加入対象者の要件および承認等に関しては以下が示されています。

　　ア　貨物運送事業とは、他人の需要に応じて、有償で、貨物を運送する事業であること。

　　イ　貨物運送事業に係る特別加入申請の際には当該業務に係る許可書等の関係書類を添付することとされていますが、自転車配達員は、「軽貨物運送の届出」の対象となっていません。よって、当該業務に係る許可書等の関係書類がないことから、その使用する車両種別の全てを申請書または変更届の「業務または作業の具体的内容」欄に記載し、その申請書または変更届に記載のある車両を使用する場合のみ業務遂行性を認めることとしています。その際は、主に使用する車両について明記しなければなりません。

　次に、災害の認定基準は以下が定められています。自転車配達員の事業の範囲内において自転車を運転する作業、貨物の積み卸し作業およびこれに直接附帯する行為を行う場合について業務遂行性が認められます。

　※　「直接附帯する行為」

　　　自宅から配送物を受け取る店舗や配送スポットに移動する行為等で、移動経路、受発注状況、被災時服装、所持品等の外形等を踏まえ業務上外を判断するとしています。

　また、通勤災害については、その住居と就業の場所との間の往復の実態が明確でないこと等からみて、労災保険の保護の対象とはしないものであることとされました（労災法35条1項、労災則46条の22の2）。

## 「情報処理システムの設計等の情報処理に係る作業（ITエンジニア）」における特別加入

　加入対象作業として、情報処理システムの設計等、セキュリティ管理もしくは情報処理システムに係る業務の一体的な企画またはソ

フトウェアもしくはウェブページの設計、セキュリティ管理等に係る業務の一体的な企画その他の情報処理に係る作業が挙げられています。

　加入対象者は、労働者以外の者であって、前記作業を行う者とすることとされています。

　そして、業務災害の認定基準としては以下が示されています。

　業務遂行性は、契約に基づき報酬が支払われる作業のうち以下を行う場合です。

　※　「情報処理に係る作業」

　　　依頼を受け契約を締結してから最終的な成果物の提供に至るまでに必要となる作業をいいます。自宅等で行う場合については、特に私的行為、恣意的行為ではないことを十分に確認できた場合に業務遂行性を認めるものとしています。

　※　「直接附帯する行為」

　　　契約を受注するための営業行為、契約締結に付随する行為およびその事務処理等が該当するとしています。

## Q15 副業先の証明は？　離職後に労災保険請求

　副業兼業の労災保険給付は、複数の会社の賃金を合算するといいます。仮に、当社が副業先で、本人が本業の業務が原因で病気になったと主張したときも、事業主証明に応じるべきということで良いでしょうか。【埼玉・S社】

## A. 賃金資料追加必要な場合も

　負傷、疾病、障害または死亡（傷病等）の場合は、傷病等が生じた時点で、複数の事業と労働契約関係にあり、使用される労働者（特別加入含む）を、複数事業労働者といいます。

傷病等が生じた時点で複数就業していない者は、複数事業労働者に類する者として保険給付の対象となり得ます（いわゆる過労死や精神疾患等を想定）。

仮に事業主証明を拒否されたとの本人の主張があれば労基署は複数事業労働者として取り扱います（令２・８「複数事業労働者における労災保険給付に係る事務処理手引」）。

副業先が賃金等を証明する場合の留意点について、「災害発生事業場の離職日以前３カ月間に対応する賃金により給付基礎日額に相当する額を算定」（前掲手引）します。本業に労災の原因があり、かつ、すでに離職している場合、副業先が当初証明した期間とはズレが生じることがあり、この場合副業先でさかのぼって賃金の証明が必要な場合があるとしています。

## Q16 責任果たすためすべきことは　過労死防止図る上で　兼業者に対する残業命令

政府が副業推進に向け旗振り役を務めるなか、当社も兼業を届出制に改めました。現場の管理者のなかには、「ダブルワーカーに対して、残業命令を出しにくくなった」とこぼす人もいます。しかし、業務繁忙期に、兼業者だけ早帰りさせると、不公平感を生みます。会社として、過労死等の責任を回避するために、労務管理上、どのような点に注意すべきでしょうか。【茨城・Ｆ社】

## A. 自己管理行うよう指示を

ダブルワーカーの労働時間管理に関しては、令和２年９月改定の「副業・兼業ガイドライン」の中で「簡便な管理モデル」が紹介されています。

本業の法定外労働時間と副業の労働時間（所定労働時間＋所定外労働時間）について、両者の合計が時間外上限規制（単月100時間

未満、複数月 80 時間以内)を超えない範囲内で上限を設定します。本・副業の事業場は、この上限の範囲内であれば、他事業場での時間外労働の多寡に関係なく、残業を命じることができるというものです。

　複数事業労働者が過労死等を発症した場合ですが、本・副業それぞれの業務上の負荷を個別に評価し、単独の業務災害として処理できるか判断します。片方の負荷のみで労災認定できないときは、複数の事業場の負荷を総合的に評価します。

　業務上の負荷は労働時間だけではなく、ストレスという観点からも検討が求められます。しかし、2 つの事業場が、個々に設定した上限の範囲内で、時間外労働に従事させていたとすれば、単独の労災と判断されるのはレア・ケースでしょう。

　複数業務要因災害と認定された場合、いずれの就業先も労基法上の災害補償責任を負いません（令 2・8・21 基発 0821 第 1 号）。徴収法上のメリット制についても、支払われた保険給付額は、算定ベースが自社賃金か他社賃金かの区別にかかわらず、すべて収支率計算の対象から除かれます。

　ただし、単独で過重労働が生じない働き方であっても、使用者が副業・兼業を認めている場合、健康確保面で一定の配慮が要請されます。具体的には、「労働者に自己管理を行うよう指示し、心身の不調があれば都度相談を受けるように伝え、状況に応じ、法律を超える健康確保措置を実施する」等の対策を講じるのが適当とされています（副業・兼業ガイドライン）。

費用徴収の対象か　実は「独立の事業」

当社の営業所では、少人数などの理由で、本社の保険関係でまとめて処理していました。仮に、同営業所で労災事故が発生して、実は営業所は「独立の事業」という判断がなされたとき、未手続きのため費用徴収、となってしまうのでしょうか。【島根・M社】

## A. 誤認した場合重過失とせず

徴収法コンメンタールによると、継続事業における事業に関して、通常、「場所的見地」で決定するとしています。しかし、場所的に分散していても、出張所等で規模が小さく、その上部機関等との組織的関連ないし事務処理能力からみて独立性がないものについては、直近上位の組織に包括して全体を一の事業として取り扱うとあります。この判断は、容易ではありません。

本件が、営業所で手続きすべきところ怠っていたとみれば、労災法31条1項1号の「保険関係の成立に係るものをしていない期間中に生じた事故」となる心配があります。同号には、故意または重大な過失という前提条件があります。労災保険給付事務取扱手引（平30・5・21基発0521第3号）では、重大な過失は、行政から指導等を受けていない場合で、かつ、成立日から1年を経過して未提出の場合としています。ただし、出張所等に独立性がないと誤認した場合、重大な過失と認定しないとしています。

 「第三者災害」で給付は？　出張中に自動車事故

　従業員が出張先で交通事故に遭いました。乗用車に追突され負傷したものです。もちろん労災の適用事業であることから、正しい対応をしたいのですが、交通事故は相手の保険で対応するのが一般とも聞きます。労災請求との関係はどのようなものになるのでしょうか。【香川・Ｔ社】

## A. 求償や公序で調整かかる　労基署へ届出を忘れずに

### 第三者行為災害

　労災事故が第三者の行為などによって生じたものであって、労災保険の受給権者である「被災者等」に対して、第三者が損害賠償の義務を有するものを「第三者行為災害」といいます。最も多いケースがお尋ねの交通事故によるものです。

　第三者行為災害に該当する場合、被災者等にてん補されるべき損失は、政府ではなく、災害の原因となった加害行為等に基づき損害賠償責任を負った第三者が負担すべきものであると考えられます。このため、労災法では、第三者行為災害に関する労災保険の給付と民事損害賠償との支給調整（労災法12条の4）を定めており、政府が労災給付をしたとき、政府は被災者等が当該第三者に対して有する損害賠償請求権を労災保険の給付の価額の限度において取得するものとし（求償）、また、被災者が第三者から損害賠償を受けたとき、政府はその価額の限度において労災給付をしないこととしています（控除）。

### 労災保険と民事損害賠償の調整

　第三者行為災害における労災給付と損害賠償請求額とは支給につ

いて調整が必要となります。対応は、前述の「求償」と「控除」の2種類となります。

「求償」とは、被災者等が第三者に対して有する損害賠償請求権を政府が保険給付の支給と引換えに代位取得し、政府が取得した当該損害賠償請求権を第三者や保険会社などに直接行使、つまり「求償」することです。労災保険の給付が第三者の損害賠償より先に行われますと第三者の行うべき損害賠償を結果的に政府が肩代わりした形となることから、労災法12条の4第1項の規定により、政府は労災保険の給付相当額について第三者（交通事故の場合は保険会社など）から返還を受けることになります。

「控除」とは、自動車事故における自賠責保険等、第三者の損害賠償が労災保険の給付より先に行われていた場合であって、当該第三者から同一の事由につき損害賠償を受けたときは、政府は、その限度で労災保険の給付をしないことを指します。同一の事由により、第三者から損害賠償、さらに重ねて労災保険の給付が行われることは、損害の二重てん補がされたこととなり、被災者等に過剰な利益となることから、損害賠償のうち、労災保険の給付と同一の事由に相当する額を控除して給付を行い、もって、不合理を避けることとしています。

　※なお、労災保険では、保険給付のほか特別支給金の支給がありますが、特別支給金は社会復帰促進等事業として支給される性格から、支給調整の対象とはなりません。

## 示談を行う場合について

示談とは、被災者が交通事故などにより損害賠償請求権が発生した場合、第三者との話し合いにより、合意を取り付けるために行われるもので、当該損害の全部または一部を免除することも可能となります。労災保険の受給権者である被災者等と第三者との間で被災者の有する全ての損害賠償についての示談（全部示談）が、錯誤や

強迫によるものなどではなく、両当事者の真意から真正に成立し、受給権者が示談額以外の損害賠償の請求権を放棄した場合、政府は、原則として示談成立以後の労災保険の給付を行わないこととなっています。安易な示談は正当な賠償を妨げる場合があるため、慎重に行わなければなりません。

### 提出書類

第三者行為災害に関する労災保険の給付に係る請求に当たっては、以下の書類を提出する必要があります。

#### 被災者等が提出する書類について

被災者等が第三者行為災害について労災保険の給付請求をする際は、所轄労働基準監督署に、「第三者行為災害届」を2部提出しなければなりません。

併せて、「交通事故証明書」または「交通事故発生届」、念書（兼同意書）、示談書の謄本（示談が行われた場合）、自賠責保険等の損害賠償金等支払い証明書または保険金支払通知書、さら死亡の場合、死体検案書または死亡診断書、戸籍謄本などを添付する必要があります。

#### 第三者に対して提出を求める書類

労災保険の給付を行う原因となった災害を発生させた第三者に該当する者は、「第三者行為災害報告書」を提出する必要があります。

 **スポーツ選手も保険適用？　競技中ケガしたら企業に雇用されプレー**

原則無観客ですが、オリンピックそしてパラリンピックが開かれました。そこで疑問ですが、出場選手の中に企業に所属する人もいます。身分としては会社員ですが、練習や競技参加について大幅な優遇を受けているような人たちです。大会参加は「企業というより日本を代表」するものですが、仮に競技期間中にケガ等をした場合、労災保険の適用はどうなるのでしょうか。【埼玉・O社】

# A. 出張・出勤扱いなど要件

業務上の災害として労災保険給付を受けるためには、基本的にその行為に「業務遂行性」があり、かつ発症した傷病について「業務起因性」が認められる必要があります。

運動の練習や競技参加に関しても、上記の要件を満たせば、労災保険の保護対象となります。ご質問にある「企業スポーツ選手」タイプのほか、一般の会社員であっても、業務命令で運動会等に参加した場合等は、労災認定の余地があります。

ただし、いわゆる接待ゴルフ等に関しては、被災者側の「業務上」という主張が認められないケースも少なくありません。

事案を通じて判断の統一性を維持するため、「運動競技に伴う災害の業務上外の認定」について解釈例規が示されています（平12・5・18基発366号）。対象となる業務行為は、大きく「対外的な運動競技会」と「事業場内の運動競技会」に分けられます。

前者の対外的な運動競技会には、「所属事業場の代表選手として出場する実業団競技大会等のほか、日本代表選手として出場するオリンピック等の国際的競技大会等」が該当するとしています。

業務と認められるためには、次の要件を満たす必要があります。

① 競技大会出場が、出張または出勤として取り扱われる

② 必要な旅行費用等の負担が事業主により行われ、労働者が負担するものでない

なお、②に関しては、「競技団体等が全部または一部を負担する場合を含む」とされています。

保護の対象となるのは、「競技を行う等それ自体が労働契約の内容をなす業務行為はもとより、付随して行われる準備行為およびその他出張に通常伴う行為等労働契約の本旨に則ったと認められる行為」を含みます。ですから、恣意的行為・逸脱等に基づくものを除き、滞在施設内の事故等も保護の対象となり得ます。

## 保険給付の審査期間は？ 「死亡即認定」でもなく

業務中の事故で従業員を失いました。事業主としては労災申請その他、誠意を持って遺族のために協力する所存です。諸手続きの中で、会社が加入していた民間の死亡保険は請求から程なく支給されたのですが、労災認定にはさらに時間がかかるようです。死亡の事実をもって認定されるような仕組みではないのでしょうか。【長野・O社】

## A. 遺族関係は4カ月が目安　事故や病気で判断異なる

### 労災認定にかかる時間

業務上、当該作業を起因として負傷疾病を生じた場合、必要な給付を受けるために労災保険があります。業務起因である証明がスムーズに示され、事業主も躊躇なく労災申請に協力するなどの要件が整えば、申請から1カ月以内で認定されることもありますが、認定に相当な時間を要するケースもあります。

こうした事件が発生した際に、どのように労災申請がなされ、認定に至るのかをみていきます。

## 労災申請の手順

労災保険の申請手続きは、労働者自身または遺族が労基署に労災保険給付の支給請求をし、労基署長が支給決定をします。ただ、本人が請求困難な場合に、事業主の助力義務があります（労災則23条）。

労基署は、労災申請した労働者と事業主双方からの聴取、資料提出などを求め、さらに医療機関から、症状や治療の経過に関して意見や追加資料の提供を求めることもあります。以上を経て、当該災害において、業務遂行性および業務起因性があると判断されれば、労災として認定され、労災給付を受けられることになります。

一般的に、精神障害は、外部ストレスとそのストレスへの個人の対応力の強さとの関係で発病に至ると考えられています。発病した精神障害が労災認定されるのは、その発病が、業務による強い心理的負荷が認められ、業務以外の負荷や個体側要因により発病したとは認められない場合に限られます（心理的負荷による精神障害の認定基準）。この場合、仕事によるストレスが強かったとしても、同時に私生活でのストレス、被災者の既往症等が関係している場合には、当該疾病の原因が何であるかを医学的に判断しなければなりません。

また、長時間労働が精神障害を発病したとされる場合、労災認定には長時間労働の事実を証明する必要が出てきます。しかし、事業主によっては出勤簿・タイムカード等が整備されていないケースも少なくなく、メールの記録の確認、パソコンのログイン履歴の解析などを通して、証拠の収集と整理に時間がかかることになります。

労災法に基づく各種保険給付の請求に対する決定は、行政手続法に規定する「申請に対する処分」であることから、同法に基づく標準処理期間の規定等が適用される（厚労省「労災保険給付事務取扱手引」）と解されています。主な期間は右表のとおりです。

| 保険給付の種別等 | 標準処理期間 |
|---|---|
| ①療養（補償）給付の決定、休業（補償）給付の決定、障害（補償）年金の改定・支給停止の解除、遺族（補償）年金の改定・転給・支給停止の解除、障害（補償）年金差額一時金、未支給の保険給付（支給決定はあったが支払われていないもの）の決定、二次健康診断等給付の決定（⑤の場合を除く） | 1カ月 |
| ②介護（補償）給付の決定 | 1.5カ月 |
| ③障害（補償）給付の決定、障害（補償）年金前払一時金の決定 | 3カ月 |
| ④遺族（補償）給付の決定、遺族（補償）年金前払一時金の決定、葬祭料および葬祭給付の決定（⑤の場合を除く） | 4カ月 |
| ⑤疾病に係る療養（補償）給付の決定、休業（補償）給付の決定、遺族（補償）給付の決定、遺族（補償）年金前払一時金の決定、葬祭料及び葬祭給付の決定、特別遺族給付金の決定 | 6カ月（精神障害は8カ月）疾病のうち包括救済規定に係るものは標準処理期間を定めない |
| ⑥未支給の保険給付（①の場合を除く）の決定、業務災害・通勤災害に関する特例給付の決定 | それぞれ該当する保険給付による |

　一方、後遺障害については、仕事による病気やケガが治癒した段階で、厚生労働省の定める障害等級のいずれかに該当する場合に認定されることとなっています。

　後遺障害と認定されるためには、まず、本人が、医師に後遺障害診断書を書いてもらう必要があります。後遺障害の内容はさまざまで、身体の部位や症状の程度に応じて規定があり、認定に際し医師による慎重で確実な診断が求められます。続いて、本人等が、必要資料を添えて所轄の労基署長に「障害補償給付支給請求書」を提出します。そして、労基署にて後遺障害等級に該当すると判断した場合、支給が決定されます。

　この判断に際し、どの等級に当たるか等認定が難しい場合、調査官による聞き取り、医師による確認など、申請から認定まで時間を要することになります。

# 保険給付関係

## Q21 休業補償給付をどう調整　片方だけ年休取得 ダブルワーカー保護で

　ダブルワーカーへの保護が強化され、ケガ等で休んだとき、本業・兼業分を合わせて保険給付が出る規定に変わりました。そこで疑問ですが、被災した従業員が、先に年休の消化を希望するケースがあります。片方の会社で年休があっても、もう片方ではまだ権利が発生していないときは、1社分だけ年休を取得する形となります。こうした場合、休業補償給付はどうなるのでしょうか。【栃木・A社】

## A. 法改正により調整措置が

　休業補償給付は、「業務上の傷病の療養のため労働できず、賃金を受けない日の第4日目から」支給されます（労災法14条）。1社だけで働く従業員がケガし、年休を取得する間、100％の賃金が支払われます。「賃金を受けない日」に該当せず、休業補償給付は支給されません。

　ダブルワーカー（複数事業労働者）がケガし、双方の会社で年休を取得する場合も、考え方は基本的に同じです。しかし、ご質問にあるように、片方だけで取得するケースもあり得ます。

　改正前の労災法では、全日休業ではなく、一部就労の際、保険給付を調整支給する規定を設けていました。条文では、「所定労働時間のうち一部分についてのみ労働する日は、給付基礎日額から労働に対して支払われる賃金を控除して得た額の100分の60の額を支給

する」としていました（労災法14条1項ただし書き）。

　この場合、「労働不能の時間について全く賃金を受けないか、あるいは『平均賃金と実労働時間に対して支払われる賃金の差額』の60％未満しか受けない」日を「賃金を受けない日」とみなします（労災法コンメンタール）。

　改正後（令和2年9月施行）は、ダブルワーカーが1社だけで年休を消化する場合等を想定し、ただし書きの文言を修正しています。調整の対象となる日については、「所定労働時間のうち一部分についてのみ労働する日若しくは賃金が支払われる休暇（部分算定日）」と定義されました。

　その趣旨について、改正時の解釈例規（令2・8・21基発0821第1号）では、「一の事業場で有給休暇を取得するなどして一部の賃金を受けつつ、他の事業場において無給での休業をして、『賃金を受けない日』に該当する場合があり得る」ためとしています。

## Q22 特別加入で休業補償は　65歳からの就業確保

　　65歳以降を業務委託等も可能としたときですが、労災保険は特別加入を勧めようと考えています。特別加入者が丸々1カ月休むと、保険給付は何日分出るのでしょうか。【三重・G社】

## A. 「労務不能」期間に支給

　65歳からの就業確保措置（努力義務）として、フリーランス契約等も選択肢の1つとなっています（高年法10条の2第2項）。労働者ではありませんが、特別加入が可能な事業となっています（労災則46条の17第9号）。保険料率は0.3％です。

　特別加入するときには、1日当たりの給付基礎額を選択したうえで、これに365を乗じた額が保険料算定基礎額となります（労災則

46条の20)。保険料算定基礎額に保険料率を乗じた額が年間の保険料になります。

　休業補償給付に関して、通達（昭40・11・1基発1454号など）では、所得喪失の有無にかかわらず、療養のため「業務遂行性が認められる範囲の業務または作業について」全部労働不能であることが支給事由となるとしています。特別加入者の休業補償給付（特別支給金）も様式8号を用いるのは同様です。厚生労働省のパンフレットでは、20日休業した場合に、待期期間（3日）を差し引いた例を示していますが、これは文字どおり20日休業した例ということでしょう。

## Q23 休業給付がなぜ減額に？　200円の根拠知りたい

　従業員が通勤途中に駅の階段で転倒してしまい、療養・休業中です。先日、第1回目の休業給付は支給されましたが、支給金額を確認すると200円減額されているとのことでした。この200円の減額というのは何の規定に基づくものでしょうか。教えてください。【香川・S社】

## A. 支配管理下にない影響が　第三者災害は控除なし

　ご質問の200円は、通勤災害による休業給付支給に当たって一部負担金相当額が減額されているものです。

　通勤災害については、業務災害とは異なり事業主の支配下、管理下で発生するものではなく、事業主にその防止責任を問えないものと判断されるため、通勤災害に関する療養給付を受ける労働者も費用の一部を負担することとされています。

### 1　一部負担金とは

　一部負担金の額は、原則として200円とされ、健康保険の日雇特

別被保険者については 100 円とされていますが、その額が、現に療養に要した費用の総額を超える場合には、現に療養に要した費用の総額に相当する額が一部負担金の額とされています。

一部負担金の納付義務者は、療養給付を受ける労働者です。したがって、通勤災害によって即死した労働者には、療養給付がないため一部負担金を納付する義務が生じる余地はありません。

通勤災害により療養給付を受ける労働者から一部負担金を徴収する旨は、労災法 31 条 2 項に規定されています（参考 1）。

**参考 1**

---

第 31 条
② 政府は、療養給付を受ける労働者（厚生労働省令で定める者を除く）から、200 円を超えない範囲内で厚生労働省令で定める額を一部負担金として徴収する。ただし、第 22 条の 2 第 3 項の規定により減額した休業給付を受けた労働者については、この限りではない。
③ 政府は、前項の労働者から徴収する同項の一部負担金に充てるため、厚生労働省令で定めるところにより、当該労働者に支払うべき保険給付の額から当該一部負担金の額に相当する額を控除することができる。

---

これは、通勤災害については、事業主の支配下、管理下で発生するものではなく使用者の無過失補償責任を基盤とする業務災害とは性格を異にすること、また、保険給付の財源については事業主が保険料の全額を負担することとなっているが通勤災害保護制度の受益者である労働者も一部負担金のかたちでこれに要する費用の一部を負担することが公平の見地から妥当であると考えられたためです。

## 2 徴収の除外対象

一部負担金の徴収は次の者は除外されています（労災則 44 条の 2 第 1 項）。

① 第三者の行為によって生じた事故により療養給付を受ける者
② 療養の開始後 3 日以内に死亡した者その他休業給付を受け

ない者

③　同一の通勤災害に係る療養給付について既に一部負担金を
納付した者

④　特別加入者

通達（昭52年・3・30基発192号）によって、「一部負担金の
徴収規定は特別加入者には適用がなく、療養給付を受ける場合にも
一部負担金は徴収されない」ことになっています。これは、特別加
入者は保険給付の財源となる労災保険料を納めている点が労働者と
相違しているというのがその理由と思われます。

## 3　徴収方法

一部負担金については受給者および事務処理の便宜を考慮して、一
部負担金を納付すべき者に支給する休業給付の額を一部負担金相当
額だけ減額して一部負担金の徴収にかえることができることになっ
ています（昭和51年改正法、参考2）。

**参考2**

> 第22条
> ③　療養給付を受ける労働者（第31条第2項の厚生労働省令で定める者を除く）
> に支給する休業給付であって最初に支給すべき事由の生じた日に係るものの額
> は、（中略）同項の額から第31条第2項の厚生労働省令で定める額に相当する
> 額を減じた額とする。

**Q24** 休業給付の期間いつまで　1年半で切替えと聞く

　従業員が一昨年、転落事故によってせき髄損傷の重傷を負って療養、休業中です。いまだ当分の間、現在の状況が続くものと思われますが、労災保険による療養（補償）等給付・休業（補償）等給付がいつまで継続して受給できるのか心配しています。労災保険には療養開始後1年6カ月経過しても治っていない場合には年金に切り替わる制度があると聞きましたが、手続きとして何か必要なのでしょうか。詳細を教えてください。【高知・D社】

**A.** 定期に診断書出して判断　傷病年金は職権で決定

　労災保険による療養の給付が行われる期間については、その傷病が療養を必要としなくなるまで行われますし、休業にかかる給付についても、①療養のため、②労働することができず、③労働不能であるために賃金が受けられないという支給要件を満たしている期間において継続して給付が行われます。

　休業（補償）等給付については、①②③の要件に該当して、療養開始後1年6カ月が経過した際に傷病の状態が傷病等級に該当する場合には、休業（補償）等給付は支給されなくなり、傷病（補償）等年金に切り替わることになります。

### 1　労災保険給付が行われる期間

　労災保険による療養の給付、休業に対する給付については、それぞれ支給要件がありますが、支給要件に該当して所定の保険給付が行われる場合、支給される期間の定めはありませんので、支給要件を満たしている期間は所定の手続きのうえ給付を受け続けることができます。

## 2 療養が長期化し、傷病の程度が重篤である場合

業務災害または通勤災害による傷病の程度が重度であり、療養開始後1年6カ月を経過した日またはその日以後に、一定の要件に該当した場合には傷病（補償）等年金が支給されることになります。

傷病（補償）等年金は、傷病の程度が重度である場合においては、その後も引き続き長期にわたって療養、休業を要することが通例である等の理由から設けられた制度です。

## 3 傷病（補償）等年金に該当した場合における、その後の療養の給付、休業に対する給付

療養開始後1年6カ月を経過した日またはその日以後において傷病（補償）等年金が支給されることになった場合にも療養の給付は継続して行われ、休業（補償）等給付が年金としての給付に切り替わることになります。また、支給要件に該当しない場合は、休業（補償）等給付が継続して支給されますが、引き続き休業（補償）等給付を受けていると、毎年1月中の請求時に労働基準監督署長から、「傷病の状態等に関する報告書」の提出を求められますので、その際に主治医の診断書等を提出することになります。

## 4 傷病（補償）等年金が支給される一定の要件とは

傷病（補償）等年金は次の支給要件に該当した場合に支給されます。
①　その傷病が治っていないこと。
②　その傷病による障害の程度が傷病等級表の傷病等級に該当すること。

## 5 手続きについて

傷病（補償）等年金の支給・不支給の決定は労働基準監督署長が行うため、受給者が請求手続きを行う必要はありません。労働基準

監督署長から「傷病の状態等に関する届」の提出を求められた場合に、医師の診断書、厚生年金等の加入及び受給状況等の届等を添付したうえで提出することになります。

## 6 傷病等級ごとの特別支給金を含めた給付額（下表参照）

| 傷病等級 | 傷病（補償）等年金 | 傷病特別支給金<br>（一時金） | 傷病特別年金 |
|---|---|---|---|
| 第1級 | 給付基礎日額の<br>313日分 | 114万円 | 算定基礎日額の<br>313日分 |
| 第2級 | 〃　　277日分 | 107万円 | 〃　　277日分 |
| 第3級 | 〃　　245日分 | 100万円 | 〃　　245日分 |

## 7 傷病（補償）年金受給後の報告

　毎年1回（6月または10月）、労働基準監督署に対して、原則、定期報告を行うことになります（労災則21条）。また、障害の程度が増悪するなどで、該当していた傷病等級と別の等級に該当することになった場合には、「傷病の状態の変更に関する届」を労働基準監督署へ提出する必要があります。

# 第3章
# 雇用保険法編

総則関係

保険給付関係

# 総則関係

 単純にカウントしていく？　受給資格の緩和で
欠勤期間が点在するとき

メンタル不調で断続的に欠勤している従業員がいます。同僚の話では「退職も考えている」とのことで、本人と話合いの場を持つ予定です。退職後の失業給付についても説明する予定ですが、受給資格の点で疑問があります。病気欠勤で賃金支払いがない期間は「受給要件の緩和」の対象になるといいます。欠勤期間が「飛び飛び」に存在する場合でも、単純に加算して考えれば良いでしょうか。【岡山・Ｅ社】

## A. スパン30日未満は加算へ

基本手当の受給資格は、原則、離職の日以前2年間に被保険者期間が12カ月以上あれば発生します。しかし、この方は離職の原因が「心身の障害、疾病」なので、特定理由離職者となる可能性があります。この場合、「1年間に6カ月以上」で条件を満たします（雇保法13条）。

被保険者期間が必要条件を満たすか否かを判定する算定対象期間（前記の2年間または1年間）は、「疾病・負傷等の理由により引き続き30日以上賃金の支払いを受けることができなかった」ときは、その日数分が延長されます（最長4年間）。これを「受給要件の緩和」と呼んでいます。

受給期間の延長（要件の緩和）が認められる理由として、疾病・負傷等のほか、事業所の休業、出産、事業主の命による外国勤務等が挙げられています（雇保則18条）。

たとえば、病気で50日休み、出産で98日休んだとすれば、合計148日の延長が認められます。もちろん、同一事由間による通算も可能です。

ご質問の方ですが、メンタルヘルス関連の疾病で断続的な欠勤期間があるとのことです。受給要件の緩和が認められるのは、「引き続き30日以上」賃金を受けられないことが条件です。ですから、30日未満の休業期間が「飛び飛び」で存在しても、「単純な加算」はできません。

ただし、次の要件を満たすときは、通算可能とされています（雇用保険業務取扱要領）。

① 基本の2年（1年）の間に緩和要件に該当する理由で欠勤控除あり

② 途中で中断した期間（同一理由に基づく2つの欠勤控除期間の間）が30日未満である

この条件に照らし、通算可能な期間をチェックすれば、受給資格が得られるか否か、おおよその予測がつくはずです。

 **出向時に資格得喪？　雇用保険の被保険者**

副業・兼業を許可制とするうえで、雇用保険の扱いがよく分からなくなりました。雇用関係が2社との間にあるものとして在籍出向があります。在籍出向も厳密には「主たる生計維持関係」に基づき、資格の得喪などが関係してくるということでしょうか。【千葉・D社】

## A. 「元」などで賃金集約を

在籍出向の場合も、その者が生計を維持するに必要な主たる賃金を受ける一の雇用関係すなわち主たる雇用関係についてのみ、その

被保険者資格を認める（雇用保険業務取扱要領）とあります。2以上の事業主に雇用される場合と同じ考え方です。

　仮に、「元」の被保険者資格を喪失した後に離職した場合でも、「元」の被保険者期間とその後の被保険者期間とを通算することにより受給資格等を満たします。「元」と「先」の双方から賃金が支払われる場合、当然に合算されず、被保険者資格を保有する事業所で支払った賃金のみが基礎となります。

　2以上の事業主の適用事業に雇用される者は、賃金支払関係をいずれか一方の事業主に集約して処理するのが望ましいとしています（前掲要領）。

## Q3　区分変更が必要か　労働時間を見直し

　1年間の有期雇用をする従業員の週所定労働時間を期間満了のタイミングで見直すことになりました。古参の従業員から、雇用保険は区分変更の手続きが必要だとの意見がありました。どうなのでしょうか。【京都・T社】

## A.　手続き不要で資格継続

　雇用保険の一般被保険者の資格取得手続きをするうえで、週30時間以上と、20時間以上30時間未満で区分が異なります。様式をみると、週30時間以上は、「その他」（フルタイムの常用労働者）や「有期契約労働者」になる可能性があり、週20時間以上30時間未満は、「パートタイム」といった形です。パートは、週の所定労働時間が、同一の適用事業の通常の労働者に比べて短く、かつ、30時間未満をいいます（雇保法6条1号の2）。

　平成19年の雇保則改正までは被保険者の種類に関して「区分変更」がありましたが、現在、短時間・短時間以外の区分はなくいずれも

一般となります。本件に関しても手続き規定は見当たりません。

　その他、有期契約の契約期間の終了ではありますが、週20時間以上で次の雇用が開始されることが見込まれる場合は、被保険者資格は継続です（雇用保険業務取扱要領）。

 **賃金日額に影響？　1度だけ賃金締切日変更**

　当社には近々退職する従業員がいます。基本手当について調べていますが、4カ月前に、その月だけ1カ月限定で、賃金締切日を15日から10日へ変更したことがありました。基本手当の日額の算定に用いる賃金日額の計算に何か影響はあるのでしょうか。【長野・T社】

## A.　2月扱いのルール存在

　賃金日額は、原則、月給制では、賃金締切日から次の締切日までを指す賃金月に基づき、①期間が満1カ月かつ賃金支払基礎日数が11日以上の賃金月を「完全な賃金月」とし、被保険者期間の最後の完全な6賃金月を数え、総額を180で割ります（雇保法17条、雇用保険業務取扱要領）。①が5月以下などの際は、②賃金支払いの基礎となった時間数が80時間以上の賃金月、③賃金支払基礎日数÷賃金月の期間が30分の11以上の賃金月の順で、180日に達するまでの期間で計算します。

　締切日が1回だけ変更され後に戻るときは、変更があった賃金月と直後の賃金月の合計が満2カ月、かつ各賃金月が③を満たす場合、この2つを完全な2賃金月と扱います。締切日の変更が継続する際は、原則どおり①〜③の順で選びます。

再就職までの空白不利？　被保険者期間通算したい

　　今の会社に入って半年ほど経ちますが、仕事の内容は期待外れです。退職して、もう一度職探しをしたいと考えています。前回の離職時には、被保険者日数が足りず失業給付は受給しませんでした。今回、前職分と通算して、失業給付の申請ができるのでしょうか。前回の離職から再就職まで、かなり空白期間がありますが、問題ないでしょうか。【佐賀・N生】

## A. 最長でも「1年」が限度　所定給付日数もリセット

　　自己都合退職の場合、失業給付（基本手当）を受給するためには、「離職の日以前2年間に被保険者期間が12カ月以上ある」ことが条件となります（雇保法13条）。離職日からさかのぼって被保険者であった期間を1カ月ごとに区切っていき、それぞれの1カ月間に賃金支払基礎日数が11日以上ある場合、被保険者期間1カ月とカウントします（ただし、この計算方法により、受給資格を満たさないときは賃金支払基礎時間80時間以上の月を1カ月とカウント）。

　　短期間に離転職を繰り返した被保険者については、「前回、離職時に受給資格を得ていない」ことを条件に、被保険者期間の通算が可能とされています（雇保法14条）。つまり、2枚以上の離職証明書を提出し、受給資格の認定を受けることができます。

　　ご質問者は、「前回の離職から再就職まで、長い空白期間」がある点を心配しておられるようです。被保険者期間ではなく、算定基礎期間の通算については、空白期間1年未満という制限が課されています（雇保法22条3項）。

　　算定基礎期間とは、所定給付日数を決める際に基準となる期間で、原則として被保険者として在籍していた期間を指します。

　　一方で、ご質問にある被保険者期間の通算に関しては、空白期間

の長短について明文の規定は置かれていません。それでは、空白期間の長さに制限はないかというと、そうではありません。

冒頭で引用したとおり、受給権を得られるかどうかを判定する期間（こちらは「算定対象期間」といいます）は、原則「離職の日以前2年間」です。この2年間は、「疾病等により引き続き30日以上賃金の支払を受けられなかったとき」は、その期間が2年間に加算されます（最長4年まで）。

仮に、在職中、病気で賃金を受けない期間が2年あったとします。この場合、算定対象期間は最長の4年となります。

受給資格を満たすには、被保険者期間が12カ月（1年）必要です。

> 4年（算定対象期間）－2年（賃金を受けない期間）－1年（被保険者期間）＝1年

ですから、空白期間は最大限でも1年が限度となります（それぞれの月数に端数があるときは、空白期間は1年より短い）。

## Q6 空白期間あると不利益 !?　出向前後の被保険者期間

出向と介護休業給付に関し、出向に際して被保険者期間に空白期間がある場合は、同日得喪とは何か違う扱いになるのでしょうか。出向者にとって、不利益が生じたりするのでしょうか。【鳥取・P社】

## A. 喪失前の端数に給付なし　受給資格は再確認しない

出向に際し、通常は、「出向元で雇用保険資格を喪失する日」と「出向先で資格を取得する日」が同じとなります（同日得喪）。被保険者期間に1日の空白もなく、介護休業を引き続き取得する場合には、休業は一体のものとして取り扱われます。

しかし、諸般の事情により、出向元と出向先の雇用期間が連続し

ないケースもあります。そうした場合、介護休業は一体とみなされず、出向元で新たな休業が開始されたとものとして取り扱われます。

　介護休業給付については、①4回目以後の休業、②取得日数合計が93日以上の休業は、支給対象とならないとされています（雇保法61条の4第6項）。新たな介護休業は、この範囲内で申請が可能となります。なお、新たな介護休業に関しては、あらためて受給資格の確認（休業前2年間にみなし被保険者期間が12カ月以上あるか否か）は行いません。この点は、同一の事業主の下で、休業を分割取得するときと同様です。

　空白期間を挟んで出向した場合、介護休業期間は「出向前の休業」と「出向後の休業」に分けて申請します。

　出向前の休業については、出向前の事業主が、賃金月額の届出と支給申請の双方を行います。手続きの窓口も、出向前の事業主を管轄するハローワークとなります。

　一方、出向後の休業に関しては、出向後の事業主が、その管轄のハローワークで手続きをします。

　注意が必要なのは、休業給付金の対象となる期間（支給単位期間）の数え方です。

　出向前の介護休業が、1カ月と10日だったとします。この場合、出向前の介護休業開始日から1カ月が最初の支給単位期間となります。その後の端数（10日）は、「喪失日の直前の応当日から、喪失日の前日（離職日）までの1カ月未満の期間である」ので、支給単位期間となりません（雇用保険業務取扱要領）。

　次に、出向後の介護休業は、出向後の休業開始日を起算日として計算します。出向後の介護休業が1カ月と20日だったとすれば、出向前から通算して第2の支給単位期間が1カ月、第3の支給単位期間が20日という区分けになります。出向前の休業期間の一部が、支給対象から除外される形となるので、その点については、先に出向者の了解を求めておくとよいでしょう。

被保険者期間でなぜ特例　育児休業給付の関係

令和３年の改正雇保法の資料を読んでいますが、育児休業取得者の「みなし被保険者期間」の計算について、特例が設けられたとあります。しかし、具体例をみると、かなり特殊なケースのような印象を受けます。特例を設けたのはどのような趣旨なのでしょうか。【広島・Ｉ社】

## A. 雇用期間短い場合を救済　産休開始日からカウント

令和３年の「育介法等の一部を改正する法律」に基づく雇用保険法改正について、同法は令和３年６月９日に公布されましたが、ご質問にある「みなし被保険者期間の特例」に関する部分は、令和３年９月１日から施行されています。

対象となるのは、「産後休業をした被保険者であって、みなし被保険者期間が12カ月に満たないもの」（改正後の雇保法61条の７第３項）とされています。

育児休業給付を受ける要件として、「休業を開始した日前２年間（傷病等により引き続き30日以上賃金の支払を受けることができなかった被保険者は、その日数を２年間に加算した期間（最長４年））に、みなし被保険者期間が12カ月以上あること」が挙げられています。みなし被保険者期間は、賃金支払基礎日数11日以上（12カ月に満たないときは賃金支払基礎時間80時間）の月を１カ月とカウントします。

この説明だけを読むと、４月１日に入社し、翌年３月31日まで勤務すれば、賃金支払基礎日数11日以上の月が12カ月となり、その時点で育児休業給付金の権利が確定するように思えます。しかし、これまでの規定には「落とし穴」がありました。

みなし被保険者期間の計算は、「育児休業の開始日」からさかのぼっ

て、1カ月ごとの期間を区切り、それぞれの期間に賃金支払基礎日数等の条件を満たすか否か確認します。例えば、産休開始日が4月5日、育休開始日が6月26日とします。

　産休開始前後で、「みなし被保険者期間の対象となる月の区切り」は3月26日から4月25日までとなります。この方は4月4日まで10日しか働いていないので、この月はみなし被保険者期間1カ月とカウントできず、結果的に12カ月の要件を満たさなくなります。

　一方、同じ4月5日に産休を開始し、育休開始が4月14日とします。「みなし被保険者の月の区切り」は3月14日から4月13日までとなります。就労日は22日となり、楽々、賃金支払基礎日数の要件をクリアできます。同じ4月1日入社、翌年4月5日産休開始でも、天と地の差があります。

　こうした不合理を解消するため、「育休開始日から起算すると12カ月の要件を満たさないときは、産休開始日を起算点として再チェックする」（それで要件を満たせば、育休給付を支給する）という救済措置が設けられたものです。

 **主たる賃金で判断か　雇用「以外」の副業許可**

　副業・兼業の許可に当たり、雇用「以外」という条件付きにしています。仮に本業の収入を上回る状況になれば、雇用保険の被保険者資格は「主たる賃金」をどこで得ているか判断するのが正しいのでしょうか。【兵庫・Ｉ社】

## A. 被保険者資格本業で継続

　雇用保険の被保険者となるのは、法6条各号の適用除外に該当する者以外のもの（法4条）です。週の所定労働時間が20時間未満、継続して31日以上雇用されることが見込まれない者等は、適用が除

外されています。

　副業・兼業で同時に2以上の雇用関係にある労働者について、仮に、両社で雇用保険の被保険者資格の要件を満たしたときでも、二重に加入するわけではありません。「原則として、その者が生計を維持するに必要な主たる賃金を受ける雇用関係」についてのみ被保険者となります（雇用保険業務取扱要領）。

　本業が雇用、副業が自営等の非雇用のとき、同時に2以上の雇用関係にはありません。従前は、「雇用（本件では本業）によって得る賃金が、生計維持に必要な主たる賃金かどうか」に留意するとしていたところ、現在は、収入にかかわらず「適用事業の事業主の下での就業条件が被保険者となるべき要件を満たす場合には、被保険者」（前掲要領）となっています。

 **副業兼業の手続き必要か　被保険者範囲が拡大に**

> 　当社には、他社と掛け持ちで働く従業員が何人かいます。他社が本業、当社が兼業という形になります。ダブルワーカーも一定条件を満たす場合、2つの会社で同時に雇用保険の被保険者になることが可能になったと聞きます。当社として、掛け持ち従業員を対象として、何らかの手続きを採る必要があるのでしょうか。
> 【香川・G社】

## A. 対象は65歳以上限定　本人希望すれば加入

　雇用保険では、「生計を維持するに必要な主たる賃金を受ける雇用関係」についてのみ、被保険者とするのが原則です。

　他社が本業、貴社が兼業という場合、雇用保険加入の手続きが必要なのは本業である他社の方です（本業の雇用関係については、「週の所定労働時間20時間以上」等の要件を満たしている必要がありま

す）。

　しかし、令和2年3月31日に公布された「改正雇用保険法」により、ダブルワーカーの二重加入に関する特例が創設されました。特例加入が認められる要件は、次の3点です（雇保法37条の5）。施行は、令和4年1月1日です。

　　①　2以上の適用事業に雇用される65歳以上の者である
　　②　1つの適用事業の週所定労働時間が20時間未満である
　　③　2つの適用事業の所定労働時間合計が20時間以上である

　③労働時間合算の対象となるのは、週所定労働時間が5時間以上の事業所です（雇保則65条の7）。また、3以上の事業所で働くときも、合算するのは「そのうち2つ」に限られます。

　貴社の兼業者については、上記の条件をすべて満たす場合に、高年齢被保険者となることができます。本業の所定労働時間だけで週20時間以上のとき、貴社の所定労働時間が週5時間未満のときなどは、加入の要件を満たしません。また、現時点では、65歳未満は対象外です。

　高年齢被保険者となるか否かは、本人の選択に委ねられています（本人の「申出」が前提）。雇用保険加入を希望するときは、本人が手続きを採る形となります。会社は、「必要な証明を求められたときには、速やかに証明する」立場にあります（雇保則65条の5）。貴社も手続きに協力するほか、関連する情報を提供するなど便宜を図ってあげるとよいでしょう（厚労省の「申請パンフレット」も参照ください）。

　加入資格を満たさなくなった場合や転勤した場合等も、基本的に手続きするのは本人です（65条の8、65条の10）。

　特例加入者も、2つの事業所で同時に休業するときは、育児・介護休業給付の申請ができます。この場合も必要書類を提出するのは本人ですが、事業主は自己の事業所分の休業開始時賃金証明書に関する手続きを採る必要があります。

マルチジョブホルダー手続きをどう行うのか
副業始め該当したら

令和４年１月から、雇用保険のマルチジョブホルダー制度が始まりました。当社でも、一部、週の労働時間が短く、雇用保険に加入させていない従業員がいます。今後、そうした従業員を採用し、当社と他社を合わせマルチジョブホルダーの要件を満たした場合、加入手続きを採るという理解で良いでしょうか。すでに当社で働いている人が、さらに副業を始めたときはどうなるのでしょうか。【福岡・Ｄ社】

## A. 本人が希望し職安へ申出

雇用保険では、複数の事業所に勤めるときも、「生計を維持するに必要な主たる賃金を受ける雇用関係についてのみ被保険者となる」のが原則です。しかし、令和４年１月１日から、特例としてマルチジョブホルダー制度がスタートしています（雇保法37条の５）。対象となるのは、次の条件を満たす場合です（厚労省パンフ）。

①　複数事業所に雇用される65歳以上の労働者である

②　２つの事業所（１事業所の週所定労働時間が５時間以上20時間未満）を合計し、週所定労働時間が20時間以上である

③　２事業所の雇用見込み期間がそれぞれ31日以上である

ただし、①～③の条件を満たしても本人の申出がなければ被保険者となりません。ですから、「貴社で採用時に①～③の要件に合致」「貴社の従業員が副業を始めることにより①～③の要件に合致」し申し出るケースのほか、「既に①～③の要件に合致」する従業員が、任意の時点で申し出ることにより加入が必要になるケースが考えられます。

こうした仕組みのため、「ハローワークへ申出を行った日から被保険者となる（就職日等へ遡及加入は不可）」（厚労省Ｑ＆Ａ）となっ

ています。

　また、通常の被保険者届と異なり、資格取得届の届出者はマルチ高年齢被保険者本人となります（本人住所地のハローワークに提出）。しかし、前記②③の要件に合致するか否かは、２つの事業所それぞれから確認を取る必要があります。このため、本人が申出する際には、本業・副業にかかわらず、両方の事業主が資格届の所定欄に証明しなければなりません（必要書類の写しも提供）。その後、ハローワークから事業所宛に「資格取得確認通知書（事業主用)」が送付されてきます。

 **分割取得の期限は？　介護休業２回目に当たり**

　１年前に初めて介護休業を１カ月取得し、介護休業給付金を受給した従業員がいます。その介護した家族の状態が悪化したことから、２回目の介護休業を考えているという相談がありました。分割取得のスパンについて、期限は設けられているのでしょうか。
【茨城・Ｋ社】

## A. 設けられておらず要件満たせば

　介護休業給付金は、負傷、疾病または身体上もしくは精神上の障害で、２週間以上にわたり常時介護（歩行、排泄、食事等の日常生活に必要な便宜を供与すること）を必要とする状態にある対象家族を介護するための休業を取得し、事業主に申出をして実際に休業したときに支給されます（雇保法61条の４）。同一の対象家族につき介護休業を分割して取得しても、93日を限度に、３回目まで対象となります。支給の可否は、休業開始日またはその応当日から翌月の応当日の前日までを指す支給単位期間ごとに判断されます。

　同一の対象家族に関する２回目以降の取得については、いつまで

に取得しなければならないという期限は設けられていません（東京労働局）。対象家族の状態などの要件を満たせば、支給対象となります。

# Q12 押印手続き廃止に!?　離職票の失業理由欄

請求書等の押印欄が廃止されているというニュースを見聞きします。雇用保険の資格喪失の手続きでは離職証明書に押印する欄があったはずですが、これもなくなってしまったのでしょうか。
【福井・T生】

## A. 本人確認の押印欄なくなる　異議ないか職安が確認

一般的な退職時の手続きをおさらいしますと、事業主が、資格喪失届に離職証明書を添付して届け出ると、ハローワークは、離職票を交付（雇保則 17 条 1 項）します。当該被保険者が離職票の交付を希望しないときは、離職証明書を添えないこともできます（雇保則 7 条、59 歳以上を除く）。

従前、離職者は、7 欄の離職理由について、16 欄で異議の有無を判断して、間違いがなければ 17 欄で記名押印等する、という形でした。雇用保険業務取扱要領の中で様式が変更され、事業主がハローワークに提出する書類から、本人の確認の押印欄はなくなりました。

改正後は、「離職票を受理したときは、離職者に対し、賃金の支払状況、離職理由等の記載内容に異議がないか確認する」、「離職票の 7 欄の記入および 17 欄に氏名の記載がある離職票を受理した場合であっても、その記載内容に誤りがないか改めて確認する」としています。

# 保険給付関係

## Q13 基本手当へ影響あるか　受給中に就労したら短期かつ断続的な場合で

　工場内設備の改修作業を、通常業務の合間を縫って実施します。その方面の経験のある従業員が作業指揮をしますが、「以前に一緒に仕事をしていた仲間に手伝ってもらいたい」といいます。ところが、その仲間の一人が現在、雇用保険を受給中ということです。短期で断続的に就労した場合、基本手当の受給にどのような形で影響が出るのでしょうか。【香川・M社】

## A. 全期間就労扱いになる場合も

　基本手当の受給資格の決定を受けた離職者は、指定された認定日にハローワークに出頭し、失業の認定を受けます（雇保法15条）。原則として4週間を1サイクルとし、出頭日の直前の28日間を対象として「労働の意思・能力を有するにもかかわらず、就職できなかった」日数を確認します。

　その際、受給資格者は「就職または就労した日」を失業認定申告書に記載します。就職・就労した日があれば、その日数を28日から差し引いたうえで、基本手当が支給されます。カットされた日数分の基本手当は権利が失われるのではなく、翌期以降にキャリーオーバーされる形になります（原則、離職の翌日から1年以内）。

　基本的な考え方は、1日ごとに就職・就労の有無を確認するというものです。しかし、日雇でない期間契約の場合、「公休日をどう計算するか」という問題が生じます。

たとえば、この機会に、貴社が「雇用保険を受給中の方」をパート採用したとします。週の労働時間20時間以上、雇用期間見込31日以上等の条件を満たせば、雇用保険の被保険者となります。

　この場合、一の雇用契約に基づいて就労している期間は、「実際に就労しない日（公休日等）」も就労日として取り扱われ、基本手当の支給対象となりません（雇用保険業務取扱要領）。

　被保険者とならなくても、「契約期間7日以上・週所定労働時間20時間以上であって、週の就労日数4日以上」のときは、契約期間すべてが就労日とみなされます。

　それ以外の短期契約なら、「実際に就労した日ごとの契約」とみなして、基本手当の支給日数が決定されます。

　ですから、改修作業に必要な期間・日数も考慮しつつ、どのような内容で労働契約を結べば、本人にとって、もっとも有利になるかを検討する必要があります。

## Q14　基本手当へどう影響　離職前に休職し傷手金

　約半年の休職を経て復職したものの、復職後3カ月ほどで、体力などを理由に退職する従業員がいます。基本手当を検討中のようですが、その額を計算する際、健保法の傷病手当金を受給していた休職期間は何か影響しますか。【岩手・K社】

## A. 被保険者期間に該当せず

　基本手当は、離職日以前2年間の算定対象期間に、被保険者期間が12カ月以上あれば支給されます（雇保法13条）。心身の障害で離職したなど特定理由離職者に当たる場合は、算定対象期間の離職日以前1年間に被保険者期間が6カ月以上あっても対象です。算定対象期間は、疾病、負傷などで引き続き30日以上賃金の支払いを受

けられなかった期間を含むときは、その分延長されます（最大4年）。

　被保険者期間は、原則、賃金支払基礎日数が11日以上ある月を1カ月と計算します。傷病手当金は賃金に該当せず（雇用保険業務取扱要領）、休職で傷病手当金しか受けていない期間は計上しないことになります。

　基本手当の額にかかわる賃金日額は、被保険者期間として計算された最後の6カ月間の賃金総額を180で割って求めます。最後の6カ月なので、被保険者期間に該当しない休職期間はスキップして考えます。

## Q15 傷病手当の申請どうする　求職活動中に病気が再発

　メンタル不調で休みがちだった従業員が、最終的に自己都合退職を選択されました。その後、ハローワークで「負担の少ない仕事」を探しておられたのですが、最近、病気がぶり返したというお話です。雇用保険に傷病手当という仕組みがあるとアドバイスしたいのですが、私自身、手続きのお手伝いをした経験がありません。どのような形で申請を行うのでしょうか。【秋田・I社】

## A. 1カ月超なら治ゆ前も可　受給期間延長する選択も

　基本手当の受給資格者は、ハローワークで原則28日に1回、失業の認定を受けます。失業とは、労働の意思・能力があるのに、就職できない状態をいいます（雇保法4条3項）。

　疾病・負傷のためハローワークに出頭できない場合ですが、その期間が15日未満であれば、証明書を提出することで、失業の認定を受けられます（雇保法15条4項）。疾病・負傷が長期化し、就職できない状態が続くときは、傷病手当を申請できます（37条）。傷病手当の1日当たりの金額は基本手当と同じで、傷病手当を受給すれ

ば、その日数分、基本手当が支給されたものとみなされます（つまり、基本手当の所定給付日数が減ります）。所定給付の残日数がなくなれば、その時点で手当の支給もストップします。

　なお、もう一つの選択肢として、受給期間を延長するという方法も考えられます。

　傷病手当を申請するとして、その場合の手続きですが、基本的には「職業に就くことができない理由がやんだ後の最初の支給日（支給日がないときは、受給期間の最後の日から1カ月を経過する日）」までに、傷病手当支給申請書に受給資格者証を添えてハローワークに提出します（雇保法37条7項）。

　しかし、就職できない状態が1カ月を超えるときは、病気が治る前であっても、申出により、傷病手当の支給を受けることが可能です（雇保則64条）。傷病手当を支給する日はハローワーク所長が定めますが、期間が長期にわたるときは2以上の支給日を指定することもあります（雇用保険業務取扱要領）。

　傷病手当の認定は「本人が出頭」して行うのが基本ですが、郵送や代理人によることも可能です。長期傷病のときは、病状からいって本人の出頭は難しいケースが少なくないでしょう。

　傷病手当を申請する際には、健康保険等と同様に、病院等の証明を受ける必要があります。申請書には、診療担当者の証明欄が設けられていて、「傷病の名称およびその程度」「初診年月日」「職業に就くことができなかったと認められる期間」等を記載し、診療担当者が署名・捺印する体裁となっています。

## Q16 技能習得手当扱いは　一般教育訓練始め離職

　このたび退職することとなった従業員と話をしていたところ、退職後は、公共職業訓練の受講を視野に入れているようです。一方、この人は、半年前から一般教育訓練の給付金の対象となる講座も受講しています。このような場合でも、技能習得手当は支給されるのでしょうか。【熊本・Ｎ社】

## A. 受給資格者が要件なので可能

　技能習得手当は、基本手当の受給資格者が、公共職業安定所長の指示した公共職業訓練等を受ける場合に支給されます。このうち受講手当は、基本手当の支給対象となる日について、日額500円が40日を限度に支給されます（雇保則57条）。

　一方、一般教育訓練給付金は、修了後、受講費用の20％（最大10万円）を一時金として支給する制度です。教育訓練開始日（基準日）までに、同一事業主に被保険者として雇用された期間（支給対象期間）が3年（初回は1年）以上あることが必要です。

　一般教育訓練給付金は、訓練中に離職したり、基本手当の受給資格者となった場合でも、基準日において要件を満たしていれば受けられます（雇用保険業務取扱要領）。技能習得手当の受給要件は受給資格者ですから、公共職業訓練の受講が認められれば、併給可能でしょう。

 **失業認定日を変更か　臨時の仕事で繁忙日　就業手当**

　週１〜３日の契約でアルバイトを雇いましたが、当人は前の会社が倒産したので離職し、基本手当を受給しているようです（当社勤務分は就業手当を申請）。どうしても入ってもらいたい日と失業の認定日が重なりましたが、後者をずらせないでしょうか。【静岡・Ｔ社】

## A. 就職と扱って対象事由該当

　基本手当を受給するには失業の認定を受ける必要があり、原則、離職後最初に出頭した日から起算して４週間に１回ずつ行うとしています（雇保法 15 条３項）。職業に就くためその他やむを得ない理由のため失業の認定日に出頭することができない場合、管轄公共職業安定所の長に申し出ることで、認定日を変更できるとされています（雇保則 23 条１項）。具体的には、就職、求人者への面会、国家資格等の資格試験の受験などです。

　就業手当は、臨時的なアルバイトなど、再就職手当の支給対象となる安定した職業以外の職業に就いた際に支給されます。この「職業に就いた」は就職に該当しますので（雇用保険業務取扱要領）、認定日の変更の対象となります。なお、就業手当は、基本手当の申請と同時に行います。

## Q18　休学などの扱いは　専門実践訓練受講中に

　当社には、専門実践教育訓練を受講しながら働いている従業員がいます。先日話をしていたら、家庭の事情などから、休学を視野に入れているということを聞きました。仮に休学した場合、給付金は受け続けられるのでしょうか。【宮城・Ｔ社】

## A.　修了見込みなし判断へ

　専門実践教育訓練給付金の受給には、教育訓練を開始した日までに、被保険者として雇用された期間などを指す支給要件期間が３年（初回は２年）以上あることが必要です（雇保法60条の２第１項）。

　支給の可否は、訓練開始日から６カ月ずつに区切った「支給単位期間」ごとに判断されます。支給額は、支払った教育訓練経費の50％ですが、資格等を取得、かつ修了後１年以内に被保険者として雇用されると70％まで拡充されます（上限あり）。

　成績不十分のほか、途中で休学などをすると、予定期間内に講座を修了する見込みがないと判断され、当該支給単位期間以降の全期間で不支給となります（雇用保険業務取扱要領）。なお、「以降の全期間」のため、すでに受給した給付金を返還する必要はありません。

## Q19　副業兼業で失業したら　本業を辞めれば給付か？

　ダブルワークで一方を失業したとき、失業等給付は受給できるのでしょうか。本業を離職して被保険者資格を喪失すれば、失業という解釈になるのでしょうか。【大阪・Ｄ社】

# A. 「就職状態」は受給不可

　同時に２以上の雇用関係にある労働者については、原則として、その者が生計を維持するに必要な主たる賃金を受ける雇用関係についてのみ被保険者となります（雇用保険業務取扱要領）。

　本業で被保険者のときに副業を離職しても、本業で引き続き勤務すれば「失業状態」でないのは明らかです。

　次に、本業を離職して、副業で勤務し続けたとします。受給資格の決定の際に就職状態にある場合には、受給資格の決定を行うことはできない（前掲要領）としています。仮に、副業の週所定労働時間が20時間以上などで、新たに副業で被保険者資格を取得すれば、ここでいう就職状態です。なお、被保険者となっている期間以外に関しても、実際に就労した日ごとの契約とみなして取り扱うなど、「就職」に該当するパターンは複数あります。

　一方を失業して保険給付の対象となり得るのは、令和４年１月からの65歳以上を対象とした新制度です（雇保法37条の５）。

## Q20 年休取ると育休給付は？　20日程度の休業を予定

　男性従業員が、短期間ですが育児休業を取得したいといっています。この機会に、たまっていた年休も消化するので、実際に無給で休む期間は20日程度となる予定です。このような短期でも、雇用保険の育児休業給付の対象になるのでしょうか。【奈良・Ｅ社】

# A. 支払限度額あり注意　実際就業なら10日以下に

　育児休業給付は、「支給単位期間」ごとに支給の有無・金額等が決まります。

　支給単位期間とは、「休業開始日またはその応当日から翌月の休業

開始応当日の前日（休業を終了した日の属する月にあっては、休業終了日）までの期間」を指します（雇保法61条の7第4項）。

　基本的には、1支給単位期間は暦月の1カ月となりますが、最後の月には「端数」が生じます。女性の場合、育児休業は産後8週間経過後からスタートしますが、取得可能なのは子が1歳になるまで（さらに2歳までの延長が可能なケースもあります）です。ですから、暦月できれいに割り切れない場合がほとんどでしょう。

　この端数の月についても、育児休業給付金の対象になります。お尋ねの例では、休業期間は20日程度ということです。この場合、休業開始日から休業終了日までが、1つの支給単位期間とみなされます。つまり、暦月フルの支給単位期間は存在せず、「端数の月」のみが生じる形となります。しかし、そうしたパターンでも、もちろん、育児休業給付金の申請は可能です。

　給付金の額は、次のように定められています（雇保法61条の7第5項）。

① 　通常の支給単位期間…休業開始日の前日を離職日とみなして計算した賃金日額相当額（休業開始時賃金日額といいます）×30日

② 　最後の支給単位期間…休業開始時賃金日額×休業開始日から終了日までの日数

普通は、支給単位期間の初日から末日まで休業します。しかし、会社・本人の都合により、部分出勤する可能性もあります。この場合、次の条件を満たせば、全体を休業期間とみなして、給付金が支給されます。

①通常の支給単位期間…就業していると認められる日が10日（10日を超えるときは就業時間が80時間）以下であること。就業していると認められる日とは、全日休業日（土・日・祝日等も含みます）以外の日をいいます。

②最後の支給単位期間…就業していると認められる日が10日（就

業時間80時間）以下で、かつ全日休業日が1日以上あること。

　ただし、支給単位期間でみて、支払賃金と給付金の合計が休業前賃金の80％を超えるときは、超えた分が支給停止となります。ご質問の方については、20日を基準として、出勤日数・支払賃金額等も考慮して、給付金が計算されます。

## Q21　救済の仕組みどうなっている　入社後早くに育児休業　受給要件満たせぬ場合へ

　雇用保険の育児休業給付の要件について、改正が実施されたと聞きます。当社では、以前、入社してすぐの女性従業員が妊娠したけれど、育児休業給付の受給要件（みなし被保険者期間12カ月以上）を満たせなかったという事案がありました。そうしたケースを救済する趣旨と聞きますが、どのような仕組みなのでしょうか。【東京・E社】

## A.　特例で産休開始日を基準

　令和3年6月9日に公布された改正雇保法（改正育介法の一部）の育児休業給付の要件見直しに関する規定は、令和3年9月1日から施行されています。

　育児休業給付は、「育児休業開始日前2年間」にみなし被保険者期間が12カ月以上あることが支給要件の1つです（雇保法61条の7）。みなし被保険者期間は、賃金支払基礎日数11日以上（12カ月に満たないときは賃金支払基礎時間80時間）の月を1カ月とカウントします。

　みなし被保険者期間を計算する起点は「育児休業開始日の前日」となりますが、女性の場合、育休の前に産前産後休業期間が挟まるので、実質的な休業開始日は「産休の開始日」となります。

　開始日前2年間という判定期間については、「疾病、出産等により

雇用保険法

30日以上賃金を受けない期間があるときは、その期間を2年に加算する（最長4年まで）」としています。

　ですから、産休が挟まるとき、判定期間は2年＋産休期間（出産のため30日以上賃金を受けない期間）に延びます。このため、勤続の長い人はほとんど問題ありません。

　しかし、4月に入社した人が翌年4月に産休に入ったとします。産休前に欠勤がない場合、産休日の直前（3月31日）から1カ月ごとに区切っていけば、賃金支払基礎日数11日以上の月を12カ月確保できます。

　一方、育児休業開始日が6月26日とします。育休開始日の直前（6月25日）から1カ月ごとに区切れば、3月26日から4月25日が1単位になります。3月は31日までしか働いていないので、賃金支払基礎日数11日の条件をクリアできません（入社日から4月25日までも満1カ月に満たない）。育休開始日によっては、みなし被保険者期間12カ月の要件を満たさないケースがあるため、そうした場合に「産休開始日」を基準とする特例を設けたものです。

 育休中の出社で給付は？　休業した日数分支給か

　女性従業員（準管理職）が育児休業に入ったのですが、直前の引き継ぎがうまくいかず、休業に入った後も、必要に応じて、飛び飛びで出社する状態が続いています。この場合、雇用保険の育児休業給付は、出社日数に応じて（日数按分で）、減額されるという理解で正しかったでしょうか。【佐賀・K社】

## A. 日ではなく月単位で調整　給付と賃金合算して計算

　改正育介法により、男性従業員等を対象に「出生時育児休業」が創設され、計画的な出社スケジュールにより、一部就労することも

認められるようになります（令和4年10月1日施行）。

　しかし、それ以外の育児休業についても、従来から、「一時的・臨時的な」就労は可能とされていました。その場合の育児休業給付の算定方法についてみてみましょう。

　育児休業給付は、支給単位期間（休業開始日から1カ月ごと区切った期間）ごとに、基準となる金額（休業開始前の賃金日額の50％（180日に達するまでは67％）を乗じた額）に、下記の日数を乗じた額が支給されます。

① 　通常の支給単位期間…30日
② 　最後の支給単位期間（休業開始日から1カ月ずつ区切っていくと、最後の支給単位期間は、多くの場合丸々1カ月ではなく、それ未満の日数となります）…支給単位の開始日から終了日までの日数

　支給単位期間中、就労日数が10日を超え、かつ就業時間が80時間を超えるときは、休業給付金自体が支給されません。しかし、就労日数等が上記基準を満たさないときは、就労しても、それに応じて（日数按分により）給付金の額が減額されるわけではありません（雇保法61条の7第4項）。

　金額の調整に関しては、日数単位ではなく、月単位で処理する規定となっています（同条5項）。育児休業給付申請書には、「支払われた金額」を記入する欄が設けられています。この欄には、「支給単位期間中に支払われた賃金（臨時の賃金等を除く）」を記載しますが、「育児休業期間外を対象とする賃金」は除きます（申請書の記載要領）。なお、ここでいう「支払われた賃金」とは自社（雇用保険の被保険者となっている事業所）分を指し、それ以外から払われる賃金は含まないとされています（厚労省パンフレット）。

　「4項の規定により計算された育児休業給付金の額」と「支給単位期間中に支払われた賃金」の合計が、賃金日額に支給日数を乗じて得た額の80％以上であるときは、給付金の額から80％を超える額

をカットします。逆にいうと、就労日数（時間）が少なく、給付金と賃金の合計が賃金日額の80％未満のときは、育児休業給付金は調整なしで全額が支払われることになります。

 出生児育休も給付出るか　分割取得した場合の扱い

　　男性対象に出生時育児休業が創設されるなど、育児休業に関する規定が大幅に変わるようです。雇用保険の育児休業給付ですが、改正に合わせ、分割して取得するようなケースでも、問題なく給付を受けられるのでしょうか。【宮城・G社】

## A. 「180日」は育休と合算　合計4回まで対象に

　育児休業関連の改正は、「育介法及び雇保法の一部を改正する法律」（令和3年6月9日公布）に基づくものです。改正法の名称からも分かるとおり、雇保法も「セットで」修正されています。

　改正育介法では、男性を対象に出生時育児休業制度を設けました（9条の2〜9条の5）。子の出生後8週間のうち、4週間に限って取得が可能で、2回に分割可能です。さらに、既存の（レギュラーの）育児休業についても、分割取得（2回）が認められるようになります。ですから、男性の場合、最高4回に分けて、休業が取得できるようになります。

　これを受け、改正後の雇保法61条の6では、まず、育児休業給付を既存の育児休業給付金（61条の7）と出生時育児休業給付金（61条の8）の2種類に分けました。

　そのうえで、出生時育児休業、既存の育児休業ともに、原則として（特別な事情で育休を再開する場合を除き）、3回目以降の育休は育児休業給付の対象としないというルールを定めました。逆にいうと、出生時育児休業を2回、既存の育児休業を2回取得する場合には、

すべて給付の対象になるということです。

　出生時育児休業給付・既存の育児休業給付は、基本的に「休業開始日前2年以内に、みなし被保険者期間（賃金支払基礎日数が11日以上ある月。ただし、12カ月に不足するときは賃金支払基礎時間が80時間以上ある月）が12カ月以上」ある場合に、支給対象となります。

　この要件を満たすか否かは、「出生時育児休業も含め、複数回育児休業を取得した場合、初回の育児休業の際に」（改正法建議）判断するとされています。

　給付金の金額は休業前賃金の50％（180日までは67％）ですが、この「180日」のカウントは、出生時育児休業期間と既存の育児休業期間を通算します。

　以上の改正に関する施行日は「令和4年10月1日」です。

　このほか、有期雇用労働者については、正規・無期雇用労働者より厳しい要件が課されてますが、その一部が緩和されます。

　過去、「引き続き雇用された期間1年以上」「子が1歳6カ月に達するまで雇用継続（雇用契約の終了・満了が明らかでない）」という要件が課されていましたが、そのうち「引き続き雇用…1年以上」という要件は廃止されました。この部分の施行日は、令和4年4月1日です。

## Q24 支給の要件満たすか　育休直後に介護休業で

　先月まで育児休業を1年取得し育休給付を受けた従業員から、親が急に倒れたので介護休業を取れないかと相談がありました。介護休業給付は受けられますか。【熊本・T社】

## A. 緩和措置を考慮し判断

　育児・介護休業給付の受給には、原則、休業開始日前2年間にみなし被保険者期間が12カ月以上必要です（雇保法61条の4、61条の7）。みなし被保険者期間は、賃金支払基礎日数が11日以上ある月を1カ月と数えますが、12カ月に満たない場合、賃金支払基礎時間が80時間以上の月も1カ月に数えます。

　育児・介護休業給付を受給後、たとえば第2子の育児など、新たな給付を受ける場合、休業開始日前2年をみる際に緩和措置が採られ（雇用保険業務取扱要領）、出産や育児、疾病、負傷などやむを得ない理由で引き続き30日以上賃金の支払いを受けることができなかった期間を2年に加えられます（最大計4年まで）。ご質問のケースは、介護休業開始前2年間と育休期間を足した期間のみなし被保険者期間をみるため、対象となる可能性が高いでしょう。

 **介護休業給付の対象に？　嘱託社員から申出年齢制限はないようだが**

> 　短時間勤務の嘱託社員から、介護休業の申出がありました。いわゆる「老老介護」が社会的問題となっていることは承知しています。育介法でも、年齢の制限は設けられていないようです。会社として認める方針ですが、雇用保険の介護休業給付について疑問があります。そもそも短時間の嘱託社員が休業したとして、給付の対象になるのでしょうか。【長野・M社】

## A. 月80時間以上を要確認

　雇用保険の介護休業給付は、「被保険者が家族を介護するための休業」をした場合に支給対象となり得ます（雇保法61条の4）。

　対象となる被保険者については、従来、「高年齢継続被保険者、短

期雇用特例被保険者、日雇労働被保険者を除く」とされていましたが、平成29年1月から「高年齢継続被保険者」に関する除外規定が削除されています。ですから、年齢に関していえば、60歳代前半の嘱託再雇用者はもちろん、65歳以上の高齢者等も、給付条件を満たせば、介護休業給付を受給できます。

　心配なのは、フルタイムの正社員でなく、短時間の嘱託社員（期間雇用）である点です。「期間を定めて雇用される者」については、「休業開始予定日から93日を経過する日から6月を経過する日まで、契約満了することが明らかでない者」に該当する必要があるとされています（雇保則101条の16第1項4号）。

　介護休業給付を受けるためには、休業開始前2年間にみなし被保険者期間が12カ月以上あることも要件です。短時間社員で欠勤が多いと、この条件を満たさない可能性があります。みなし被保険者期間の計算は、基本手当の規定（雇保法14条）を適用しますが、令和2年8月から「被保険者期間が不足するときは、賃金支払基礎時間80時間以上ある月を1カ月とカウントする」規定に改められている（要件緩和）点は、要チェックです。

## Q26　介護休業中に出向命ず!?　保険給付への影響あるか

　すでに在籍出向の辞令を発していた従業員から、突然、介護休業に入りたいと申出がありました。もちろん、申出には応じますが、休業期間の途中で、出向に切り替わるタイミングとなります。介護休業給付の受給に何か、影響があるのでしょうか。あるいは、出向の日付を、休業期間終了後にズラしたほうがよいのでしょうか。【神奈川・I社】

# A. 元・先で手続き発生する　被保険者資格を得喪

　在籍出向の場合、従業員は出向元、出向先の双方と雇用契約を結ぶ形となります。この場合、「その者が生計を維持するに必要な主たる賃金を受ける一の雇用関係、すなわち主たる雇用関係についてのみ」、被保険者資格が認められます（雇用保険業務取扱要領）。ですから、出向元で被保険者資格を継続するケース、出向先で新たに被保険者資格を取得するケースの2とおりがあり得ます。

　さらに、新たに被保険者資格を取得する際、1日の空白もないケース、1日以上の空白があるケースが考えられます。

　当回答では、1日の空白もなく勤務先の変更が行われ、かつ、出向先で新たに資格を取得する（出向先が主な賃金の支払先となる）という前提で、介護休業給付の取扱いがどうなるかをみていきましょう。

　所属する事業所が変わったことから、介護休業の期間は、出向元で取得した期間と出向先で取得した期間の2つに、分割されます。しかし、雇用保険給付を行うに際しては、「引き続き介護休業が取得された」とみなされます。

　介護休業給付は、休業開始日前2年間にみなし被保険者期間（原則、賃金支払基礎日数11日以上の月、特例として賃金支払基礎時間80時間以上の月）が12カ月以上ある場合に支給されます（雇保法61条の4）。この受給権の有無は、当然、出向前に、休業を開始する時点を基準として判断します。給付のベースとなる賃金も、出向前の事業所での支払実績に基づき算出します。

　給付申請は、休業終了日の翌日から起算して2カ月を経過する日の属する月の末日までに行います（雇保則101条の19）。

　まず、出向前の事業主が、その事業所を管轄するハローワークに休業開始時賃金月額を届け出、被保険者に休業開始時賃金月額証明書を交付します。

次に、被保険者が、出向後の事業主を経由し、その事業所を管轄するハローワークに支給申請を行います。その際、前述の休業開始時賃金月額証明書、出向前事業主の雇用期間に関する確認書類・賃金台帳の写し等も併せて提出します。

なお、介護休業取得に伴い、出向開始日を休業終了日後にスライドさせたときは、出向前の事業主を通して、すべての手続きを行います。

 最低２週間必要か　介護休業給付の条件

介護休業を取得したとき、雇用保険から給付が出るといいます。雇保法をみると、対象家族を介護するための休業とあります。２週間以上休むという条件があるそうですが、どこに書いてあるのでしょうか。【沖縄・Ｎ社】

## A. １０日間でも受給は可能

介護休業の定義は、育介法にあります（２条３号）。労働者が、その要介護状態にある対象家族を介護するためにする休業をいい、要介護状態とは、負傷、疾病または身体上もしくは精神上の障害により、厚生労働省令で定める期間にわたり常時介護を必要とする状態をいいます。この厚生労働省令で定める期間が、２週間以上（育介則２条）です。

「２週間」とは、介護休業の対象となる期間そのものではありません。対象家族が常時介護を必要とする期間をいうものであり、その期間中には病院等への入院や他の介護者による介護が行われ、被保険者本人が介護休業を取得する必要がない可能性もあります。法定の部分に関して、１回の最低取得期間を設けることは認められず（厚労省「平成28年改正法に関するＱ＆Ａ」）、たとえば10日間だけ介

護休業を取得し、介護休業給付を受給することも可能です（雇用保険事務手続きの手引き）。

## Q28 介護給付の対象か？ 2回目前に喪失期間

　5カ月前に従業員を雇いましたが、母の介護で介護休業を取得したいと申出がありました。前職でも1度、15日ほど取得し介護休業給付を受けたようです。2回目の対象となりますか。【茨城・R社】

## A. 12カ月要件再確認せず

　介護休業給付は、原則、休業開始前2年間にみなし被保険者期間が12カ月以上ある場合に受給可能です（雇保法61条の4）。加えて、受給の可否は、各休業につき、開始日から1カ月ごと（1カ月の途中で終了の際は終了日まで）の期間を指す「支給単位期間」別に判断され、期間の初日〜末日まで継続して被保険者で、就労日が10日以下などの要件を満たす必要があります。

　休業の途中で被保険者資格を喪失すると、喪失日を含む最後の支給単位期間については支給されません。

　一方、一旦休業を取得し終えた後に離職し、その後再就職して被保険者となったときは、改めてみなし被保険者期間12カ月など受給資格は確認せず、再就職前から通算し93日、3回まで支給申請が可能としています（雇用保険業務取扱要領）。支給額は、原則として改めて計算されます。

# Q29 支給停止の割合は固定か　継続給付と年金出るとき

これまで、定年後の再雇用者に対して、「雇用保険から高年齢雇用継続給付が出る代わりに、年金の一部がカットされます。両者の比率は５対２です」と説明してきました。しかし、実際に受給する人の中には、「本当に、５対２という比率は正しいのか」と疑問を呈す人もいます。私の説明は、不正確だったのでしょうか。【宮崎・Ｕ社】

## A. 「5：2」でないことも　実賃金減っても最大15%で

　制度の基本思想として、高年齢雇用継続給付（雇保）は賃金の最大15％（賃金の低下率が61％以上75％未満のときは、15％から一定割合で逓減する率）が支給されます（雇保法61条）。

　一方、年金（厚年）は報酬の最大６％（賃金の低下率が61％以上75％未満のときは、６％から一定割合で逓減する率）が支給停止となります。

　15％と６％の比率は５対２です。なお、令和７年４月から高年齢雇用継続給付の支給率が最大10％に引き下げられますが、年金停止額との比率５対２に変化はありません。

　「基本思想」としては上記のとおりですが、両者の現実の仕組みには微妙な違いがあります。

　高年齢雇用継続給付は「実際に支払われた賃金額」を基準として計算されます。しかし、年金停止額は「標準報酬月額」をベースとします。

　たとえば、賃金の支払額が23万円以上25万円未満なら、標準報酬月額は一律24万円となります。しかも、標準報酬月額は一度決定されたら、原則１年間は固定です。残業が増えて、実際に支払われた賃金額が増えても、見直しはありません。高年齢雇用継続給付が

毎月変動するのに対し、標準報酬月額は一定です。このため、5対2という比率も、現実には毎月変動するという結果となります。

さらに、傷病等で休業日数が増えた場合には、バランスが大きく崩れます。

たとえば、標準報酬月額24万円の人が私傷病休業により賃金の半分がカットされたとします。この場合も、継続給付の支給額は最大で15％です。

12万円×15％＝1万8000円

これに対し、年金の支給停止額は固定の標準報酬月額を基に算定します。

24万円×6％＝1万4400円

支給停止額は、継続給付の額の8割になります。つまり、両者の比率は5対4に変わります。休業日数がさらに増えれば、両者の金額自体が逆転現象を起こします。

このように、高年齢雇用継続給付と年金の支給停止額の計算方法には違いがあるため、両者の比率は固定ではなく、状況に応じて変化します。再雇用者に説明する際には、この点を一言申し添えておくとよいでしょう。

## Q30 高年齢給付が大幅縮小？　定年後の賃金に影響あり

以前、新聞等で、「法改正により、高年齢雇用継続給付金を大幅に縮小する」というニュースが報道されていました。この問題は、再雇用者の処遇見直しを検討するうえで、重要なファクターとなります。最終的に、改正は決定したのでしょうか。どのようなスケジュールで、縮小が実施されるのでしょうか。【新潟・G社】

# A. 支給率は最大でも10% 令和7年4月から適用

　現在、再雇用等の高年齢者の生活設計は、賃金、年金、雇用保険（高年齢雇用継続給付）の3本柱で構成されています。

　雇用保険の高年齢雇用継続給付は、65歳までの雇用継続援助、促進を目的として平成6年に創設されました。しかし、その後、高年法の改正により、現在は「65歳までの希望者全員継続雇用（経過措置付）」が義務付けられています。

　高年齢雇用継続給付については、既に「役割を終えつつある」といってもよいでしょう。このため、同給付の縮小について議論が重ねられてきましたが、令和2年3月31日公布の改正雇用保険法により、具体的な対応が決まりました。

　高年齢雇用継続給付には、高年齢雇用継続基本給付金と高年齢再就職給付金の2種類があります。受給要件や支給期間に違いはありますが、給付率は共通です。

　この度の改正は、給付率に関するものなので、高年齢雇用継続基本給付金を例として説明します。

　現行（改正前）の支給内容は次のとおりです。

　　①　被保険者であった期間が5年以上の60歳以上65歳未満の労働者の賃金が、60歳時点等の賃金額の75%未満となったときに支給。

　　②　給付額は、65歳以後の各月の賃金に15%を乗じた額ですが、賃金の低下率が61%以上75%未満のときは「15%から一定割合で逓減する率」を乗じます。

　改正後は、①の要件は現行のままで、②が以下のとおり修正されます。

**「給付額は、65歳以後の各月の賃金に10%を乗じた額ですが、賃金の低下率が64%以上75%未満のときは『10%から一定割合で逓減する率』を乗じます」**

新しい規定が適用されるのは、令和7年4月1日からです。高年法による「65歳までの希望者全員継続雇用」の経過措置は、令和6年度末（令和7年3月31日）で終了します。

　希望者は原則無条件で65歳までの継続雇用が保証されます。それに合わせ、高年齢雇用継続給付の額も調整される形となります。

## Q31 雇用継続給付に影響は？　高度技能で賃金高額

　まもなく嘱託再雇用に切り替わる従業員がいます。高度技能の持ち主なので、再雇用後の賃金も高めに設定する予定です。しかし、その水準によっては、高年齢雇用継続給付に影響があると聞きます。賃金が比較的高額な高齢者の取扱いを教えてください。
【茨城・K社】

## A. 60歳時の賃金に上限あり　給付合計しても36万円

　60歳定年で嘱託に切り替わり、高年齢雇用継続基本給付金を受けるという前提で、ご説明します。

　高年齢雇用継続基本給付金は、60歳以降の各月の賃金と60歳到達時賃金を比較し、その比率に応じて支給されます（雇保法61条）。60歳に達した時点で、被保険者だった期間が5年以上あることが前提条件となりますが、正社員が定年を迎える場合、ほとんどこの条件を満たすでしょう。

　60歳以降の各月の賃金（Aとします）は、「雇用月に実際に支払われた賃金」を用います。ただし、傷病・事業所の休業等により賃金の減額があったときは、減額がなかったとして割り戻した金額（みなし賃金額）を用います。

　60歳到達時賃金（Bとします）は、「60歳到達時を離職日とみな

して計算した賃金日額」の30日分となります。ただし、注意が必要なのは、60歳以上65歳未満の区分の賃金日額の上限（令和3年8月1日以降1万5770円）が適用される点です。

　60歳到達時の賃金が高額（たとえば月80万円）などであっても、60歳到達時賃金は47万3100円（1万5770円×30日）とみなされます。ですから、再雇用後に大幅に賃金が下がったと思っても、A÷Bの比率は、思ったほど小さくないケースもあり得ます。

　高年齢雇用継続基本給付金の給付率は、下記のとおりです（令和7年4月1日から15%は10%へ引き下げ予定）。

- ・A÷Bの比率が61%未満のとき…15%
- ・上記割合が61%以上75%未満のとき…上記割合が逓増する割合に応じ、15%から一定割合で逓減する率

　給付金は、60歳以降の各月の賃金（こちらは「みなし賃金額」は用いません。実際に支払われた金額そのものです）に上記給付率を乗じて計算します。ただし、ご質問にあるとおり、賃金水準等が高いときには、調整措置が講じられます。

　上記の原則に従い算出した給付金の額（実際に支払われた賃金の額×給付率）に実際に支払われた賃金の額を加えた額が、支給限度額（令和3年8月1日以降36万584円）を超えるときは、支給限度額から実際に支払われた賃金の差額が、給付金として支給されます。

　つまり、給付金と賃金の合計額は、上記の支給限度額で「頭打ち」となるということです。

# 第４章
## 徴収法編

**新規適用手続きは必要か　営業拠点を新設したら**

この度、新たな営業拠点として、本社と別に支店を設けることになりました。この場合、当該新拠点を事業所として新規適用手続きが必要となるでしょうか。または、労働保険事務を簡略化できる方法があるのでしょうか。【長崎・O社】

## A. 継続事業なら本社一括　「事業の種類」同じ場合

事業は、事業の期間が予定されているか否かにより、「有期事業（建設の事業や立木の伐採の事業等）」と「継続事業（事業の期間が予定されない事業で、一般の工場、商店、事務所等）」に分けられます。事業とは、必ずしも経営上一体をなす本店、支店、工場等を総合した企業そのものを指すのではなく、個々の本店、支店、工場、鉱山、事務所のように、一つの経営組織として独立性をもった経営体を指します。

### 継続事業の一括

「継続事業」においては、支店（営業所、出張所）など、新たな拠点として事業所を設けた場合は、原則として、その支店等ごとに労働保険の保険関係が成立します。ただし、当該支店等の従業員が極めて少ないなどの事由で、労働保険の事務処理能力がないケースもあります。そのような場合は、労働基準監督署に「労働保険事業一括認可・追加・取消申請書」を提出し、厚生労働大臣の認可を受けることで、支店等の労働保険料の申告納付を本社で一括して行うことが可能となります。これを「継続事業の一括」といいます。

労災保険と雇用保険を分けて適用するかにより「一元適用事業」と「二元適用事業」とに分けられます。後述するように、「有期事業」にはこのような一括制度はありません（一括有期事業とは本件とは

別で、複数の少額な有期事業を取りまとめて申告する制度です）。

## 支店等の労働保険事務処理を一括したいとき

労働保険においては、個々の適用事業単位に成立するのが原則です。しかしながら、一つの会社で支店や営業所ごとに別個の保険関係が成立することがあります。このため、事業主および政府の事務処理の便宜と簡素化を図るために、一定の要件を満たす事業については、これら複数の保険関係を厚生労働大臣が指定した一つの事業（以下、「指定事業」といいます）で、まとめて処理することができます。

一括申請が認可されると、指定事業に保険関係がまとめられ（すなわち継続事業が一括され）、その他の事業については、労働保険関係が消滅します。消滅する事業については、確定精算の手続きが必要となります。

> ※一括されたそれぞれの事業の労働者に係る労災保険給付の事務や雇用保険の被保険者資格得喪の事務等は、その労働者の所属する被一括事業の所在地を管轄する労働基準監督署または公共職業安定所が行うこととなります。

## 継続事業を一括するための要件

継続事業の一括をしようとするときは、それぞれの事業が、以下の全ての要件に該当しなければなりません。

① 建設の事業など事業の期間を予定されている有期事業ではなく、一般の工場、商店、事務所などで「継続事業」として労働保険の保険関係を成立させていること。

② 本社などの労働保険料を一括して納める手続きを行う事業所と支店や営業所など被一括事業の事業主が同一であること。
※事業主とは、個人企業にあっては、その経営者を、法人企業にあっては、その法人そのものを指します。

③ それぞれの事業が、保険関係区分において同一であること。

※それぞれの事業が以下３形態のいずれかに該当することが
　　必要です。
・労災保険に係る保険関係が成立している二元適用事業
・雇用保険に係る保険関係が成立している二元適用事業
・労災保険および雇用保険に係る保険関係が両方とも成立して
　いる一元適用事業
④　本社などの労働保険料を一括して納める手続きを行う事業
　所と支店や営業所など被一括事業の「労災保険料率表」によ
　る事業の種類が同じであること。
　※雇用保険に係る保険関係のみが成立している二元適用事業
　　所であっても労災保険料率表による事業の種類が同一であ
　　ることが必要です。
⑤　本社などの労働保険料を一括して納める手続きを行う事業
　所が支店や営業所など被一括事業の労働者数や賃金の明細の
　把握ができること。
　※労働者数や賃金の明細を把握できれば、継続事業の一括に
　　ついては、地域的な制限はありません。
　また、上記各要件と併せて、組織として、労働保険事務を円滑に
処理する事務能力を有している必要があります。

 **メリット制に影響？　継続事業の一括を受け**

　今まで本社と支店は別々の保険関係でしたが、継続事業の一括
の申請をする予定です。昨年、ある支店で労災が発生し保険給付
を受けましたが、一括後、メリット制に影響はありますか。【茨城・
Ｋ社】

# A. 関係消滅で影響しない

　メリット制は、労働災害の多寡に応じて、労災保険率または労災保険料を一定の範囲内で増減させる制度です（徴収法 12 条 3 項）。継続事業の場合、連続する 3 保険年度のメリット収支率が 75％未満なら減額、85％超なら増額となり、同 3 保険年度における最後の保険年度の翌々年度から適用されます。メリット収支率は、保険給付額を、保険料の額に第 1 種調整率を掛けた値で割って計算します。

　支店の保険関係の事務処理を本社で一括して行うなど継続事業の一括の認可を受けると、事務処理を行う指定事業以外の事業の保険関係は消滅します（徴収法 9 条）。この場合、指定事業以外の事業における一括前の保険給付および保険料は、指定事業のメリット収支率の算定基礎に加算しないとされています（徴収法コンメンタール）。

## Q3 保険料延納できる？　前年度に基づくと不可

　昨年度の確定保険料はギリギリ 40 万円に達さなかったものの、今年度は新たに従業員を雇用し、賃金総額の見込みが著しくは増えませんが、概算保険料は 40 万円以上になりそうです。延納可能ですか。【静岡・K 社】

# A. 40 万円以上の納付になれば

　概算保険料は、継続事業の場合、原則として、賃金総額の見込み額に一般保険料率を乗じて計算します（徴収法 15 条）。この賃金総額の見込み額には特例が認められており、前保険年度の賃金総額の100 分の 50 ～ 100 分の 200 に収まる場合、前保険年度の賃金総額を見込み額とするとしています（徴収則 24 条、徴収法コンメンタール）。

延納は、概算保険料が 40 万円（労災保険・雇用保険の一方のみ成立の場合は 20 万円）以上の場合にできます（徴収法 18 条）。労働保険事務組合に委託した際は、額の多寡にかかわらず可能です。

前保険年度の賃金総額に基づくと 40 万円未満だが、新たに雇用したなどで今年度は見込み額が 40 万円以上となる際には、原則の計算方式に基づく後者の見込み額で概算保険料を申請し納付するとすることで、延納を受けることが可能としています（東京労働局）。

# Q4 印紙保険のみで足りる？　日雇労働者の失業給付

総務に配属され、社会保険関係の事務を手伝うことになりました。当社は日雇労働者を使用していますが、その保険料のことで疑問があります。雇用保険の印紙保険料は、健康保険に比べると、ずいぶん安い気がします。先輩社員は「雇用保険はこんなもの」といいますが、これで失業給付のお金が捻出できるのでしょうか。【大阪・Ｂ社】

## A. プラス一般保険料を負担　健康保険は一括だが

日雇労働者とは、①日々雇用される者、② 30 日以内の期間を定めて雇用される者をいいます。ハローワークの所在する市町村の区域等に居住し、適用事業に雇用される者など一定範囲の日雇労働者には、一般労働者とは異なる仕組みの雇用保険制度が適用されます。

対象となる労働者はハローワークから日雇労働被保険者手帳の交付を受けますが、事業主は賃金を支払う都度、手帳に雇用保険印紙を貼り消印をします。失業の際には、この保険印紙の金額や貼付枚数に応じて、日雇労働求職者給付金が支給されます。

その印紙保険料の額ですが、賃金日額に応じて次のように定められています（徴収法 22 条）。

・賃金日額 1 万 1300 円以上…176 円

・同 8200 円以上 1 万 1300 円未満…146 円

・同 8200 円未満…96 円

　これに比べ、健康保険の日雇特例被保険者を対象とする印紙は、たとえば、賃金日額 8750 円の場合 1140 円などと定められています。確かに、雇用保険と健康保険では金額に「雲泥の差」があります。

　貴社の先輩社員がおっしゃるように、雇用保険の料率は健康保険に比べ、割安です。しかし、それにしても差が大きすぎるような気がします。

　実は、雇用保険と健康保険では、日雇いの保険料徴収の方法に違いがあり、それがみかけの金額差に影響を及ぼしています。

　令和 4 年度（4 月から 9 月まで）の雇用保険率（一般の事業）は1000 分の 9.5 ですが、このうち雇用安定事業など 2 事業分（1000分の 3.5）以外が失業・育児休業給付等に宛てるべき部分（1000 分の 6）となります。被保険者（一般と日雇労働被保険者の両方）はその 2 分の 1 を負担します（徴収法 31 条 1 項）。

　さらに、日雇労働被保険者については、「上記の負担分のほか、印紙保険料の 2 分の 1 の額を負担」します（同条 3 項）。つまり、雇用保険の場合、一般の保険料に「上乗せ」で印紙保険料が徴収されています。

　これに対し、健康保険では、支払う保険料はまとめて印紙保険料に一括されています。日雇特例被保険者の保険料については 1000 分の 100（令和 4 年度。介護保険料除く）を労使が折半し、1000 分の31（1000 分の 100 × 100 分の 31）は事業主がすべて負担する形となっています。

# 第５章
# 健康保険法編

総則関係

保険給付関係

# 総則関係

 社労士の事務所も適用か　5人未満の扱いどうなる

　　社会保険の適用業種が拡大され、「士業」の事務所が対象に加えられる予定と記憶しています。そこで確認ですが、社労士も適用業種に含まれますか。改正後も、1人事務所の場合、関係がないという理解で間違いないでしょうか。【佐賀・K社労士】

## A. 令和4年10月から対象に 「1人法人」加入が必要

　年金制度改正法は令和2年6月5日に公布されましたが、その中に、社会保険の適用業種拡大も含まれています。拡大に関する部分は、令和4年10月1日施行です。

　改正法の本則では、対象となる「士業」の範囲を「弁護士、公認会計士その他政令で定める者が法令の規定に基づき行うこととされている法律又は会計に係る業務を行う事業」と規定していました（健保法3条3項1号レ）。

　「その他政令で定める者」については、健保令の改正（令3・8・6年金制度改正法の施行に伴う関係政令等の整備に関する政令）により、次のとおり、定められました（1条）。

　　① 公証人
　　② 司法書士
　　③ 土地家屋調査士
　　④ 行政書士
　　⑤ 海事代理士

⑥　税理士

⑦　社会保険労務士

⑧　沖縄弁護士に関する政令第1条に規定する沖縄弁護士

⑨　外国法事務弁護士

⑩　弁理士

「適用業種」になるとは、具体的にどういう意味なのか、再確認しましょう。社会保険が強制適用されるのは、次のいずれかの事業所です。

　　イ　適用業種で常時5人以上の従業員を使用するもの

　　ロ　国、地方公共団体または法人の事業所

　社会保険労務士の個人事業所は、これまで適用業種ではなかったので、従業員の多寡に関係なく、社会保険に加入する必要がありませんでした。しかし、改正法の施行後は、従業員5人以上であれば、強制加入となります。1人事務所も含め、5人未満なら任意適用（従業員の半数以上の同意があれば適用可能）という扱いです。未適用のままでも、問題ありません。

　一方、法人であれば、改正前でも強制加入です。従来、社労士法人は2人以上で設立するのが原則でしたが、平成26年の法改正（平成28年施行）により、1人法人も設立可能となりました。社労士法人の定義から、「業務を組織的に行うことを目的として、共同して設立」という部分が削除されています（社労士法25条の6）。

　1人事務所でも、法人であれば、加入が必要です。

パートの残業調整必要か　年106万円超えそうで

令和4年10月から、101人以上の企業がパートの社会保険適用拡大の対象となります。例えば、入社当時の見込みでは年収が105.6万円（月8.8万円）未満で、社会保険に未加入だったパートがいたとします。所属部門の業務量が忙しくなり、残業代が増加したとします。この場合、年収を106万円以内に収めるために、年末等に就労調整する必要があるのでしょうか。【山口・T社】

## A. 月8.8万円に含めない　被扶養者は基準異なる

まず、パートの就労調整がなぜ必要か、から確認しましょう。社会保険の関係では、年収130万円（60歳以上の人等は180万円）がボーダーラインとされています。

年収とは、賃金報酬のほか、不動産・事業収入等も含めた全収入を指します。賃金報酬には、所定内給与だけでなく、所定外給与（時間外割増等）や賞与も含まれます。

これは年間の実績ですから、所定外給与等の増加により、当初の見込みと異なり、年収がボーダーを超える可能性があります。130万円以上になると、健康保険の被扶養者（国民年金の第3号被保険者）の条件を満たさなくなるので、それを避けるため、就労調整が行われます。

これに対し、社会保険の適用拡大の場合、条件の一つとして月収8.8万円という基準が示されています。これを12倍し、年収105.6万円がボーダーになるといわれますが、社会保険に加入するか否かは、年間実績ではなく、雇入れ時に、契約内容に応じて判断されます。

8.8万円という基準が適用される報酬とは、健保法3条5項で定義する報酬（労働の対象として受けるすべてのもの）から、「最低賃金法で賃金に算入しないものに相当するもの」を除いたものをいいま

す。

　具体的には、除外賃金項目として、①臨時に支払われる賃金、②賞与等、③時間外・休日・深夜の割増賃金、④精皆勤・通勤・家族手当が挙げられています。ですから、雇入れ後に残業代（上記の③）が予想外に変動したとしても、報酬が8.8万円を超えるか否かの判断には影響しません。

## Q3 資格得喪可能か？　有期契約更新で期間空け

　現在、週5日勤務している有期契約労働者がいます。契約更新時期が近付き話をしたところ、週4日勤務へ変更したいといわれました。少し期間を空けて再契約することで、被保険者資格を一度得喪させ、資格取得時決定によって標準報酬月額の等級を更新直後から従前より下げることはできますか。【北海道・Ｈ社】

## A. 明確に更新予定は不可

　被保険者資格は、使用されるに至った日に取得し、されなくなった日の翌日に喪失します（健保法35、36条）。また、転職など資格の得喪を伴う際の標準報酬月額は、新たな事業所に使用されるに至った日に資格取得時の決定を受けます（同法42条）。

　同じ使用者による有期雇用契約の更新などで、少し期間をおいて資格を得喪させるのは難しいでしょう。有期の雇用契約を1日ないし数日の間を空けて改めて契約更新する場合でも、そのことが終了時にあらかじめ明らかであるような事実が認められるなど、就労の実態に照らし、事実上の使用関係が中断せずに存続していると判断される場合には、喪失させないとしているためです（平26・1・17保保発0117第2号）。

# Q4 海外の両親は扶養ムリか　初めて外国人を採用する

当社として、初めて外国人を採用することになりました。まだ独身で、ご両親は母国に住んでおられます。健保法改正で、国外にいる親戚は被扶養者にならない規定に変わったと思います。そこで確認ですが、「直系尊属」である父母であっても、国内要件が優先するという理解で間違いないでしょうか。【埼玉・Ｎ社】

## A. 「国内在住」要件満たさず　生計維持する親族でも

健保法では、従来、次の４グループに該当する者を被扶養者と定義していました（３条７項）。

①　直系尊属、配偶者（届出をしていないが、事実上婚姻関係と同様の事情にある者を含む）、子、孫、兄弟姉妹

②　３親等内の親族（①除く）

③　配偶者で届出をしていないが、事実上婚姻関係と同様の事情にある者の父母・子

④　③の配偶者の死亡後の父母・子

①は生計維持関係にあることが条件ですが、②～④のグループの場合、生計維持関係に加えて同一世帯に属することも条件となっています。

令和２年４月施行の改正健保法により、被扶養者の要件として「日本国内に住所を有する者又は外国において留学をする学生その他厚生労働省令で定める者」であることが追加されました（３条７項）。

解釈としては、「４グループに該当する」と「日本国内に住所を有する…」は「アンド条件（かつ）」であり、「オア条件（または）」ではありません。

ご質問で問題としているのは、直系尊属（①のグループ）ですから、被保険者が仕送り等をしていれば（生計維持要件を満たしていれば）、

別居していても、それ自体は問題ではありません。つまり、日本国内に住所があれば、被扶養者として認定を受けられます。

しかし、海外在住であればアンド条件の片方を満たさないので、被扶養者の定義に該当しません。ご質問の文句を用いれば、「別居可能（直系尊属）」と「国内在住」という要件を比較した場合、「国内在住」の要件が優先して適用されるということです。

## Q5 別居の母親を扶養したい　入社以前は低収入で

このたび採用した中堅社員は、「入社以前、独立起業を目指していたが、あまり収入のない状態が続いていた」という話です。安定した職に就いたということで、遠方の母親を健保の被扶養者にしたいと申出がありました。別居の母親でも、届け出れば問題なく認められるのでしょうか。【千葉・M社】

## A. 仕送り事実なければダメ　生計維持関係が必要で

母親は「直系親族」ですから、「主として被保険者により生計を維持する」状態にあれば、被扶養者と認定されます（健保法3条7項）。同居は要件とされていません。

ですから、お尋ねのケースでは、生計維持関係の有無を確認する必要があります。

別居等の場合、対象家族が原則として次の基準を満たせば、被扶養者と認められます（昭52・4・6保発9号）

　①　年間収入が、130万円（60歳以上または障害厚生年金の受給要件に該当する障害者の場合は180万円）未満である

　②　年間収入が、被保険者からの援助より少ない

まず、母親が既に60歳に達しておられるなら、年金も含めた収入が180万円未満であるかをチェックします。次に、被保険者からの

援助状況を調査します。

　ご質問者は、入社以前、「あまり収入のない状態が続いていた」というお話ですから、仕送り等を始めていない可能性があります。この場合、本人が「将来的に、扶養するつもりだ」と主張するだけでは不十分です。

　実績ゼロの際の取扱いについて、次のような考え方が示されています（平30・8・29事務連絡）。

　被保険者資格の取得日時点で、仕送り等の状況を示す資料を提出できなければ、認定の対象にはなりません。実際に仕送り等を行った後、「添付資料により仕送りの事実を確認したうえで」、被扶養者の要件を満たすか否かを判定します。いったん被扶養者と認定されても、「継続した仕送りによる生計維持が確認できない場合は、事実が確認できなくなった時点にさかのぼって」被扶養者から除外されます。

 退職金も収入か？　被扶養者へなる際に

　「妻が7年勤めた企業を退職するため、被扶養者に変更したい」と従業員からいわれました。退職一時金が支給されるようですが、被扶養者の年収要件をみる際、カウント対象ですか。【岡山・R社】

## A.　一時金扱いされ対象外

　被扶養者となるには、原則、国内に住所を有し、主として被保険者により生計を維持されている必要があります（健保法3条7項）。生計維持の基準は、被保険者と同居している場合、被扶養者の年間収入が130万円（60歳以上などの場合は180万円）未満、かつ被保険者の年収の2分の1未満であることです。

　130万円未満かどうかは、被扶養者の過去、現時点の収入または

将来の収入の見込みなどから、今後1年間の収入を見込み判断するとされています（平30・8・29事務連絡）。

収入に該当するとして挙げられているものには、給与収入、事業収入、地代・家賃収入などの財産収入のほか、老齢年金などの公的年金、雇用保険の失業給付、健康保険の傷病手当金や出産手当金があります。一方、不動産売却に伴う一時的な収入など、恒常的に受けられないものは含まれません（昭61・4・1庁保発18号、協会けんぽ）。ご質問の退職一時金は、一時的な収入に当たり、含めないと考えて良いでしょう。

## Q7 「連れ子」は扶養の対象か　入籍後手続きすべき!?

中途採用で30歳台男性を採用しましたが、内縁の妻と連れ子がいるというお話です。2人とも健保の被扶養者にしたいと希望していますが、子どもも対象になるのでしょうか。就職を機に結婚式を挙げる予定とのことですが、その後で手続きした方がよいのでしょうか。【栃木・K社】

## A. 同居要件も満たせば可能　養子縁組しなくても

同じ社会保険でも、健保と厚年では、家族の扱いが違う面もあります。

厚年・国年法では、「配偶者には、婚姻の届出をしていないが、事実上婚姻関係と同様の事情にある者を含む」と定義しています（厚年法3条、国年法5条）。しかし、配偶者の連れ子は、自動的には被保険者の子と認められません。

一方、健保の被扶養者となる家族の範囲は健保法3条で定められていますが、大きく4グループに分けられています。

①　直系尊属、配偶者（事実婚含む）、子、孫、兄弟姉妹

②　①以外の３親等内の親族

③　事実婚の配偶者の子・父母

④　事実婚の配偶者の死亡後におけるその子・父母

　①は生計維持関係があれば被扶養者の要件を満たしますが、②〜④は同居（同一世帯に属する）も必要とされています。

　ご質問にある内縁の妻は①の配偶者（事実婚）、その連れ子は③に該当します。現在、同居中で生計維持関係も認められるのでしょうから、貴社に入社と同時に、被扶養者として届け出ることができます。結婚式（入籍）を待つ必要性はありません。

　ちなみに、結婚後の扱いですが、被保険者（貴社の中途採用の男性）が、配偶者の連れ子と養子縁組を結べば、当然、自分の子供ですから被扶養者となります。

　養子縁組の手続きをしなければ、「③事実婚の配偶者の子」ではなくなります。しかし、継子は「②３親等内の親族には含まれる」という解釈となっています（昭32・9・2保険発123号）。ですから、引き続き被扶養者という扱いになります。

## Q8 被扶養者になれる？　基本手当の制限期間に

　近々、本人都合により退職する従業員がいます。健康保険などの社会保険は配偶者の扶養に入るとのことですが、一方で、雇用保険の基本手当をもらいつつ就職活動もするとのことです。基本手当の給付制限期間中でも、被扶養者にはなれるのでしょうか。【栃木・Ｓ社】

## A. 給付受けられないため可能

　被扶養者となるには、主として被保険者に生計を維持されていることが必要です（健保法３条７項）。基準は、被保険者と同一世帯に

属している場合は、年間収入が 130 万円未満（60 歳以上または障害厚生年金を受けられる程度の障害者の場合は 180 万円未満）、かつ被保険者の年間収入の 2 分の 1 未満としています（昭 52・4・6 保発 9 号）。年間収入は、過去の収入ではなく、被扶養者に該当する時点および認定された日以降の年間の見込み収入額のことをいいます。

　年間収入には、給与収入のほか、雇用保険の失業給付なども含みます。雇用保険の基本手当日額なら、3612 円以上で扶養から外れます。一方、待期期間や給付制限期間中は、給付を受けられないので、その間は被扶養者になれるとしています（日本年金機構）。

## Q9　任継脱退できなかった!?　法改正で規定と聞く

　改正健保法の内容をチェックしていたところ、任意継続被保険者の任意脱退（被保険者の申請による資格喪失）を認めるという項目をみつけました。これは、逆にいうと、これまでは任意の脱退が認められていなかったということなのでしょうか。【茨城・O社】

## A. 申し出て資格喪失可能に　結婚など現行法は継続

　離職等により健保資格を喪失した者であって、喪失前日まで継続して 2 カ月以上被保険者であったものは、保険者に「申し出る」ことによって、任意継続被保険者となります（健保法 3 条 4 項）。申し出なければ任継とならないので、その名のとおり、資格取得は任意です。

　しかし、資格喪失については、該当理由が列挙されています（38 条）。改正前には、次の 6 種類が挙げられていました。

　　①　任継となってから起算して 2 年を経過したとき
　　②　死亡したとき

③　保険料（初めて納付すべき保険料を除く）を納付期日まで
　　に納付しなかったとき

④　被保険者となったとき

⑤　船員保険の被保険者となったとき

⑥　後期高齢者医療の被保険者等となったとき

　これ以外にも、任継資格を喪失する「動機」はいろいろ考えられ
ます。例えば、健康保険の被保険者と結婚して、被扶養者となる条
件を満たす場合があります。任継の被保険者は自ら保険料を納める
義務を負いますが、被扶養者であれば、保険料負担なしです。

　しかし資格喪失事由として「被扶養者となったとき」は定められ
ていません（もっとも、③保険料を滞納すれば、結果的に資格喪失
となるので、脱退できないわけではありません）。

　改正後は、資格喪失事由として、新たに「⑦任継でなくなること
を申し出、申出が受理された日の属する月の末日が到来したとき」が、
追加されました。この「任意脱退」申出の仕組みは、令和4年1月
1日に施行されています。

## Q10　保険証は自ら返納して!?　退職時に「行方不明者」が

　当社では、多数の期間雇用者を雇用していますが、中には突然、
音信不通となり、健保の被保険者証を回収できなくなるケースが
あります。ネット上の記事では、被保険者証を事業主経由でなく、
被保険者に直接送付する仕組みが整備されたようです。逆に、期
間雇用者の採用時、「退職するときは、本人が直接返納する」と
いうルールにしたいのですが、いかがでしょうか。【秋田・R社】

## A.　事業主経由する必要が　添付不可なら回収不能届

　事業主は、資格の得喪等に関する事項を保険者に届け出ます（健

保法 48 条)。届出の義務者は事業主であるため、被保険者証の交付・返納について、健保則では次のように定めています。

　資格取得時には、「保険者は、被保険者証を交付しようとするときは、これを事業主に送付」しなければなりません（健保則 47 条 3 項）。

　資格喪失時も、「事業主は、被保険者が資格を喪失したときは、被保険者証を回収し、保険者に返納」しなければなりません（健保則 51 条 1 項）。

　どちらも、保険者と被保険者の間を事業主が仲立ちする形となっています。

　ご質問にあるように、健保則の改正により、例外規定が設けられました。保険者は、「事業主が支障がないと認めるときは、これを被保険者に送付」することも可能になりました（改正後の健保則 47 条 3 項）。事業主経由が原則ですが、状況に応じ、直接送付も認めるという趣旨で、令和 3 年 10 月 1 日に施行されています。

　しかし、返納に関する改正は実施されていません。厚労省の Q ＆ A（令 3・8・13 事務連絡）では、「事務の簡素化を図るため、被保険者等の返納についても、事業主経由を省略してよいか」という問いに対し、「省略できない。事業主は、遅滞なく被保険者証を回収して保険者に返納しなければならない」と回答しています。

　回収できないときは、従来と同様、資格喪失届に「健康保険被保険者証回収不能届」を添付することになります。

 入社月に保険料かかるか　保険証渡されたのは
翌月

　　パートタイマーとして入社しましたが、採用時には社会保険に
加入すると説明を受けました。ところが、なかなか手続きを進め
てくれず、翌月も遅くになって、ようやく被保険者証を手渡され
ました。その後、給与明細をみると、しっかり保険料が控除され
ています。最初の月分の保険料を納める義務があるのでしょうか。
【山口・T子】

## A. 月途中でも満額が必要　手続き遅れても取得日固定

　まず、健康保険加入の手続きを確認しましょう。資格取得の届出は、
「当該事実があった日から5日以内」に、年金事務所（協会けんぽの
場合）等に提出します（健保則24条）。

　「事実があった日」ですが、健康保険では「適用事業所に使用され
るに至った日」等が被保険者資格の取得日となります（健保法35条）。
通常、「事実があった日」は入社日となり、それから5日以内に取得
届出を提出しなければなりません。

　届出が遅れれば被保険者証の交付も遅れますが、手続きに遅滞が
あっても、被保険者資格の取得日が入社日である事実に変更はあり
ません。被保険者証等の提示ができず、医療機関の窓口で医療費を
全額支払ったとしても、後から入社日にさかのぼって給付を受ける
ことができます。

　一方、健康保険の保険料も、入社日を基準として徴収されます。
月の途中に入社しても、その月の保険料は1月分フルの金額を納付
しなければなりません。当月分の保険料は翌月の報酬から控除され
ます（健保法167条）。

　健保の加入手続きが遅れても、保険料は上記のとおり、「さかのぼっ
て」徴収されます。一方で、ご質問者が国民健康保険の被保険者だっ

たとします。国保の資格喪失手続きが必要ですが、その喪失日は「健康保険法の被保険者に該当した日の翌日」となっています（国保法8条）。

こちらも入社日基準で処理されるので、手続きが遅れた期間分について、国保と健保と二重で保険料が徴収されるわけではありません。

## Q12 寮費の減額が不利益に!?　「現物給与」とどう関係

労組の若手代表に選出されました。若年層の要望を取りまとめることになりましたが、「独身寮の寮費を下げてほしい」という要望が出ました。しかし、現物給与の関係から、引下げには不利益が伴うこともあると聞きます。具体的には、どのような影響があるのでしょうか。【青森・Ｔ社】

## A. 報酬に一部加算必要も　価額自体も４月変動

現物給与については、労働・社会保険のほか、税金にも影響があります。当回答では、このうち社会保険（健保・厚年）に関してみてみましょう（条文は健保を使用）。

健保の一般の被保険者の場合、保険料は基本的に「標準報酬月額・標準賞与額に一般保険料率を乗じて」算出されます（健保法156条）。保険料は労使折半です。

報酬・賞与には、金銭で支払われるもののほか、いわゆる「現物給与」も含まれます。現物給与の価額については、「報酬・賞与の一部が、通貨以外のもので支払われる場合、その価額は、その地方の価額によって、厚生労働大臣が定める」（健保法46条）とされています。

食費と住宅の利益については、告示で価額が示されています（平24・1・31厚労省告示36号）。この告示は、物価等の変動に応じて、

改正されています。最新の改正告示（令4・2・28厚労省告示49号）では、全国的に食事について、金額を改正しています（令和4年4月1日から適用）。

　住宅の利益は、「畳1畳につき、いくら」という形で定められています。青森県の場合、1畳当たり、1040円です。

　貴社では寮費を徴収しているとのことですが、上記により算定した額より、徴収額の方が大きいときは、現物給与額ゼロとなります。徴収額が少ないときは、その差額が現物給与額とされます。

　寮費等は現物給与額ゼロとなる水準に近い額に設定されている場合が多く、引下げ額が大きいと、現物給与と評価され、社会保険料の徴収対象となる可能性があります。

## **Q13** 日雇いの保険料いくら？　一般被保険者より割高か

　短期で人材を必要とするため、人材ビジネス会社に依頼したところ、「日々紹介」形式を勧められました。説明を聞いた限りでは当社ニーズに合致するようですが、健康保険の取扱いは一般の労働者と異なるようです。素朴な質問ですが、日雇特例被保険者の保険料は一般と同じなのでしょうか、それとも「割高」なのでしょうか。【和歌山・K社】

## A. 事業主負担に一部上乗せ　賃金日額の3割相当分

　日雇特例被保険者の場合、保険料の計算（賦課）ベースとなるのは、標準賃金日額と賞与額となります。標準賃金日額は、被保険者に支払われる賃金の日額を11等級に当てはめて決定します（右図参照、保険料日額は令和4年4月1日から一部改正）。

| 等級 | 標準賃金日額 | 賃金日額 | | | 保険料日額 | | |
|---|---|---|---|---|---|---|---|
| | | | | | 被保険者負担分 | 事業主負担分 | 合計 |
| 1 | 3000 | 以上 | ~ | 未満 3500 | 150 (170) | 240 (270) | 390 (440) |
| 2 | 4400 | 3500 | ~ | 5000 | 220 (255) | 350 (405) | 570 (660) |
| 3 | 5750 | 5000 | ~ | 6500 | 285 (330) | 455 (530) | 740 (860) |
| 4 | 7250 | 6500 | ~ | 8000 | 360 (420) | 580 (680) | 940 (1100) |
| 5 | 8750 | 8000 | ~ | 9500 | 435 (505) | 705 (815) | 1140 (1320) |
| 6 | 10750 | 9500 | ~ | 12000 | 535 (625) | 865 (1005) | 1400 (1630) |
| 7 | 13250 | 12000 | ~ | 14500 | 660 (770) | 1070 (1240) | 1730 (2010) |
| 8 | 15750 | 14500 | ~ | 17000 | 785 (915) | 1265 (1475) | 2050 (2390) |
| 9 | 18250 | 17000 | ~ | 19500 | 910 (1060) | 1470 (1710) | 2380 (2770) |
| 10 | 21250 | 19500 | ~ | 23000 | 1060 (1235) | 1710 (1995) | 2770 (3230) |
| 11 | 24750 | 23000 | ~ | | 1235 (1440) | 1995 (2330) | 3230 (3770) |

　保険料は、被保険者を使用する日ごとに被保険者手帳に印紙を貼り、消印を押すという形で納付します。賞与額は、実際の支払額の1000円未満の端数を切り捨てた数字を用います。上限は40万円とされています。賞与に関する保険料の徴収方法は、一般被保険者の取扱いに準じます。

　保険料の負担は、下記のとおり定められています（健保法168条）。

　　**被保険者負担分**＝（標準賃金日額×保険料率×1/2）＋（賞与額×保険料率×1/2）

　　**事業主負担分**＝（標準賃金日額×保険料率×1/2）＋（標準賃金日額×保険料率×1/2×31/100）＋（賞与額×保険料率×1/2）

　なお、保険料率は、一般の被保険者の保険料率の都道府県平均を用います。被保険者が介護保険の第2号被保険者のときは、介護保険料率を上乗せします。

　保険料率に関しては、都道府県別の数字と全体平均という違いはありますが、一般と日雇特例でほぼ同じレベルといってよいでしょ

う。結局、事業主のみが追加で負担する分（標準賃金日額×保険料率×１/２×31/100）だけ、日雇特例が「割高」となるイメージです。

## Q14 「週払い」の報酬月額は？　資格取得時どう決める

　製造部門で雇用する期間契約社員ですが、これまで月給で支払ってきました。今後、一部求職者のニーズも踏まえ、「週払いも選択可」に変更する方針です。週給の場合、社会保険の資格取得時の報酬月額は、どのように決めればよいのでしょうか。【富山・K社】

## A. 週給なら日額割り出して30倍　残業などは平均用いる

　定時決定の際には、４〜６月の「実績」に基づいて標準報酬月額を決めます。しかし、資格取得時には、まだ報酬の支払いは発生していません。このため、「見込み」の額を基準とします。

　資格取得時の標準報酬月額は、賃金決定の仕組み（月給、週給、日給等）により異なります。どのサイクルで支払うか（月払い、週払い、日払い）とは、直接、リンクしません。

　希望者を対象として、賃金制度自体を週給制（週単位で賃金決定）に切り替えるのか、それとも賃金制度は月給または日給制のままで、支払いサイクルだけを週払いに変えるのか、会社の採る方針によって、資格取得時決定の方法も違ってきます。

　仮に、システムを週給制に変更したとします。基本給、諸手当等は週単位の定額です。時間外についても、週単位で清算するとします。通勤手当を定期代相当と定める場合も、日数按分して週払いで処理すると仮定しましょう。

　基本給、諸手当、通勤手当は、「一定の期間で定められる報酬」に該当します。このグループの報酬は、原則として「資格を取得した

日現在の報酬の額をその期間の総日数で除した額の 30 倍相当の額」を標準報酬月額とします。週給制であれば、定額払いの額を 7 で除して 30 を乗じます。

次に時間外手当ですが、「同一事業所で同様の業務に従事し、同様の報酬を受ける者の報酬額平均」等を用いて見込みの額を算出します。この両者を合計し、資格取得時の標準報酬月額とします。

一方、日給月給制（日給制で月払い）を日給週給制（日給制で週払い）に変えるだけなら、従来と考え方は同じになります。

## Q15　利用料は報酬なのか　個人でレンタルオフィス

テレワークについて、労働者から、自宅の就労環境があまり良くないため、近隣の個室のレンタルオフィスやサテライトオフィスを利用できないかと相談されました。業務内容を限定し、利用料は上限を定めつつも会社負担として認めようと考え中ですが、この利用料は健保法上の報酬などに該当するのでしょうか。【埼玉・Ｔ社】

## A.　実費弁償扱いとすることも

社会保険料の算定基礎になる報酬や賞与（以下、報酬等）は、健保法 3 条 5 項と 6 項で、労働者が、労働の対償として受けるすべてのものをいうとされています。解雇予告手当など労働の対償として受けるものでないものや、出張旅費といった事業主が負担すべきものを労働者が立て替え、実費弁償を受けるものなどは、報酬等に該当しません。

事業主の許可の下、労働者が勤務時間内にレンタルオフィスなどを利用し在宅勤務を行った場合、利用料については、①事業主が仮払いし、かつ②労働者に領収書などを提出させ清算していれば、社

会・労働保険料などの算定の基礎に含まないとしています（令3・4・1事務連絡）。①については、労働者が立て替え払いするケースも含みます。

## Q16 標準月額いつ変わる　兼務の始めと終わりで

当社で子会社設立を主に担当した役員が、子会社役員も兼務する予定です。双方で報酬を受けるため、両方で社会保険に加入することとなりますが、標準報酬月額の変更と、副業先の保険料の徴収はいつからになるのでしょうか。また、仮に片方で被保険者資格を喪失したときの扱いはどうなっていますか。【福岡・Ｍ社】

## A. 資格得喪と同時に変更

同時に２以上の事業所で報酬を受ける被保険者の標準報酬月額は、被保険者の要件を満たす事業所ごとに算定した報酬月額を合計し、それを基に決定します（健保法44条3項）。新しい標準報酬月額は、兼務開始月など、新たな事業所で使用される月から適用します（令3・4・1事務連絡）。同時に保険料も両方で徴収が開始され、事業主負担分は、新しい標準報酬月額に基づく保険料額の半額に、報酬月額の合計に対する各事業所の報酬月額の割合を乗じて求めます。

一方、兼務を辞めたときは、日本年金機構へ届出済みの２事業所の報酬月額から、資格を喪失した方の報酬月額を除き、標準報酬月額を決定します（日本年金機構疑義照会）。資格喪失月から変更され、徴収も喪失していない方のみとなります。徴収は資格取得月から喪失月の前月までという考えとも整合します。

### 日割り支給で月額改定は　結婚や出産当月から手当

　当社では、これまで結婚・出産により家族が増えた場合、翌月の賃金から（賃金締切日の翌日から）手当を追加する取扱いでした。しかし、労組との話合いにより、入籍・出産日から増額するルールに変更します。この場合、賃金締切日直前に手当を変更するケースも発生します。状況によっては随時改定の対象にならないこともありそうですが、それで問題ないのでしょうか。【滋賀・M社】

## A. 満額出た月が起算月に　2等級変動など確認を

まず、随時改定の条件は次のとおりです（健保法43条）。

- ・固定的賃金に変動があった
- ・変動月以降3カ月の報酬平均額と現在の標準報酬月額に2等級以上の差が生じた
- ・3カ月とも報酬支払基礎日数が17日（社会保険適用拡大の対象者は11日）以上ある

出産により、家族手当が増額したとします。貴社の「新ルール」では、賃金締切日に出産した場合、その月（たとえば、8月）には日数按分で1日分だけの家族手当（増額分）が支給されます。

　家族手当の増額は1日分ですが、通常どおり出勤していれば、8月の報酬支払基礎日数自体は17日以上あるはずです。

　昇給した日を含む月（8月）から、3カ月の平均をとった場合、昇給の影響は実質的に2カ月分しかありません。増額した家族手当の額にもよりますが、「変動月以降3カ月の報酬平均額と現在の標準報酬月額に2等級以上の差」が生じないケースも考えられるところです。

　しかし、この計算方式は、昇給後の報酬の水準を正確に反映する

健康保険法

ものとはいえません。このため、厚労省の「標準報酬月額の定時決定及び随時改定の事務取扱いに関する事例集」（令3・4・1事務連絡）では、「昇給・降給した給与が実績として1カ月分確保された月を固定的賃金変動が報酬に反映された月として扱う」としています。

　ですから、8月途中の昇給であれば、9月以降3カ月の実績を基準として随時改定の要否を判断することになります。

## Q18　手当新設で改定か　「非固定的賃金」の扱い

　パートや有期雇用労働者に精勤手当を支給するとしたとき、非固定賃金の新設は、随時改定の要件には当てはまらないと考えて良いでしょうか。【岐阜・T社】

## A.　制度変更から3カ月間みる

　随時改定（健保法43条）を行う場合として、通知（昭36・1・26保発4号）では、昇給または降給によって、3カ月間の報酬月額の平均が2等級以上の差を生じた場合などとしています。昇給または降給とは、固定的賃金の増額または減額をいい、ベースアップまたはベースダウンおよび賃金体系の変更による場合があるとしています。

　固定的賃金の変動が条件か否かについて、事務連絡（令3・4・1）では、非固定的賃金が廃止された場合に関して、「非固定的手当であっても、その廃止は賃金体系の変更に当たるため、随時改定の対象」としています。

　通常、随時改定の起算月は、原則として「一の給与計算期間全てにおいて固定的賃金の変動等が反映された報酬が支払われた月」とされています（日本年金機構疑義照会）。一方で、賃金体系の変更を契機とする場合の「継続した3カ月」の起算月は、手当等の支払い

の有無にかかわらず、新設された月（前掲事務連絡）としています。

## Q19 通勤手当減って月変は？　テレワークの日数増やす

　従業員の要望に応え、可能な範囲でテレワーク制度の拡大を図っていく方針です。通勤の必要がなくなることで、通勤手当が減額されますが、これは月変の対象になると理解しています。業務内容に応じて、たとえば、週に１、２回の出勤が必要な場合、月変処理はどのように考えればよいのでしょうか。【神奈川・Ｒ社】

## A. 出社予定日は報酬と扱う　労務提供地で原則判断

　固定的賃金に変動があり、引き続く３カ月間の報酬平均額と標準報酬月額を比べ、２等級以上の差が生じたときは、随時改定（月変）の手続きを採ります（健保法43条）。

　ご質問にある通勤手当ですが、基本的には、報酬に該当するとされています。解釈例規では、「被保険者の通常の生計費の一部に充てられるのであるから、報酬と解するのが妥当である」と述べています（昭27・12・4保文発7241号）。

　報酬であり、かつ、固定的賃金ですから、変動があれば、月変に該当しないか、チェックするのが原則です。

　お尋ねのケースでは、テレワークへの切替により、基本的には、通勤手当が全額カットされます。ただし、「週に１、２回出勤が必要」な人については、別に実費が支払われるようです。

　こうした場合、出勤分の費用はどのように扱われるのでしょうか。基本的な考え方は次のとおりです（令3・4・1事務連絡）。

### ・当日の労働契約上の労務提供地が自宅

　会社への一時的な出社は、業務命令によるもので、移動にかかる費用は実費弁償と認められ、報酬等に含まれない

・当日の労働契約上の労務提供地が会社

　出社に要する費用は報酬等に含まれる

　ですから、週１、２日の出勤があらかじめ予定されていて、定期的に出社するのであれば、その費用は報酬として月変時の計算に含める必要があります。これに対して、突発的出社については、その費用を除いて、３カ月の報酬平均額を算定します。

 定時決定で留意点は　例年４月昇給を７月に

　例年４月昇給で同月分の支払いから反映させていますが、労使交渉に時間がかかっているなど諸般の事情で、７月分から昇給・支払いする運びとなりました。標準報酬月額の定時決定で注意事項はありますか。【香川・Ｔ社】

## A. 特段考慮なく通常どおりに

　標準報酬月額の定時決定は、原則、７月１日に使用する全被保険者を対象に、現実に４～６月の３カ月間に受けた報酬に基づいて決定します（健保法41条）。

　ご質問のケースでは、実際に昇給分が支払われ始めるのが７月であるため、昇給前の４～６月の従前の報酬をベースに通常どおり定時決定を行います。ここで決まった標準報酬月額から昇給により２等級以上変動する場合に、固定的賃金に変動があったとして改めて７～９月の報酬で随時改定を行い、10月から新たな標準報酬月額が適用されることとなります。

　なお、支払いは７月以降でも４～６月に遡って昇給を発生させるような場合には、変動が反映された月（差額調整が行われた月）を起算月として、それ以後継続した３カ月間に受けた報酬を基礎として、保険者算定による随時改定を行います（令３・４・１事務連絡）。

定時決定に影響か　３カ月清算のフレックス

　　４月から清算期間が３カ月のフレックスタイム制を導入します。報酬関係に変更はなく、月末締め翌月10日払いのまま、手当の創設などもありません。４〜６月の残業代（４、５月は月50時間を超える分除く）を清算期間後の７月10日に支払うこととなりますが、標準報酬月額の定時決定に影響はありますか。【京都・G社】

## A. 通常どおり４〜６月で

　　定時決定は、６月入社などを除き、７月１日時点で在籍している労働者を対象として、４〜６月に支払われた報酬をベースに標準報酬月額の等級を改定する仕組みです（健保法41条）。改定後の等級は、随時改定などがない限り、９月〜翌年８月まで適用されます。

　　ご質問のケースでは、原則、通常どおり、４〜６月の報酬で定時決定を行います（日本年金機構）。貴社の報酬支払い日などでは、現実に４〜６月に受けた報酬が基礎となります。よって、４〜６月の残業代を含んだ支払い日が７月10日の報酬は、７月の報酬にカウントされます。また、実際に７月に残業代が支払われても、非固定的賃金に該当し、随時改定の対象などにもならないでしょう。

 随時改定の対象？　懲戒処分による減給制裁

　ある従業員について非違行為が複数件発覚したことから、懲戒処分として、減給としました。減給後の報酬を計算していくと、結果的に、健保法における標準報酬月額の等級が２等級変動することになりそうです。このようなケースにおいても、随時改定の対象となるのでしょうか。【三重・Ｔ社】

# A. "固定" 変動せず対象外

　標準報酬月額の随時改定は、①固定的賃金に変動があり、②変動月からの３カ月間に支給された報酬（残業手当なども含む）の平均月額に該当する標準報酬月額とこれまでの標準報酬月額との間に２等級以上の差が生じ、③各月とも支払基礎日数が17日（特定適用事業所に勤務する短時間労働者は11日）以上――の３つを満たすときに実施します（健保法43条）。

　降格などを伴わない懲戒処分による減給制裁は、３カ月以上であっても固定的賃金の変動には当たらないとされているため、随時改定の対象にはなりません（令3.4.1事務連絡）。無給の停職処分も対象にならないとしています（日本年金機構疑義照会）。一方で、降格処分となり役職手当が付かなくなるなど固定的賃金が変動するケースでは、随時改定を行うこととなります。

 **随時改定に該当？　本業と兼業で変動発生**

嘱託で週3日勤務、旧友の手伝いで週3日ほど兼業する労働者がいます。当社は企業規模から特定適用事業所で、兼業先も、令和4年10月に常時101人以上で対象となるのをにらみ任意特定適用事業所となっているため、双方健康保険の被保険者です。当社の賃金見直しと兼業先の昇給が偶然重なりましたが随時改定はどう考えますか。【栃木・B社】

## A. 事業所ごとに対象かを判断

同時に2以上の事業所で被保険者となる場合、標準報酬月額は、被保険者となる各事業場において算定した報酬月額を合算し決定します（健保令47条）。各事業主が負担すべき保険料額は、標準報酬月額から計算した保険料額の半額に、報酬月額の合算額に対する各事業主が支払った報酬月額の割合を乗じて算出します。

ご質問のケースは、週3日勤務などから短時間労働者に当たると考えられ、固定的賃金の変動以後、連続する3カ月間で各月の支払基礎日数が11日以上、かつ新しく算定した標準報酬月額が従前より2等級以上変動する場合、随時改定の対象となります。この判断は事業所ごとに行い、変動のあった事業所の報酬月額に基づく標準報酬月額でみることになります（日本年金機構疑義照会）。

 **報酬支払い何日に　17日で随時改定どう判断**

報酬支払基礎日数の数え方ですが、欠勤控除する場合どのようにカウントすれば良いのでしょうか。暦の日数から差し引く形で良いでしょうか。【神奈川・H社】

## A. 欠勤控除のルール影響

被保険者の報酬が、固定的賃金の変動に伴って大幅に変わったときは、定時決定を待たずに標準報酬月額を改定します（健保法43条）。昇給や降給のほか、手当の変動等があります。その他、勤務体系（契約時間）が変更になる場合も、固定的賃金の変動になると解されています（令3・4・1事務連絡）。

随時改定は、3つの条件をすべて満たす場合に行います。固定的賃金の変動のほか、変動月からの3カ月間の報酬の平均月額が2等級以上変動し（昭36・1・26保発4号）、同3カ月間の各月ともに報酬支払基礎日数が、17日（特定適用事業所に勤務する短時間労働者は11日）以上必要です。単に欠勤控除したのみでは、固定的賃金の変動には当たりません（日本年金機構疑義照会）。

報酬支払基礎日数とは、「報酬の額を決定するとき、その計算の基礎となった日数のこと」（健康保険法の解釈と運用）です。月給者について、欠勤控除がある場合、就業規則等に基づき事業所が定めた日から、欠勤日数を差し引いて計算します（平18・5・12庁保険発0512001号）。

## Q25 終了時改定の対象か　育休を1月だけ取得で

男性の育児休業取得促進に向け環境整備を進めており、近々1カ月程度休む予定の者が現れます。その取組みの一環として業務の見直しも実施し、定時決定のときより残業時間を減少させることができたのですが、このような短い育休であっても、育休終了時の標準報酬月額改定の対象なのでしょうか。【静岡・K社】

# A. 期間要件はなく対象に

　育児休業等の終了後に３歳に満たない子を養育する被保険者は、事業主を経由し保険者に申し出ることで、標準報酬月額を改定できます（健保法43条の２）。育児休業等には、育介法２条１項の育休のほか、３歳までの子を養育する労働者へ行う、育休に準じて講ずる措置による休業なども含みます。

　従前の標準報酬月額と、育休終了日の翌日が属する月以後３カ月間の報酬の平均額に基づく標準報酬月額との間に１等級以上の差が生じれば、固定的賃金に変動がなくても、４カ月目から改定可能です。この３カ月は継続している必要があります。また、原則、報酬支払基礎日数が17日未満の月は除きますが、カウントする月が１月でもあれば対象となります。

　改定の要件に育休の取得期間に関する定めはありません。ご質問のように短い期間でも対象になるでしょう。

## Q26 標準賞与額へ累計か　退職月に支払った場合

　話し合った結果、来月中旬の賞与支払い日の数日後に退職する従業員がいます。基礎的な内容ですが、退職月の保険料徴収はどうなっていますか。標準賞与額には年単位の上限がありますが、この累計のカウントに保険料徴収の有無は関係するのでしょうか。【奈良・Ｔ社】

# A. 月中退職で徴収なし　累計額には含まれる

　保険料は、被保険者資格を取得した月から喪失した月の前月まで徴収されます（健保法156条）。転職などで退職した場合、退職日の翌日に被保険者資格を喪失するので（同法36条）、保険料の徴収は、

5月中の退職なら4月分まで、月末の5月末なら6月1日喪失でその前月の5月分までとなります。賞与も同様です。なお、報酬からの保険料の源泉控除については、月末退職に限り、退職月とその前月の2カ月分を一度に控除できます。

ご質問のケースは月中の退職ですから、賞与に関する保険料は徴収されません。一方、標準賞与額の上限は、1年度間で累計573万円と定められており（同法45条）、累計額をみる際には、保険料が徴収されない退職月の賞与もカウントされます（平19・5・1庁保険発0501001号）。

 **賞与不支給の届出必要か　これまで使った記憶なく**

社会保険関連で各種手続きをチェックしている中で、「健保・厚年賞与不支給報告書」という様式をみつけました。当社の経営状況からいえば、賞与が不支給になる可能性は低いですが、どのような場合に使用するのか、後学のために教えてください。【長野・S社】

## A. 「総括表」廃止が関係　添付書類省略で見直し

行政窓口に提出する書類等については、手続きの簡素化が進められています。社会保険関係でも、添付書類の省略や押印欄の削除等の改正が実施されています。

お尋ねにある「賞与不支給報告書」は、添付書類の省略に関係します。

事業主が賞与を支払った際には、支払いから5日以内に「賞与支払届」（様式6号）を年金事務所等に提出します（健保則27条）。なお、この様式6号等に関しては、令和2年12月25日公布の「押印を求

める手続きの見直し等のための厚生労働省関係省令の一部を改正する省令」により、事業主氏名等の押印を省略する形に改められています。

　従来、賞与支払届を提出する際には、「被保険者賞与支払届総括表」を添付する規定となっていました。

　しかし、行政手続きについて、オンライン化、添付書類の簡素化の推進を図る一環として、令和3年4月1日から、総括表の添付は廃止されることになりました。なお、定時決定に用いる「被保険者月額算定基礎届総括表」も同時に添付不要となります。

　改正前、賞与を支払わなかった事業主については、この賞与支払届総括表により報告を行う仕組みとなっていました。健保の適用事業所の事業主は、新規適用事業所の届出をする際、賞与支払予定月を登録します。予定月が到来すれば、賞与支払届総括表で、実際に支払いを行った年月・支給の有無・支給予定日の変更等を報告します。

　改正により、総括表が廃止されたことで、不支給等の場合の手続きを別に定める必要が生じました。そこで、新たに「不支給報告書」の様式が定められ、不支給（支給予定月の変更があれば変更月も）を報告するルールに変更されたものです。

## Q28　賞与免除の対象か　施行日をまたぐ育休で

　育児休業中の社会保険料の免除の仕組みが変わるといいます。気になるのは施行日をまたぐ場合ですが、賞与の保険料の取扱いはどのようになっているのでしょうか。【宮城・M社】

## A. 令和4年10月開始なら新法

　社会保険料が免除されるのは、育児休業等をしている被保険者です（産前産後休業の免除の適用を受けている場合を除く）。

改正前の法では、報酬と賞与の保険料で区別はありません。法改正後は、育休期間が1カ月以下である者は、標準報酬月額に係る保険料に限り、免除される仕組みになります（改正法159条カッコ書き）。したがって、月末に育休を短期取得するケースでは、賞与に関して免除の対象になりません。

改正法の施行は、令和4年10月です。賞与の一般的な支給時期からすると、問題になり得るのは令和4年の冬季以降です。保険料免除に関する経過措置が、改正法の附則に定められています（令3・6・11法律66号3条3項）。施行日以後に開始する育児休業等について（新法を）適用します。その他、連続する2以上の育休等は、その全部を一の育休等とみなすとあります。

## Q29 育休保険料免除の対象か　期間は10日程度で短期

当社として、初めて男性の育児休業対象者が出ます。とはいっても、期間は10日程度の短期間です。1カ月の半分に満たない期間ですが、こういう場合、社会保険料の免除に関しては、どのような取扱いになるのでしょうか。【山梨・Ｖ社】

## A. 月またぐなら1カ月分　不合理な仕組み見直しへ

育児休業の取得率は、男女で大きな違いがあります。女性は、平成19年度以来、80％超の水準で推移しています。一方、男性は、近年、急速に利用者が増えているとはいえ、令和元年度で7.48％という状況です（厚労省「雇用均等基本調査」）。

しかも、男性の場合、取得期間1カ月未満が全体の81％を占めるという状況です。

育児休業を取得した従業員については、社会保険料（健保・厚年）を免除する規定となっています。健保法を例にとると、対象期間は「育

休を開始した日の属する月から休業が終了する日の翌日が属する月の前月まで」となっています（159条）。

　ですから、ご質問のように10日の育休を取得するとして、そのカレンダー上の位置により、取扱いが異なってきます。

　たとえば、30日の月の26日に休業を開始し、翌月の5日に終了したとします。この場合、休業開始日（30日）の属する月と休業終了日の翌日（6日）の前月の属する月は、同一の月となります。ですから、1カ月分の保険料が免除となります。

　しかし、11日に休業を開始し、同月の20日に終了したとします。この場合、休業終了日の翌日（6日）の前月の属する月は、休業開始日（30日）の属する月の前月となります。つまり、免除の対象となる月が1カ月もないという結果になります。

　休業期間が同じでも、免除の対象になるときと、ならないときがあるという不合理な仕組みとなっています。

　この点については、法改正が行われ、令和4年10月から報酬は2週間以上の休業、賞与は1カ月以上の休業が免除の要件として追加されます。

## Q30　育休取得し子の扶養は？　妻は自営で国民健康保険

　当社で、男性従業員が育児休業の取得を申し出てきました。これまで男性の取得者は何人かいましたが、今回はちょっと特殊なケースです。奥さんが美容院を経営し、国民健保の被保険者となっています。夫が休んでいる間、そのまま子供を被扶養者にしても構わないのでしょうか。【宮崎・N社】

## A.　特例で継続する扱い　原則は収入等が多い方

健保の被保険者（質問のケースでは夫）と国保の被保険者（同じ

く妻）が子供を養育している場合、2とおりのパターンが考えられます。

第1は、夫が「主として生計を維持する者」と認められる場合で、子供は夫の被扶養者となります。第2は、妻が主たる生計維持者となる場合で、子供は国保に加入します。妻も子も被保険者という位置付けですが、保険料は世帯単位で決定され、世帯主が納付する形となります。

共働きの被扶養者の取扱いについては、長年、いわゆる「昭和60年通知（昭60・6・13保険発66号）」に基づいて処理されていました。しかし、令和3年4月に、より詳細に判断基準を明らかにした通達（令3・4・30保保発0430第2号）が出されています。

夫婦の一方が国保の被保険者の場合、「健保被保険者については『年間収入』を、国保の被保険者については直近の年間所得で見込んだ年間収入を比較し、いずれか多い方」が主たる生計維持者となります。

健保被保険者の年間収入は、「過去の収入、現時点の収入、将来の収入等から今後1年間の収入を見込んだ」額を用います。

健保被保険者が主たる生計維持者となり、子供がその被扶養者となっているケースで、年間収入が逆転したときは、健保の方の被扶養者認定を削除するのが原則です。

しかし、健保被保険者が育児休業等（健保法43条の2にその範囲が示されています）を取得したときは、特例が認められます。通達では、「当該休業期間中は、被扶養者の地位安定の観点から被扶養者を異動しない」と述べています。

## 育休免除の対象拡大に？　法改正で基準変更と聞く

育休時の社会保険料免除について、法改正により、基準が変わるといいます。実際に、法改正が決まったのでしょうか。以前に比べ、休業取得者にとって、有利に変わったという理解でよいのでしょうか。【宮崎・Ｔ社】

## A. 月をまたぐ必要なくなる　賞与は１カ月超休業なら

健保法を改正する法律は、令和３年６月11日に公布されました。育休時の社会保険料免除に関する改正は、令和４年10月１日から施行されます。

まず、「なぜ改正が必要だったか」という理由を再確認しましょう。健保の条文を使って、説明します。

改正前は、「休業開始日の属する月から休業終了日の翌日が属する月の前月までの期間、保険料を徴収しない」という文言が用いられていました（健保法159条）。

これによると、休業開始日の属する月と終了日の翌日が属する月が同じ（休業が「月をまたがない」）場合、免除月が存在しないという結果になります。

また、単に保険料の免除と書いてあるので、報酬（月給）に関する免除、賞与（ボーナス）に関する免除について、取り扱い上の際もありません。

結果として、月末に数日、「月をまたぐ」形で休業を取り、月給・ボーナスともに保険料の免除を受けるというケースが存在すると指摘されていました。

改正後は、次のような条文に変更されました（一部省略）。

「次の区分に応じ、保険料（育児休業等の期間が１月以下である者については、標準報酬月額に係る保険料に限る。）は、徴収しない。

一休業開始日の属する月と休業終了日の翌日が属する月とが異なる場合休業開始日の属する月から休業終了日の翌日が属する月まで

　二休業開始日の属する月と休業終了日の翌日が属する月とが同一であり、かつ、休業日数が14日以上である場合当該月」

　改正前との変更点をみると、第1に、「月をまたぐ」場合については従来どおりですが、「月をまたがない」ときも、休業日数14日以上であることを条件に、免除の対象とするルールに変わりました。「月をまたぐ」ときは、これまでどおり、14日未満でもOKです。

　ちょっとバランスが悪い感じもありますが、以前より、被保険者に有利になったのは間違いありません。

　第2に、標準報酬月額以外の保険料（つまり、ボーナスに関する保険料）に限っては、休業期間が1カ月超ないと免除を受けられなくなりました。これは、被保険者に不利な改正です。しかし、「制度の不適切な利用」を防ぐという意味では、避けて通れない方針転換だったといえそうです。

 **Q32** 配偶者の介護保険料は？　65歳到達後に再雇用

　当社の嘱託社員が、まもなく65歳に到達します。70歳まで継続雇用に関する改正高年齢者法の施行を設け、65歳到達後も嘱託契約を更新することに決まりました。そこで疑問なのですが、この方が65歳に到達した後、奥さんの介護保険料は別に納める必要があるのでしょうか。【富山・B社】

**A.** 引続き「2号」で徴収せず　年金は1号へ切換えも

　一般従業員で、40歳以上の方については、通常、健康保険料に上乗せで介護保険料を納めます。

　健保法156条では、介護保険法9条2号に規定する被保険者につ

いては、標準報酬月額・賞与額に一般保険料率（健保の保険料率）と介護保険料率を乗じて得た額を保険料として徴収すると定めています。

介護保険法では、2号被保険者を「市町村の区域内に住所を有する65歳未満の医療保険加入者」と定義しています。ですから、健保の被保険者（医療保険加入者）であっても、65歳に到達すると、介護保険の2号被保険者ではなくなり、1号被保険者となります。

お尋ねの方は、65歳まで健保と介護保険料をまとめて支払っていましたが、65歳到達後は、介護保険の自己負担分を別に納める形となります。これまで、奥さん（65歳未満として）の介護保険料は「夫が健保の保険料に上乗せで支払っているから」、納める義務がなかったわけです。しかし、夫の給与から介護保険料が徴収されなくなった後、奥さんの納付義務はどうなるのか、というのがご質問の趣旨と理解します。

しかし、夫が65歳に達した後も、引き続き健保の被保険者であるため、奥さんの被扶養者という立場にも変化がありません。つまり、介護保険の2号被保険者のままですから、これまでと同様に、個別に保険料を納める必要はありません。

健保の被扶養者の介護保険料は、健保財政全体の中で、負担される形です。配偶者が個別に介護保険料をどのような形で支払っているかは、直接、関係がありません。

紛らわしいのは、国民年金の第3号被保険者です。ご質問の方が65歳に達しても、フルタイムに近い働き方なら、引き続き厚生年金の被保険者となります。しかし、年金の受給資格がある人は、国民年金の第2号被保険者ではなくなります（国年法附則3条）。

夫が第2号被保険者でなくなれば、妻（60歳未満として）も第3号被保険者資格を喪失します。この場合、妻は国民年金の第1号被保険者の資格を再取得し、国民年金保険料を自ら納める必要があります。

夫が65歳以上も働き続ける場合、健康保険・介護保険と国民年金では、身分の切換えに関する取扱いが異なる点には、留意が必要です。

## Q33 事業主がケガして健保？　「特別加入」せずどうなる

　健保では、業務上の傷病は、原則として保険給付の対象としていません。しかし、中小事業主が業務上の事故に遭ったとき、特別加入の手続きを採っていなければ、労災の保護対象になりません。労災保険の業務上災害に該当しないのですから、健保の保険証を使って治療を受けられそうな気もするのですが、どうでしょうか。【熊本・Ｉ社】

## A. 事業所５人未満のみ対象　民間保険なども選択肢に

　関連する条文を確認しましょう。

　まず、健保法１条では、「労災法７条１項１号に規定する業務災害」以外の傷病を保険給付の対象にすると定めています。７条１項１号とは「労働者の業務上の災害」を指します。

　一方、健保法53条の２では、被保険者またはその被扶養者が法人の役員の場合、「役員としての業務に起因する傷病に関して保険給付を行わない」としています。

　役員とは、「業務を執行する社員、取締役、執行役またはこれに準ずる者（同等以上の支配力を有すれば、相談役、顧問その他いかなる名称を有する者であるかを問いません）」をいいます。ただし、役員であっても、「被保険者の数が５人未満の適用事業所に使用される役員」は除かれます。

　ですから、業務上の傷病という観点からみると、健保の被保険者・被扶養者は、大きく４グループに分かれます。

　①　労働者（特別加入により労働者とみなされる場合を含みま

す）

② 労働者でなく、法人の役員でもない者（副業として請負業務を行う者、被扶養者として請負業務やインターンシップに従事する者）

③ 法人の役員（被保険者の数が5人未満）

④ 法人の役員（上記以外で、特別加入は未手続き、または加入資格を満たさない）

上記のうち、①は健保の対象にならず、労災の保護を受けます。②③は、逆に労災の対象外で、健保の保護を受けます。

④は、労災・健保のいずれの利用もできません。特別加入や民間保険の契約締結等も検討するのがベターでしょう。

## Q34 事業主の業務上災害は？　法人移行後も5人未満

個人事業主が、法人形態に会社組織を改める予定です。従業員数を増やすわけではなく、法人移行後も5人未満の状態のままです。この場合、社長は、業務上の災害であっても、健保の利用が可能と考えます。事業主は「労災保険の特別加入は不要」という意見ですが、どうなのでしょうか。【長崎・G社】

## A. 引き続き健保利用が可能　労災と給付内容異なる

法人形態の場合、業種・従業員数を問わず、健保の適用事業所となります。代表取締役も被保険者となりますが、「被保険者またはその被扶養者が法人の役員である」場合、法人の役員としての業務に起因する傷病は、健保の保険給付の対象になりません（健保法53条の2）。

ただし、「被保険者の数が5人未満である適用事業所の法人役員」については、例外が認められています。「従業員が従事する業務と同

一」（健保則 52 条の 2 ）であれば、業務上災害でも、健保の使用が可能です。

　一方、労災保険については、原則として、労働者のみ加入です（兼務役員も含みます）。しかし、中小企業であれば特別加入が認められています。こちらも、保険給付の対象になるのは、労働者が行う業務に準じたものに限られ、事業主本来の業務は除くとされています（平 14・3・29 基発 0329008 号）。

　ご質問にある事業主は、健保でも保険給付を受けられるのであれば、労災の特別加入は不要というご意見のようです。

　しかし、その給付内容の違いには留意が求められます。

　たとえば、休業の場合、役員であっても、傷病手当金も支給対象となります（平 25・8・14 事務連絡）。ただし、健保は賃金の 3 分の 2 相当ですが、労災は 8 割（特別支給金を含みます）です。

　障害・死亡の場合、労災保険からは障害補償年金・遺族補償年金等も支給されます。厚生・国民年金から同一事由に基づく年金が支給される場合、労災による年金が「減額調整」されますが、それでも上乗せ給付によるメリットは大きいといえます。

# 保険給付関係

**Q35** 1年半は起算日いつ　年休使って傷病手当金

傷病手当金の支給期間で疑問が生じました。年次有給休暇をまとめて消化してから傷病手当金を受給したとき、消化してから1年半なのでしょうか。消化し切る前に労務不能の期間がスタートしているように思うのですが…。【熊本・S社労士】

## A. 報酬の支給停止した日

傷病手当金は、労務に服することができなくなった日から起算して3日（待期）を経過した日から労務に服することができない期間、支給するとしています（健保法99条）。（連続して）3日間を年休とした場合も4日目から支給（昭26・2・20保文発419号）されます。

傷手金は「支給を始めた日」から通算して1年半を超えない（同条4項）とあります。この解釈として、事業主から報酬全額を受けている者の支給期間の始期は、「報酬等の支給が停止された日から、または、報酬の減額支給によりその支給額が傷手金の額より少なくなった日から」です（昭25・3・14保文発571号など）。これは手当金計算の際の「直近12カ月間の報酬」をみるときも同じです（平27・12・18事務連絡）。

本件をいいかえれば、報酬が、標準報酬月額の30分の1に相当する額の3分の2以上である場合の期間は支給期間に算入しません。

# Q36 初診日で判断か　傷病手当金に関する時効

従業員から傷病手当金を請求したいといわれたのですが、聞くと症状が出始めたのは2年以上も前でした。今でもたまに休むようですが、時効について、どのように考えればいいのでしょうか。【群馬・T社】

# A.　労務不能の日ごと進行

健保法193条に時効の規定があります。「保険給付を受ける権利は、行使できるときから2年を経過したときは時効によって消滅する」としています。療養の給付、出産育児一時金や高額療養費などを現物給付として受ける場合は通常問題とはなりません。

傷病手当金の消滅時効でポイントとなるのは起算日です。傷病手当金は、「労務不能であった日ごとにその翌日」が起算日となり、そこから消滅時効がスタートします（昭30・9・7保険発199号の2号）。症状が出たのが2年前でも、以後、労務に服することができない期間（健保法99条）があるかの確認は必要でしょう。ただ、3日連続して仕事を休み、4日目以降も休んだ日があることなどの条件があります。この3日には、公休日や年休取得日を含みます（その他、医師の証明を得られるかどうかもあります）。

# Q37 傷病手当金を調整か　休職者へボーナス支給

7月と12月にボーナスを支給しており、減額はあるものの、5月から休職中の従業員にも支払います。傷病手当金を受給中ですが、調整の対象になりますか。【鹿児島・N社】

# A. 報酬には該当せず対象外で

　傷病手当金は、業務災害以外の傷病で療養のために労務に服することができないとき、連続した３日の待期期間を経た後に支給対象となります（健保法99条）。１日当たりの支給額は、原則、支給開始日の以前12カ月間の各標準報酬月額を平均した額を30で割り、３分の２を掛け計算します。ただし、同法108条に調整規定があり、"報酬"の全部または一部を受けることができる場合、その間、傷病手当金は支給されません。報酬より傷病手当金の額が高い場合には、差額は支給されます。

　ここで報酬とは、賃金、給料などいかなる名称であるかを問わず、労働者が、労働の対償として受けるすべてのものをいいますが、臨時に受けるものと３月を超える期間ごとに受けるものは除きます（同法３条）。３月を超える期間ごとに受けるものは賞与とされ、ご質問のボーナスは調整の対象外です。

Q38 傷病手当金の通算どうなる？　１年６カ月が上限で

　健保法が改正されましたが、その中に、傷病手当金の見直しがあります。簡単な資料では、「支給期間の通算化を行う」と記載されていますが、具体的には、どのような改正が実施されたのでしょうか。【秋田・Ｏ社】

# A. 支給された日をカウント　「飛び飛び」でもフル受給

　条文自体は短いものですから、最初に、新旧を見比べてみましょう。
　改正前は、「傷病手当金の支給期間は、同一の疾病または負傷およびこれにより発した疾病に関しては、その支給を始めた日から<u>起算して１年６月を超えないものとする</u>」という文言でした（健保法99

条4項）。

　改正後は、上記の条文のうち、下線部分が「通算して1年6月間とする」に変更されています（令和4年1月1日施行）。

　数字自体は、改正前後ともに1年6月で変わりません。しかし、改正前の規定では、1年6月とは、支給の開始から終了までの期間を定めています。

　傷病手当金は、「療養のため労務に服することができなくなった日から起算して3日を経過した日から」支給されます（99条1項）。その後、労務に服せる状態になれば、支給が停止され、さらに再び労務不能になれば、「待期の適用なく」（昭2・3・11保理1085号）、手当金が支給されます。

　手当金は「飛び飛び」に払われる形となりますが、そうした場合であっても、最初に受給した日から「起算して」1年6月が経過すれば、手当金はストップする規定となっていました。

　一方、改正後は、1年6月とは、現実に手当金が支給された日数の合計（通算）を指します。「飛び飛び」で払われるときは、最初に受給した日から起算して終了するまでの期間は、1年6月をオーバーすることになります。規定が改められた背景には、医療技術の進歩により、慢性の病気で、働きながら治療する人の増加があります。

　改正法のベースとなった社会保障審議会の「議論の整理」では、「治療と仕事の両立等の観点から、必要な措置を講じる」べきと述べていました。

## Q39　傷手金の通算対象外？　施行日をまたいで受給

　傷病手当金の通算についてですが、施行日前に受給を開始している人は、通算の対象外でしょうか。経過措置等があれば教えてください。【北海道・Z社】

# A. 1年6月前は新法が適用に

　傷病手当金の支給期間に関して、健保法99条4項の規定は、「その支給を始めた日から起算して1年6月を超えない」としています。令和4年1月からは、「その支給を始めた日から通算して1年6月間」に改められました。公布のタイミングで通知も発出されています（令3・6・11保発0611第5号）。この法律の施行に関し、必要な経過措置を定めるとしていて、令和3年6月11日法律66号で附則が定められています。

　附則3条2項では、施行日の前日において、支給を始めた日から起算して1年6月を経過していない傷手金について、改正後の通算規定を適用するとしています。施行日である令和4年1月1日より前に、改正前の規定に基づき支給期間が満了したものは、従前の例によるとあります。

## Q40 傷手金申請に影響？　休職満了前の意見相違

　ストレスによる不調で休職していた従業員の休職期間満了が近付いています。たとえば、産業医が就労不可、かかりつけの主治医が就労可能と判断したとき、傷病手当金の支給申請に何か影響が及びますか。【新潟・S社】

## A. 診察行ったといえるかが鍵

　傷病手当金は、「労務に服することができない期間」に支給され得るものです（健保法99条）。その判断基準ですが、「必ずしも医学的基準によらず、その被保険者の従事する業務の種別を考え、その本来の業務に堪えうるか否かを標準として社会通念に基づき認定する」との考え方が示されています（昭31・1・19保文発340号）。

支給申請書には、医師等の意見書を添付する必要があるとされています（健保則84条）。ただし、申請書等に相当の記載を受けたときについては、意見書等の添付は要しない（同則110条）としています。

意見書を作成する医師等は、被保険者の主症状、経過の概要等を記載することとされているため、被保険者が診療を受けている医師等である必要（平26・9・1事務連絡）があります。そして、産業医が意見書の作成に当たって企業内で被保険者の診療を行う場合には、企業内に診療所等の開設がなされていることが必要としています。

## Q41 夜勤中早退どう計上　傷病手当金の待期期間に

当社の労働者で、22時〜翌日6時勤務の日において、急激に体調を崩し早退して直接病院へ行ったところ、そのまま入院となった者がいます。傷病手当金の待期期間について、1勤務が2暦日にわたる際は、どうカウントしますか。【北海道・S社】

## A. 暦日で考えてカウントする

健保法99条の傷病手当金は、被保険者が療養のため労務に服することができないとき、3日間の待期期間を経て、4日目から支給されます。この待期期間は、3日間連続していることが必要です。年次有給休暇や土日・祝日などの公休日もカウント対象となります。また、就労時間中に業務外の事由で発生したケガなどで労務不能状態になったときは、その日を待期の初日として起算します。

期間計算については、「…夜勤のものが午後6時から翌日午前6時まで勤務し1日の作業ではあるが、2日にまたがるような場合には暦日による」（昭4・12・7保規488号）としています。ご質問の

場合、待期期間の起算日は、日付が変わる前に帰宅したなら2日勤務の1日目で、変わった後なら2日目です。

## Q42 報酬合算して給付？　副業・兼業の傷病手当金

副業・兼業で複数の事業所に就業する場合、労災保険の補償が拡充されたといいます。社会保険関係ですが、傷病手当金等は報酬を合算するような取扱いになっているのでしょうか。【神奈川・R社】

## A. 被保険者資格取得が条件に

社会保険関係では、従前から「所属選択・二以上事業所勤務届」という手続きがありました（健保則1条の2、37条）。手続きが必要となる場合について、日本年金機構は、被保険者が同時に複数（2カ所以上）の適用事業所に使用される場合としています。ただ、届書の提出に当たっては、適用事業所の被保険者となるための「被保険者資格取得届」の提出が前提としています。

現在は複数の事業所で就労する場合においても、所定労働時間等の適用要件の判断は各事業所単位となっており、所定労働時間等の合算は行っていない（令元・9・20「働き方の多様化を踏まえた社会保険の対応に関する懇談会」）という状況です。複数事業所で勤務することのみで報酬を合算するわけではありませんが、ただ、各事業所で適用要件を満たすかどうかの判断は必要です。短時間労働者を被用者保険の適用対象とすべき事業所の企業規模要件は、段階的に引き下げられます。

# Q43　出産手当金の対象か　家族給付出る被扶養者

社労士試験の勉強中、被扶養者が対象の「家族給付」でよく分からなくなりました。産前産後期間に休んだ際の出産手当金は、被保険者も被扶養者もその間休んだとき、対象となるのは被保険者のみでしょうか。【大阪・Ｒ子】

## A. 被保険者のみ支給

被扶養者が療養を受けた場合に関する保険給付は、健保法110条以降に規定があります。たとえば、被扶養者が出産したときの家族出産育児一時金は、被保険者に対し、支給します（法114条）。

出産手当金の対象となっているのは、被保険者です（法102条）。家族給付の範囲に、出産手当金は含まれていません。

パート・有期雇用労働者の中には、健康保険の被保険者でも被扶養者でもない人もいます。国民健康保険、国民年金に加入する形ですが、国民年金の保険料に関しては、産前産後期間は免除されるなど第2号被保険者に準じた仕組みが設けられています。ただし、出産手当金は支給しないという扱いです。

今後、社会保険の適用拡大が進められますが、医療保険で適用拡大を行うことの意義として、厚生労働省の医療保険部会では、出産手当金が健保法の法定給付であることを挙げていました。

 埋葬料は両親が対象に？　配偶者おらず子は
1人

従業員がお亡くなりになりました。奥さんは先に死亡されていて、子供が1人います。葬儀は、実質的には、従業員のご両親が取り仕切ります。こうした場合、健保の埋葬料の請求はどうなるのでしょうか。【愛媛・R社】

## A. 生計維持の被扶養者優先　次順位で「葬儀行った者」

健保の被保険者本人が死亡したとき、埋葬料と埋葬費の2種類の給付があります（健保法100条）。

埋葬料は、①生計維持関係にあり、②埋葬を行う者が対象で、金額は固定の5万円です。一方、埋葬費は埋葬を行った人が対象で、金額は埋葬に要した費用（上限5万円）となっています。

まず、埋葬料の要件を確認しましょう。被保険者の被扶養者以外であっても、生計費の一部を維持されていた者は、「生計維持関係にあった者」に該当します。親族である必要はなく、別居していても可です。

埋葬を行う者とは、社会通念上、埋葬を行う者をいい、「埋葬の事実如何に関せず、現実に埋葬を行なう又は行なった者ではない」とされています（昭2・7・14保理発2788号）。

ご質問のケースでは、残されたお子さんが埋葬料の要件を満たしそうです。

次に埋葬費ですが、こちらは「現実に葬儀を行った」ことが要件となっています。民法上の親族であっても、被保険者の被扶養者でなく、生計維持関係もなければ、こちらに該当します。もちろん、親族以外であっても、現実に葬儀を行えば、埋葬費の申請ができます。

ご質問のケースで、従業員とご両親が生計維持関係になければ、ご両親は「埋葬を行った者」に該当します。

健康保険法

2種類の給付の関係ですが、埋葬費は「埋葬料の支給を受けるべき者がいない場合に」、申請が可能とされています（健保法100条2項）。ですから、被扶養者であるお子さんがいれば、そちらの名義で埋葬料を申請することになります。被扶養者が埋葬料を申請する場合、手続きも簡単です（事業主の証明があれば可）。

# 第 6 章
# 厚生年金保険法編

総則関係

保険給付関係

# 総則関係

## Q1 未成年だが「3号」該当か　健康保険は被扶養者で

　中途採用で19歳の男性を採用しました。この方はすでに結婚していて、奥さんも同い年（20歳未満）ですが、今は短時間のパートで働いているそうです。健保の被扶養者に該当するとして、国民年金の第3号被保険者になるのでしょうか。【島根・O社】

## A. 20歳から期間算入する　合算対象期間に当たらず

　第3号被保険者とは、「第2号被保険者の配偶者であって主として第2号被保険者の収入により生計を維持するもののうち20歳以上60歳未満のもの」をいうと定義されています（国年法7条1項3号）。

　お尋ねの方は配偶者という要件は満たすものの、20歳未満という点がネックになります。しかし、夫である男性も19歳ですが、こちらは年金の加入手続きが必要とされています。そこで、「夫の保険加入に合わせて、奥さんの資格取得も認められるのではないか」という疑問が生じたと考えられます。

　まず、夫の取扱いから確認しましょう。国民年金の被保険者になるのは、原則として20歳以上60歳未満の人ですから、19歳の男性はこの条件に該当しません。一方、厚生年金には年齢の下限が設けられていないので、フルタイム勤務等であれば加入手続きが必要となります。厚生年金の被保険者（65歳以上で、老齢年金の資格期間を満たす場合は除きます）は、同時に国民年金の第2号被保険者となる規定です（国年法7条1項2号）。

ただし、「当分の間、第2号被保険者としての期間を有する者の20歳に達した日の属する月前の期間および60歳に達した日の属する月以後の期間は、保険料納付済期間に算入せず、合算対象期間に算入する」と規定されています（国年法昭60附則8条4項）。ですから、20歳前の第2号被保険者期間は、受給資格期間の計算に含まれますが、老齢基礎年金の額には直接反映されないという解釈となります。

　夫が20歳未満であっても、働くことによって厚生年金の加入手続きを採れば、奥さんは「第2号被保険者の配偶者」になります。つまり、奥さんが20歳以上で、被保険者と生計維持関係にあれば、国民年金の第3号被保険者になります。

　しかし、奥さん本人が20歳未満である場合、被保険者の条件を満たしません。20歳前の期間は、「合算対象期間」にも該当しません。

　結論としては、奥さんが20歳に達するのを待って、第3号被保険者として国民年金の手続きを採ることになります。

　国民年金第3号被保険者関係届をみると、「第3号被保険者になった日」を記入する欄があります。記載要領では、「20歳到達により第3号被保険者に該当した場合は、20歳になる誕生日の前日を記入してください」という説明書きが付されています。

# Q2 外国人は任意加入必要か　長期在留や移住を想定

　短期在留の外国人については、脱退一時金の拡充が図られたと聞きます。一方で、長期在留あるいは日本移住を望む外国人は、どのような扱いになっているのでしょうか。来日時点の年齢が高いと、10年の資格期間を満たさない可能性もありますが、任意加入する必要がありますか。【兵庫・Ｉ社】

## A. 永住許可得るかで異なる　厚年加入なら引続き2号

　年金の給付事由には、大きく老齢、障害、死亡の3種類があります。このうち、「老齢」については、保険料の未払い等がなくても、資格期間を満たさないという理由で給付を受けられないケースがあり得ます。

　老齢基礎・厚生年金は、基本的に「資格期間（国民年金の保険料納付済期間と保険料免除期間および合算期間）が10年以上の者が、60歳に達したとき」に支給されます（国年法26条、厚年法42条等）。来日した外国人や外国に居住する日本人については、この10年という要件を満たすのが難しいケースもあります。

　そこで、短期在留で帰国する外国人については、脱退一時金の制度が設けられています。その一時金の算定ベースとなる期間は、令和3年4月に3年から5年に延長されています。

　一方、長期在留する人は、10年に達した後に、老齢年金の資格期間の要件を満たすことになります。しかし、国民年金の被保険者（第1号、第3号）となるのは原則として20歳以上60歳未満ですから、ご質問にあるように「来日時点の年齢が高い」と、10年に達する前に被保険者資格を喪失するおそれがあります。

　仮にこの方が日本国籍または永住許可を得たとします。この場合、「国籍・許可取得前の海外在住期間のうち、20歳以上60歳未満」の期間は、年金の受給資格をみるうえでは、「合算期間」に算入されます（国年法昭60附則8条）。国籍・許可取得前の日本在住期間は、国民年金の保険料納付済（免除）期間ですから、両者を合わせて10年以上の条件を満たすはずです。

　日本国籍・永住資格を取得しない人の場合、資格期間が10年に達していなければ、60歳以上も国民年金への加入を続ける必要があります。この方が60歳到達以降も厚年の被保険者資格を継続していれば、その期間は同時に国民年金の第2号被保険者期間ですから、い

ずれ資格期間 10 年以上の条件をクリアできます。第 2 号被保険者にならないときは、第 1 号被保険者として「高齢任意加入」（国年法附則 5 条）の手続きを採るのがベターです。

　なお、日本国籍・永住許可の取得により受給権を得た人（合算期間は年金額に反映されないので、年金額が低い人）も、年金額そのものを増やすために高齢任意加入の仕組みを利用することができます。

## Q3　外国人の加入が厳しく？　健保は被扶養者で見直し

> 　外国人の被扶養者の要件に関する Q&A を読みました（5 章 Q4、214 ページ参照）。そこでふと疑問が生じたのですが、国民年金の関係でも、要件が厳しくなっているのでしょうか。【栃木・M社】

## A.　治療や観光目的は除外　原則「国内居住」要件に

　国民年金の第 1 号、第 3 号被保険者について、最新の定義をみてみましょう（第 2 号は変更なし）。

　第 1 号被保険者は、「日本国内に住所を有する 20 歳以上 60 歳未満の者であって 2 号、3 号に該当しないもの（老齢・退職を支給事由とする給付の受給権者その他法律の適用を除外すべき特別の理由がある者を除く）」、第 3 号被保険者は「第 2 号被保険者の配偶者（日本国内に住所を有する者または日本国内に住所を有しないが国内に生活の基礎がある者に限る）であって主として第 2 号被保険者の収入により生計を維持するもの（第 2 号被保険者その他法律の適用を除外すべき特別の理由がある者を除く）」となっています。

　まず、第 3 号被保険者の要件として、健保と同様に、「国内居住要件」が追加されています。日本国内で働く外国人が第 2 号被保険者（厚生年金の被保険者）となっても、配偶者が外国に居住していれば（つ

まり、日本国内に住所を有していなければ）、第３号被保険者になりません。

外国居住の例外として、「日本国内に生活の基礎がある」と認められる場合が挙げられていますが、その具体例は国年則１条の３に列挙されています。しかし、「外国において留学をする学生」「外国に赴任する第２号被保険者に同行する者」など、基本的に想定されているのは「日本人の配偶者が外国に出ていく」ケースのようです。

次に、第３号被保険者の適用除外として、「法律の適用を除外すべき特別の理由がある者」が挙げられています。対象は国年則１条の２で２種類が示されていますが、どちらも「日本国籍を有しない者であって、入管法の『特定活動』として法務大臣が定める活動に従事するもの」に分類されます。

第１は「本邦に相当期間滞在し、入院治療を受ける活動もしくはその者の日常生活上の世話をする活動を行うもの」、第２は「本邦に１年を超えない期間滞在し、観光、保養その他の活動を行うもの」とされています。第２号被保険者の配偶者が日本国内に住所を有しても、「入院治療」等が目的であれば第３号被保険者から除外されます。なお、外国人が第１号被保険者である場合、その家族が国内居住で、20歳以上60歳未満である場合、第１号被保険者となるのが原則です。しかし、こちらも「法律の適用を除外すべき特別の理由がある」（理由は前記と同様）ときは、第１号被保険者となりません。

## Q4 産前産後の年金計算は　国民年金第１号教えて

産前産後休業期間の年金保険料の免除ですが、当社には、厚生年金に加入する人、被扶養者、少数ですが国民年金第１号被保険者の人がいます。将来の年金額を計算するうえでは、どのように取り扱われるのでしょうか。【和歌山・Ｎ社】

## A. 納付済期間として処理

　産前産後休業期間は、社会保険（健保・厚年）の保険料の徴収を行わず（健保法159条の3、厚年法81条の2の2）、免除の期間中も被保険者資格（標準報酬月額）に変更はありません。将来、年金額を計算する際は、保険料を納めた期間として扱われます。

　国民年金法でも、法88条の2で産前産後の保険料を納付することを要しないとしています。年金額の計算において、たとえば保険料全額免除期間は2分の1で計算するのに対して（法27条8号）、産前産後の期間は、保険料納付済期間（法5条1項）となり、全額納付したものとして扱われます。注意点としては、仮に法定免除や申請免除の状態のときも、産前産後免除が優先されます（平30・12・6年管管発1206第1号）。

## Q5 「養育特例」は実施義務か　育休取得時に採る手続き

　当社は零細企業で、このたび初めて育児休業の取得者が発生し、社会保険料の免除等の手続きをしました。インターネットで調べると、復職後に「養育期間のみなし措置」を採るように推薦しているものもあります。これは、事業主として必ず実施しないといけない手続きなのでしょうか。【岡山・M社】

## A. 報酬低下の不利益を解消　1等級でも見直し可能で

　産前産後休業・育児休業を終了し、従業員が復職する場合、出産前と完全に同じように働けるとは限りません。

　なかには、休業に引き続き、所定労働時間の短縮（育介法23条）を申し出る方もおられるでしょう。休職前と所定労働時間が同じでも、所定外労働の制限（法16条の8）、時間外労働の制限（法17条）

を請求することも考えられます。

さらに、育介法の手続きを採らなくても、時間外労働等の実績が大きく落ち込むケースもあり得ます。

こうした場合、育児休業期間中は、通常、無給となり、雇用保険から育児休業給付が支給されます。報酬ゼロであっても、育児休業期間中の標準報酬月額は、育休前（産休前）の数字がそのまま用いられます。

しかし、休業から復職後、育休（産休）開始前と比べ、報酬の水準がダウンした場合、従業員は「育児休業等終了時の標準報酬月額の改定」を申し出ることができます（健保法43条の2、厚年法23条の2）。

育児休業終了時の標準報酬月額の改定については、随時改定（健保法43条、厚年法23条）と異なり、固定的賃金の変動がない場合、報酬月額の変動が1等級にとどまるときも、申出可能とされています。

育児休業終了後に標準報酬月額が改定（下方修正）されると、それに伴い、被保険者の社会保険料負担も軽減されます。

しかし、標準報酬月額の低下は、被保険者の不利益（将来受け取るべき年金額の低下）につながります。

このため、厚生年金の方では、「3歳に満たない子を養育するため被保険者の標準報酬月額の特例（養育期間の従前標準報酬月額みなし措置）」という仕組みが設けられています（厚年法26条）。

被保険者は、事業主を経由して保険者（年金事務所等）に「養育期間標準報酬月額特例申出書」を提出します（厚年則10条の2の2）。これにより、年金の計算に当たっては、改定後の低下した標準報酬月額ではなく、従前の（低下前の）標準報酬月額を用いることになります。

以上のとおり、「養育期間のみなし措置」の申出が必要なのは、「育児休業終了時の標準報酬月額の改定」により、標準報酬月額が低下

した被保険者に限ります。すべての被保険者について、手続きが必要なわけではありません。

## Q6 養育特例の対象か　初めて男性から申出

育児短時間勤務等で報酬が低下しても年金額に影響を及ぼさない「養育特例」ですが、当然に男性も対象と思っていたところ、ある男性から妻が専業主婦でも「養育」なのか聞かれました。育児と養育で異なる定義があるのでしょうか。【福島・R社】

## A. 標準報酬月額低下なら適用

　養育特例は、3歳未満の子を養育する（厚生年金の）被保険者の申出により適用する手続きです（厚年法26条）。特例の適用を受けるには、被保険者は事業主を経由して申し出る必要があります。

　短時間勤務のほか、所定外労働の制限（育介法16条の8）により残業を免除したとき、報酬が減ることがあります。報酬が減ってもただちに年金額の計算に影響を及ぼすわけではありませんが、定時決定や随時改定により、標準報酬月額も低下する可能性があります。低下した場合でも従前の標準報酬月額で年金額を計算することができるのが養育特例です。

　養育の定義は育介法の通達（平28・8・2雇児発0802第3号）にあります。「養育」とは、同居し監護するとの意であり、病気、旅行により短期間同居に欠けていても「養育している」ことに変わりがないとしています。父（男性）も対象です。添付書類は戸籍謄（抄）本または戸籍事項証明書などが原則必要です。

厚生年金法

転職でも従前月額？　3歳未満養育の特例措置

　　新たにフルタイムの労働者を雇います。現在、2歳になる子が
　いるといいます。子が生まれる前から続けていた前職は半年前に
　退職したそうです。前職では養育開始後に賃金が下がったとはい
　え、それでも当社より高かったと聞きます。転職しても標準報酬
　月額の特例措置は受けられますか。【香川・T社】

## A. 再び申出書を提出し手続き

　3歳未満の子を養育する期間に標準報酬月額が養育開始前より下
がった月があったとしても、年金支給額の算定時には、その各月に
つき、養育開始前の従前標準報酬月額をベースに計算する特例措置
があります（厚年法26条）。対象期間は、子の養育開始日が属する
月から、子が3歳に達するなど同条1項1～6号に該当するに至っ
た日の属する月の前月までです。養育開始月に被保険者でない場合
は、同月前1年以内における被保険者だった月のうち、直近の月の
標準報酬月額を基準とします。

　この特例措置は、転職などをしても受けられます。適用を受ける
際は、被保険者が事業主経由で（被保険者でない場合は適用を受け
る人自らが）申出をしますが、勤務した事業所の被保険者期間ごと
に申出書を提出します（日本年金機構）。

障害認定で保険料免除か　自然退職後に国民年金

> 事故で重傷を負って、入院中の従業員がいます。勤続年数が短く、当社規定では、３カ月の私傷病休職の後、自然退職となります。治ゆ後、障害年金を請求し、仮に障害等級に該当すると認定されたとします。その後は、国民年金の保険料も納める必要がないという理解でよいのでしょうか。【福島・Ｃ社】

## A. ３級は低所得の条件あり　免除率に応じ年金も減る

　貴社を退職し、厚生年金の被保険者資格を喪失した後、国民年金の第１号被保険者になったとします。国民年金には、法定免除・申請免除の仕組みが設けられています。

　法定免除は、要件に該当すれば「届出」により保険料が免除となります。申請免除は、その名のとおり、要件に該当する者による「申請」が必要です。

　障害に関しては、国民年金の障害等級１・２級（＝厚生年金の障害等級１・２級）に該当する場合、法定免除となります（国年法89条）。

　一方、厚生年金の障害等級３級は、対象から除かれています。基本的に保険料を納める必要がありますが、所得が著しく低い場合等には免除を申請できます。

　申請免除には、全額・４分の３・半額・４分の１の区分があります（国年法90条、90条の２）。

　保険料の免除を受ければ、それに応じて将来受け取る老齢基礎年金が減額されます。全額免除期間に対応する年金は、満額の３分の１相当になります。４分の３は同２分の１、半額が３分の２、４分の１が６分の５相当と定められています。

　障害年金の受給権者が65歳に達すれば、老齢基礎年金の受給資格も得ます。保険料の免除を受けていても、老齢基礎年金の受給資格

に関しては影響なしです。保険料納付済期間と免除期間は同じ扱いです。

　3級の障害厚生年金の受給者は、65歳になれば老齢基礎年金と併給する形となります。免除を申請せず、満額の保険料を納付していれば、老齢基礎年金の額は満額に近付きます。それに対し、免除を選択すれば、免除率が大きいほど老齢基礎年金の額は少なくなります（ただし、10年間はさかのぼって追納可能）。直近の保険料免除を受けるか、将来の年金額を増やすか、選択するのは受給者本人です。

　障害等級1・2級の場合、65歳になっても、通常は障害厚生年金と障害基礎年金をセットで受給します。法定免除の対象となっても障害基礎年金の額に影響は及びません。そうした関係から、本人の選択を待たず、申請なしで保険料を免除する規定となっています。

　ただし、法定免除の対象者も、将来的に障害が軽快する可能性があるときは、追納（直近10年分）の選択が認められています。

## Q9 追納で使えるのか　カードで支払いたいが

　学生納付特例を受けた時期の保険料の追納を考えていると従業員から相談がありました。当社に転職して来る前の失業期間中にクレジットカードで年金保険料を納付した経験があることから今回も同様の方法で納付したいといいますが、可能なのでしょうか。
【埼玉・D社】

## A. 納付書のみ　カードは使用できない

　学生納付特例など保険料の納付を免除された期間については、厚労大臣の承認を受け、保険料を追納することができます（国年法94条）。将来の年金額に反映されるようになりますが、納付可能なのは承認の日の属する月前10年以内の期間で、政令で定める額が加算さ

れます。

　ただし、追納に関しては、口座振替やクレジットカードによる納付はできないとしています（日本年金機構）。年金事務所で申込みをし、厚労大臣の承認を受けたうえで、納付書が渡されます。

　国年法では、申出をし、厚労大臣から納付が確実と認められ、かつ承認することが保険料の徴収上有利と認められるときに限り、口座振替やクレジットカードによる納付を認めていますが（法92条の2、92条の2の2）、通常の毎月の納付や前納などが対象です。

## Q10　年金の振込みいつ始まる　「誕生日翌月」だった記憶

　パート女性と談笑中に、年金の話になりました。この方はまもなく60歳になりますが、「年金の振込はいつ始まるか」と質問を受けました。誕生月の翌月からだったように記憶しますが、自信がありません。どのような規定になっているのでしょうか。【長崎・C社】

## A.　偶数月より支払い開始　裁定請求時は奇数月も

　今年（令和4年）60歳になるのですから、生年月日が「昭和37年4月1日から昭和39年4月1日まで」のグループに属します。この世代の女性は、60歳台前半の老齢厚生年金（報酬比例部分）の支給開始年齢が63歳となっています。ですから、年金受給までまだ3年ほどある計算です。

　年金の振込がどのような形で始まるかですが、まず基本ルールから確認しましょう。年金は、「支給事由が生じた月の翌月から、権利が消滅した月まで」支払われます（厚年法36条1項）。

　60歳代前半の老齢厚生年金は、以下の条件を満たすときに権利が生じます（厚年法昭60附則8条、8条の2）。

① 支給開始年齢到達（この方は63歳）

② 被保険者期間1年以上

③ 資格期間10年以上

　②③の条件をクリアしていれば、63歳到達月が「支給事由の生じた月」になります。ですから、「誕生日の属する月の翌月」から支給がスタートするという理解で間違いありません。

　しかし、年金は年6回、分割で支払われます。支給月は、2月、4月、6月、8月、10月、12月（偶数月）と定められています（厚年法36条3項）。支給事由が生じた月が奇数月だろうと、偶数月だろうと、それとは関係なく、支払は偶数月となります。

　例えば、12月には、10月、11月分の年金が支払われます。10月生まれの人は、翌々月の12月が最初の支払期月になります。

　しかし、「前支払期月に支払うべき年金等」があるときは、支払期月でない月の支払もあり得ます。裁定請求時には、手続きに一定期間を要する関係で、最初の支払いが奇数月となる可能性もあります。

## Q11 離婚時に分割どの方法？　専業主婦だが加入歴あり

　当社役員から、「私的な相談だが」と前置き付きで、離婚時の年金分割について質問がありました。この役員の奥さんは、子供が小学校に入るまでの間、専業主婦でしたが、それ以外は会社にお勤めされていたとのことです。厚生年金の分割には2とおりのパターンがあるようですが、どのように使い分けるのでしょうか。【北海道・Ａ社】

## A. 「3号期間」の報酬等分　2号時は合意で割合決定

　年金は、基本的に個人が納めた保険料等に基づいて計算されます。しかし、「婚姻期間中に負担した保険料は、夫婦が共同して納めたも

のとみなす」という考え方に基づき、離婚時の分割制度が設けられています。

ご質問にあるように、厚生年金には「合意分割」と「3号分割」の2種類のパターンが規定されています。

まず、3号分割（厚年法3章の3）からみていきましょう。こちらは、夫（妻）が国民年金の第2号被保険者（サラリーマン等）、妻（夫）が第3号被保険者（被扶養者）という組み合わせの期間が対象になります。

ご質問の例では、奥さんが「妊娠に伴う退職から子供が小学校に入るまでの期間」が該当します。ただし、平成20年3月31日以前の期間（第3章の3の施行以前の期間）は除かれます。

この期間は、夫（第2号被保険者）の標準報酬の2分の1が、強制的に分割されます。妻は専業主婦ですから第3号被保険者のはずですが、夫の2分の1の標準報酬額で厚生年金に加入していたとみなし、年金額を計算します。簡単にいうと、対象期間の夫の老齢厚生年金の半分が、奥さんの年金に上乗せされるイメージです。

次に、合意分割（厚年法第3章の2）ですが、上記の「3号分割」以外の期間のうち、結婚していた期間が対象になります。注意が必要なのは、平成19年3月31日以前（第3章の2の施行以前の期間）の「離婚」は適用外とされている点です。ただし、施行日以後の離婚であれば、施行日以前の結婚期間も含めて分割の対象となります。

ご質問の例では、これから離婚の協議を始めるのでしょうから、当然、合意分割の規定が適用されます。2人が結婚してから、妊娠により退職するまでの期間、および子供が小学校に入り、復職するまでの期間について、年金の分割が行われます。

分割の額は、夫婦合計の標準報酬の合計の2分の1を上限として定めます。イメージ的にいうと、対象期間の夫の老齢厚生年金が10万円、妻が6万円だったとしましょう。単純に2分の1で分割すると合意した場合、（10万円＋6万円）÷2＝8万円です。分割後は夫・

妻ともに8万円の老齢厚生年金を受け、それにその他の期間の老齢厚生年金、本人の老齢基礎年金が加算される形になります。

## Q12 付加保険の仕組み教えて　定年退職後に妻が加入

　　当社従業員がまもなく60歳定年を迎えますが、体調が思わしくないため、再雇用は選択せず、完全リタイアするというお気持ちのようです。ご本人の退職と同時に、奥さんが国民年金第1号被保険者となります。将来のことを考え、「付加年金の保険料も納めたい」とご相談を受けました。私としては初めてのケースですが、付加年金とはどういう仕組みなのでしょうか。【鹿児島・Ｔ社】

## A. 5年加入して終身支給　繰下げなら増額対象

　厚生年金の被保険者は、原則として、同時に国民年金の第2号被保険者となります。第2号被保険者に生計を維持されている配偶者（20歳以上60歳未満）は、国民年金の第3号被保険者となります（国年法7条）。

　しかし、厚生年金の被保険者が退職し、第2号被保険者でなくなれば、奥さんの第3号被保険者資格も喪失します。今後は第1号被保険者となり、保険料の納付義務も生じます。ちなみに、ご主人は60歳に到達するので、第1号被保険者への切替は不要です。

　奥さんが将来受け取る年金額を増やすため、付加年金制度の利用を検討されているということです。付加年金は、第1号被保険者（保険料免除者等は除きます）を対象とする仕組みです。厚生労働大臣に申し出ることにより、申出月の翌月から、通常の保険料に上乗せで「付加保険料を支払う者」になることができます（国年法87条の2）。実際の窓口は居住地の市町村役場で、保険料は月400円と定め

られています。

　付加年金は、保険料の納付者が65歳となり、老齢基礎年金の受給権を得たときに（同時に）支給がスタートします（国年法43条）。金額は、「200円×付加保険料納付済期間の月数」で計算します（44条）。

　ご質問のケースでは、奥さんの第1号被保険者への切替時に付加保険料に関する申出を行います。例えば、奥さんが55歳だとすると、60歳まで5年間、付加保険料を納めることになります。

　将来の年金額を増やしたいのであれば、60歳から65歳まで任意加入により、第1号被保険者となることも可能です（国年法附則5条）。この場合、付加年金も引き続き上乗せで加入することができます。

　さらに、繰下げ支給の申出を行えば、その月数に応じて老齢基礎年金の金額が増えます。この場合、付加年金も本体の年金とセットで繰り下げる形となり、金額の増額も行われますので、一考の価値ありです。

　なお、奥さんだけでなく、ご主人本人も、リタイア後（60歳に達した後）、国民年金に任意加入し、併せて付加年金の申込みをするという選択もあり得ます。しかし、若いときからずっとサラリーマンで、被保険者期間が40年（480月）近くある場合、老齢基礎年金本体の金額はそれほど増えない点には留意が求められます。

厚生年金法

# Q13 付加保険料の元取れるか　月400円を支払う

　専業主婦などが、付加年金の保険料を納めることで、将来の年金額を増やせるというQ&Aを読みました（6章Q12、274ページ参照）。月400円程度の出費増は問題ないのですが、先にお金を支払って、元が取れないということがあるのでしょうか。【北海道・A社】

## A. 受給2年以降はプラス　任意加入の均衡点10年

　付加年金は、国民年金の第1号被保険者が申出により、保険料を上乗せで支払い、将来の老齢基礎年金額を増やす仕組みです（国年法87条の2）。

　毎月400円ずつ支払うと、老齢基礎年金の額（年額）が「200円×付加保険料納付済期間の月数」だけ増加します（国年法44条）。

　1年に4800円（400円×12カ月）支払うと、将来の年金額が1年当たり2400円（200円×12カ月）増えるので、65歳以降、老齢基礎年金＋付加年金を2年受給すれば、元が取れる計算で、高リターンの制度といってよいでしょう。

　しかし、逆にいえば、受給期間が2年に満たなければ損をすることになります。極端な話、65歳前に死亡すれば納めた保険料は1円も戻ってきません。早めに死亡した際、補償する規定は設けられていません。

　また、ケガ等で障害が残り、遺族基礎年金を受給することになっても、付加年金相当の上乗せはありません。付加年金は、あくまで老齢基礎年金とセットだという点は、了解しておく必要があります。

　ついでに、60歳から65歳まで任意加入することにより、老齢基礎年金の本体を増やす方法についても得失を考えてみましょう。令和4年度の国民年金保険料は1カ月1万6590円ですから、5年分

（60月）は99万5400円です。

　一方、加入期間が5年長くなることにより、増える年金額は次のとおりです。

　77万7800円×60月÷480月＝9万7225円

　ですから、均衡点は以下のとおり。

　99万5400円÷9万7225円＝10.23年

　利息等を考慮外とすれば、おおむね10年で元が取れます。

---

# 保険給付関係

---

## Q14　繰上げと就労の関係は？　減額率減って有利と聞く

　まもなく60歳になるパートさん（女性）と話をしていて、年金の繰上げ・繰下げが話題となりました。「そういえば、繰上げ率が以前より、有利になると聞きました」と私が指摘したところ、ご本人が強い関心を示されました。しかし、この方は60歳到達後も、継続して働くおつもりのようです。繰上げと就労の関係は、どうなっているのでしょうか。【和歌山・D社】

## A.　老齢厚生年金に影響なし　基礎年金は1年で24％減

　老齢基礎・厚生年金の受給開始年齢は、原則65歳に定められていますが、選択により繰上げ・繰下げが可能です。

　令和4年4月から、その仕組みの一部が変わっているので、受給間近の人の関心を引いているようです。繰下げについては、受給開始年齢の上限が、70歳から75歳に延長されます。一方、繰上げ制

度に関しては減額率が変更されます。

　老齢基礎年金の受給開始年齢の繰上げ請求をすると、繰り上げた期間に応じて、支給される年金額が減額されます。減額率は、繰り上げた月数の1カ月ごとに何％という形で定められています。

　改定前は1カ月当たり0.5％でしたが、平均余命の伸びに合わせて見直しが実施され、令和4年4月から0.4％に改定されています。

　減額率0.5％の場合、最大で5年の繰上げを申請すると、年金額は30％減（満額支給の70％）となりますが、減額率0.4％なら、24％減にとどまります（下表）。

　お尋ねの方は今年（令和4年）60歳になる（昭和37年生まれ）のですから、年金の受給開始年齢は63歳となります。63歳以前に老齢基礎年金の繰上げを選択するときは、60歳台前半の老齢厚生年金についても、繰上げ請求しなければならないので注意が必要です（国年法附則9条の2）。

　63歳から申請すれば、老齢基礎年金だけを繰上げ受給する形となります。在職老齢年金の対象となるのは60歳代前半の老齢厚生年金だけなので、就労していても、繰上げ受給した老齢基礎年金は全額支給されます。しかし、65歳に達しても、年金は減額されたまま（63歳未満で繰上げをすれば、老齢厚生年金も）ですから、繰上げの選択は慎重に検討すべきです。

**繰上げ受給時の減額率**

【改正前】令和4年3月まで

| 繰上げ請求時の年齢 | 減額率 |
|---|---|
| 60歳0カ月〜60歳11カ月 | 30.0％〜24.5％ |
| 61歳0カ月〜61歳11カ月 | 24.0％〜18.5％ |
| 62歳0カ月〜62歳11カ月 | 18.0％〜12.5％ |
| 63歳0カ月〜63歳11カ月 | 12.0％〜6.5％ |
| 64歳0カ月〜64歳11カ月 | 6.0％〜0.5％ |

| 繰上げ請求時の年齢 | 減額率 |
|---|---|
| 60歳0カ月〜60歳11カ月 | 24.0%〜19.6% |
| 61歳0カ月〜61歳11カ月 | 19.2%〜14.8% |
| 62歳0カ月〜62歳11カ月 | 14.4%〜10.0% |
| 63歳0カ月〜63歳11カ月 | 9.6%〜5.2% |
| 64歳0カ月〜64歳11カ月 | 4.8%〜0.4% |

## Q15 基礎年金減る以外に損は　繰り上げて就労したとき

　働きながら、老齢基礎年金を繰上げ受給するというQ&Aを読みました（6章Q14、277ページ参照）。併給が可能ということですが、パートさん等から質問があった場合、得失について、どのように説明すればよいでしょうか。金額が減るというほかに、デメリットはないのでしょうか。【北海道・D社】

厚生年金法

## A. 夫の遺族年金併給できず　障害基礎は受給権なし

　年金の受給権を複数得た場合、基本的には選択となります。しかし、老齢基礎年金の繰上げ受給については「取り返しがつかない」ケースもあります。特に女性は不利益が大きい場合があるので、注意が求められます。

　よく聞く話が、遺族年金に関する問題です。老齢基礎年金と遺族厚生年金は、年金の支給事由が異なるので、併給調整の問題が生じます。国年法の本則（20条）では、「老齢基礎年金の受給権者が厚年法による年金給付（遺族厚生年金を除く）を受けることができる場合、その支給を停止する」としています。「遺族厚生年金を除く」ですから、逆にいうと、老齢基礎年金と遺族厚生年金の併給は可能です。

　ただし、附則で「当分の間、老齢基礎年金の受給権者（65歳に達

している者に限る）」と読み替えるルールになっています。つまり、65歳までは、繰上げ受給した老齢基礎年金と遺族厚生年金は選択（併給不可）するほかありません。

　女性が老齢基礎年金の繰上げを選択した後、夫が死亡し、遺族厚生年金の受給権を得たとします。遺族厚生年金を選択した場合、せっかく繰上げした老齢基礎年金を受けられないという結論になります。しかも、65歳以降も、年金は減額されたままです。

　遺族関係では、国民年金独自の給付である寡婦年金も要注意です。対象となるのは、主として第1号被保険者だった夫が死亡した妻で、支給期間は60歳から65歳までの間です（国年法49条）。こちらも、繰上げ受給の老齢基礎年金と寡婦年金は、どちらか選択となります（国年法附則9条の2第5項）。

　このほか、障害基礎年金は、受給権そのものに影響があります。障害基礎年金は、現に被保険者である人だけでなく、「被保険者であった者であって、日本国内に住所を有し、かつ、60歳以上65歳未満である者」も対象となり得ます（国年法30条）。

　つまり、60歳に到達し、被保険者でなくなった後、ケガ等をしても、障害基礎年金の請求が可能です。しかし、老齢基礎年金の繰上げを選択すると、障害基礎年金の請求は認められません（国年法附則9条の2の3）。

　60歳到達後も就労を続け、ある程度の収入が確保できるのであれば、あえて繰上げを急ぐ必要もないといえます。

 在職老齢いつ見直しに？　減額の対象者減ると聞く

私はまもなく 63 歳になり、60 歳台前半の老齢厚生年金の受給権を得ます。嘱託再雇用で働いているので、在職老齢年金の規定が適用され、年金の一部がカットされると思います。しかし、最近、在職老齢年金の仕組みが変わり、減額の対象にならない範囲が広がったと聞きます。改正はいつからで、私は新制度の恩恵を受けることができるのでしょうか。【東京・K生】

**A.** 計 47 万円まで調整なし　令和 4 年 4 月から施行

年金制度改正法は、令和 2 年 6 月 5 日に公布されました。「60 歳代前半の老齢厚生年金」を対象とする在職老齢年金制度も改正され、令和 4 年 4 月 1 日から施行されています。

ご質問者は、63 歳から「60 歳台前半の老齢厚生年金」が支給されるので、生年月日が「昭和 32 年 4 月 2 日から昭和 34 年 4 月 1 日まで」の階層（男性）に属します。

たとえば、昭和 33 年 4 月生まれで、総報酬月額相当額 28 万円、年金の基本月額が 8 万円だったとしましょう。

この方が年金の受給を開始する令和 3 年 5 月（63 歳の誕生月の翌月）の時点で、まだ改正法は施行されていません。ですから、改正前の在職老齢年金の規定が適用されます。改正前ルールでは、総報酬月額相当額と基本月額の合計が 28 万円（支給停止調整開始額）を超えると、年金の減額がスタートします。

支給停止額の計算方法は、総報酬月額相当額と基本月額の水準に応じて、4 とおり定められています。当回答では算式は省略し、結果だけを示しますと、この方の年金は 4 万円（4 万円が支給停止）となります。

しかし、令和 4 年 4 月から、対象になるのは、「被保険者等である

厚生年金法

日が属する月に、総報酬月額相当額と基本月額の合計額が支給停止調整額を超える」人です（厚年法附則11条）。

施行日以後に年金の受給権を得た人に限らず、それ以前から年金を受け取っている人も対象になります。

ここで用いる支給停止調整額は、「65歳からの厚生年金」の在職老齢年金で用いる額と同じ（令和4年4月現在は47万円）です。

支給停止額の計算式は、改正前と異なり、次の算式1種類のみです。

支給停止額（月額）＝（総報酬月額相当額＋基本月額－47万円）× 0.5

この計算式は、基本的に「65歳からの厚生年金」の在職老齢年金と同じです。

設例では、総報酬月額相当額（28万円）と基本月額（8万円）の合計が36万円ですから、支給停止調整額(47万円)を下回っています。この場合、改正法の施行後は、働いていても、減額なしで年金を受け取れるようになります。この改正により、年金カットがなくなる(満額受給となる）再雇用者は少なくないはずです。

 **役員報酬カットで年金は　在老全額ストップの状態**

当社の役員ですが、報酬額等の関係で、これまで在職老齢年金（60歳代前半）が全額ストップとなっていました。ところが、病気で入院し、しばらく出社できない状況が続く見込みです。仮に役員報酬を減額させた場合、年金の支給停止が解けるのでしょうか。【茨城・Ｙ社】

## A. 報酬月額改定後に支給へ　雇用継続給付も調整あり

役員報酬は事業年度単位で決まり、原則として固定ですが、病気で職務遂行できない場合等には、減額が認められるケースもあるよ

うです。

　在職老齢年金の仕組みが適用されるのは、「受給権者が厚生年金の被保険者である日が属する月」です（厚年法附則 11 条）。

　在職老齢年金で支給停止額を決めるファクターは、次の 2 種類です。

①　総報酬月額相当額（標準報酬月額＋過去 12 カ月の標準賞与額の 12 分の 1）

②　年金の基本月額（加給年金額を除く）

　実際に支払われた報酬額ではなく、標準報酬月額等を基準として調整を行うので、報酬額そのものの見直しがない限り支給停止額に影響は及びません。

　この役員の方の年金（報酬比例部分）が 15 万円だったとすると、総報酬月額相当額が 43 万円以上で年金が全額ストップとなります（令和 4 年 4 月からは、改正により支給停止とならない範囲が拡大）。賞与額も含めた報酬額ですから、役員クラスなら、この水準を超えているのが普通でしょう。

　報酬改定により、金額が上記水準を下回れば、年金の全額支給停止が解けます。

　一方、年金（在職老齢年金）が出るようになれば、雇用保険の高年齢雇用継続給付との併給調整についても考える必要があります。併給調整は、「受給権者が厚生年金の被保険者である日が属する月で、その者が高年齢雇用継続給付の支給を受けることができるとき」に対象となります。

　こちらは、高年齢雇用継続給付の支給限度額が 36 万 584 円（令和 3 年度）なので、報酬低下が小さく、雇用継続給付がゼロのままなら、併給調整の適用はありません。

## Q18 年金だけ受給可能？　高年齢継続給付やめて

現在、雇用保険の高年齢雇用継続基本給付金を受給している65歳未満の従業員が、近々老齢厚生年金を受け取れるようになります。「雇用保険の受給をやめて年金を満額受け取ることはできるのか」という質問を受けたのですが、このような措置を採ることは可能なのでしょうか。【埼玉・M社】

## A. 退職などの事由が必要

60歳代前半の老齢厚生年金と高年齢雇用継続基本給付金の両方を受けられるときは、後者を優先し、年金の全部または一部が支給停止されます（厚年法附則11条の6）。支給停止される年金額は、実際に支払われた賃金額にかかわりなく、標準報酬月額をベースに算定されます。

現行では、初回の高年齢雇用継続基本給付金の支給が認められると、その後に申請をしなかった場合でも、支給申請が可能な期間中は年金の一部支給停止は自動的に解除されない取扱いとなっています（日本年金機構）。①退職、②65歳到達、③支給申請を行わなかった月以後に不支給決定等の雇用情報が提供されたとき——のいずれかに該当したときに一部支給停止が遡及して解除され、支給申請をしなかった期間中の老齢年金が支払われることになります。

　　高年齢雇用継続基本給付金を受給すると、老齢厚生年金が調整され、かえって損になるケースがあるという話を耳にしました。そもそも、この2つはどのように計算するのでしょうか。また、たとえばどのようなケースにおいて逆転現象が生じ得るのでしょうか。【兵庫・O社】

# A. マイナスになるケースも　等級の加減などで該当

　　60歳到達時賃金を月31万2990円、60歳以降の賃金（みなし賃金月額）を月22万9000円として計算します。60歳以降の標準報酬月額は22万円となります。

　　まず、高年齢雇用継続基本給付金です。第一に、雇保則101条の4第1号におけるみなし賃金月額×75／100を計算すると、31万2990×75／100＝23万4742.5です。次に3号を求めますが、整理のため、①みなし賃金月額に485／10000を掛けた部分、②同号イの額をロの額で除して得た率と分けます。①は、31万2990×485／10000＝1万5180.015です。②は、イが1号－2号で23万4742.5－22万9000＝5742.5、ロがみなし賃金月額×14／100で31万2990×14／100＝4万3818.6となります。イ÷ロを計算し、②は5742.5÷4万3818.6＝0.131051653...です。3号は①×②で、1万5180.015×0.131051653...＝1989.366071...となります。第三に、最終的に求めたい率は｛1号－（2号＋3号）｝÷2号ですから、｛23万4742.5－（22万9000＋1989.366071...）｝÷22万9000＝0.016389231...で、支給率1.63％と計算できます。支給額は、22万9000×1.63％＝3732円です。

　　次に老齢厚生年金の支給停止額です。先に厚年法附則11条の6第

3号を計算します。（同1号－2号）× 485 ／ 1400 とされているので、（23万4742.5 － 22万）× 485 ／ 1400 ＝ 5107.223214... となります（2号は標準報酬月額）。最終的に求める支給停止率については、まず③1号－（2号＋3号）の部分が、23万4742.5 －（22万＋5107.223214...）＝ 9635.276785... と求めることができます。次に③を2号で割ると 9635.276785... ÷ 22万 ＝ 0.043796713... となって、これに6／15を掛けると 0.043796712... × 6 ／ 15 ＝ 0.017518685... で、支給停止率が 1.751868％と算出できます。よって、支給停止額は、3854円です。なお、183 ／ 280 という数字を出し解説していることがあります。③について、1号－2号＝Aとおくと、③＝（1号－2号）－ ｛(1号－2号)× 485 ／ 1400｝ ＝ A－（A × 97 ／ 280）＝ A ×（1 － 97 ／ 280）＝ A × 183 ／ 280 と整理すれば、登場します。

## Q20 振替加算のみ受給したい　年金支給は繰り下げる

　　短時間勤務の高齢パートの方から、年金のご相談を受けました。まもなく65歳に達しますが、繰下げ受給を考えているということです。ただし、夫の方が先に65歳になっているので、振替加算だけは先に受け取りたいというお話です。そんな選択が可能なのでしょうか。【秋田・Ｈ社】

## A. 基礎年金とセットに　増額対象からも除外

　質問された高齢パートの方は、すでにいろいろと年金のことをお調べのようです。まず、話の前提となる条件を確認しておきましょう。

　振替加算は、夫（配偶者）が老齢厚生年金（原則被保険者期間20年以上）や障害厚生年金などの配偶者加給年金の対象となっている場合、本人が65歳に達し、老齢基礎年金の受給を開始すると同時に

加算される給付です。

　昭和41年4月1日以前に生まれていることが条件ですが、パートの方はまもなく65歳になるのですから、問題ありません。

　「夫の方が先に65歳になっている」ということなので、通常は、65歳から老齢基礎年金と振替加算をセットで受給する形となります。しかし、ご質問者は、年金の繰下げ受給を希望されているとのことです。繰下げを受給すれば、繰下げ期間に応じて、老齢基礎年金の支給額が増えます。

　増額率は、1カ月当たり0.7％です。仮に3年、繰り下げたとすれば、年金額は0.7％×36カ月＝25.2％増加します。

　基礎年金部分は、4分の1相当増える計算です。しかし、振替加算は繰下げによる増額の対象になりません。3年後に年金の受給を開始したとすれば、その時点から「正規の金額」が支給されます。3年分の振替加算を、後から取り返すことはできません。

　このため、「振替加算だけ先に受け取れないか」というご質問になったと考えられます。しかし、そうした特例は認められていません。日本年金機構のＨＰ上でも、「繰下げ待機期間中は、振替加算部分のみを受けることはできません」と注意を促しています。

## Q21　妻65歳で加給年金停止か　年下の夫は「高報酬」

　社長の奥さんが会社役員を務めていますが、まもなく、65歳に達します。法律本則に基づく老齢厚生年金を受ける人は、通常、加給年金額が加算されます。この方の場合、夫が年下でまだ65歳に達していません。しかし、会社の社長として、高額の報酬を受け取っています。加給年金額は支給停止となるのでしょうか。
【新潟・Ｈ社】

# A. 年収要件満たす必要あり　在老全額カットなら支給

　配偶者加給年金額は、厚年の被保険者期間 20 年以上である老齢厚生年金を受けられるようになったとき、受給権者が 65 歳未満の配偶者の生計を維持していた場合に支給されます（厚年法 44 条）。

　典型的なのは、サラリーマンだった夫が 65 歳になり、年下の（65歳未満）の奥さんの生計を維持していた場合に、加算を受けるケースです。

　ただし、配偶者の条件等によっては、加給年金額が支給されない、あるいは支給停止となることもあります。

　ご質問のケースで、まずご本人（社長の奥さん）の厚年被保険者期間が 20 年以上あるとします。加給年金額を受けるためには、「その権利を取得した当時、配偶者（夫の社長さん）の生計を維持している」必要があります。生計を維持していると認められる基準は、配偶者の年収が将来にわたって 850 万円未満であることです（平 23・3・23 年発 0323 第 1 号）。

　「会社の社長として、高額の報酬を受け取っている」というお話ですので、この基準を満たしているか、チェックが必要です。夫の年収が 850 万円を超えていれば、奥さんの加給年金額の受給権は最初から発生しません。

　仮に生計維持関係が認められるとしても、配偶者が「被保険者期間 240 月以上である老齢厚生年金その他政令で定めるものを受けることができる」ときは、加給年金額は支給停止となります（厚年法46 条 6 項）。

　夫の年齢によりますが、すでに 65 歳台前半の老齢厚生年金の受給を開始しているとします。被保険者期間はおそらく 240 月を超えていると思いますが、その場合、上記の規定により、妻の加給年金額は支給停止という扱いです。

**Q22** 加給年金額はどうなる？　妻が特別支給の受給開始

　当社では、社長の奥さんも役員として名を連ねていますが、この奥さん（役員）が、まもなく特別支給の老齢厚生年金を受け取れるようになります。現在、社長の年金には、奥さんの配偶者加給年金額が上乗せされています。この場合、配偶者加給年金額に影響が出るように記憶していますが、詳しい内容を教えてください。【大阪・Ｔ社】

## A. 在老支給状態問わず停止　20年以上加入なら

　基本的な点から、再確認しましょう。

　老齢厚生年金の受給権者（原則として厚年の被保険者期間240月以上）が、その権利を取得していた当時、生計を維持していた65歳未満の配偶者があるとき、受給権者の年金に配偶者加給年金額が上乗せされます（厚年法44条）。

　現在、貴社の社長さんは、奥さんの配偶者加給年金額を受給中とのことです。しかし、まもなく奥さんが特別支給の老齢厚生年金を受け取るようになります。

　配偶者加給年金額は、老齢厚生年金（原則として厚年の被保険者期間が240月以上）、障害厚生年金その他政令で定めるものの支給を受けることができるときは、支給停止となります（厚年法46条6項）。

　社長の奥さんが、長年、会社役員等として厚年に加入していれば、この規定が適用される可能性があります。

　注意が必要なのは、この厚年令3条の7が令和4年4月1日付で改正された点です。

　改正後の条文は、「障害を支給事由とする給付であってその全額につき支給を停止されているものを除く」となります。ですから、改正後は、老齢厚生年金（厚年の被保険者期間240月以上）については、

厚生年金法

全額停止となっていても、配偶者加給年金額の支給停止は解除されません。

## Q23 雇止め後の認定が影響か　障害年金申請待つべき？

　長年、パートで勤務されていた方が、旅行中の事故で複雑骨折の重傷を負いました。当分の間、職場復帰は難しい状況なので、まもなく到来する契約更新の時点で、雇止めしたいと考えています。ご本人から、「辞めた後で障害が残ったら、障害厚生年金の申請に支障が出るのではないか」と質問を受けました。障害年金の申請手続きが終わるまで、休業扱いする必要があるのでしょうか。【宮城・I社】

## A. 「初診日」あれば請求可能　65歳までに等級該当なら

　障害等級1・2級の場合、障害基礎年金・障害厚生年金がセットで支給されます。3級なら、障害厚生年金のみです。

　このうち障害厚生年金は、基本的に会社等で働いている人を対象とする給付です。このため、ご質問にあるパートさんは「在職中に障害の認定を受ける必要があるのではないか」という疑問を抱かれたようです。

　しかし、障害が残るほどの傷病であれば、出勤は難しいのが実情で、治療中に雇用関係が終了するケースも少なくありません。

　障害厚生年金は、次の要件を満たす人に支給されます（厚年法47条）。

　　①　厚生年金の被保険者である間に初診日のある傷病で障害の状態になった

　　②　障害等級1～3級に該当する

　　③　初診日の前日時点で、保険料納付要件を満たしている

ご質問のケースでは、在職中の事故なので、①の要件は満たします。長年、パートで勤務されていたので、少なくとも「直近1年間に保険料の滞納もない」はずですから、③の要件も問題ありません。

　後は、②の要件をクリアすれば、障害厚生年金の受給権を得ます。障害認定のタイミングを確認しましょう。

　傷病により障害が残ったときは、「初診日から1年6カ月を経過した日」「傷病が治った（または固定した）ときは、その日」のうち、いずれか早い日が障害認定日となります。ですから、遅くとも1年6カ月後には、一度、障害認定を受ける形となります。障害認定日の段階で、厚生年金の被保険者であることは、要件とされていません。1～3級と認定されれば、障害認定日の翌月分から年金支給が開始します。

　仮に、障害認定日に障害等級1～3級に該当しなくても、「65歳に達する日の前日まで」に障害等級に該当する程度に状態が悪化したときは、その期間内に障害厚生年金の請求ができます（厚年法47条の2）。こちらも、請求の時点で厚生年金の被保険者であるか否かは関係ありません。請求の翌月分から年金が支給されます。

　以上のとおりですから、今回の傷病に伴い貴社を退職したとしても、障害年金の請求に際し、特段の不利益は生じません。ご本人に、障害認定の流れをキチンと説明してあげてください。

## 改定や併合には何がある　障害厚生年金の受給で

　当社には、家族が障害厚生年金を受給しているという従業員がいます。話を聞いていると、複数の障害が発生した場合の取扱いなどがさまざまに存在し、理解が追い付きません。従業員が受給するような事態となった場合に助言できるよう、整理し教えてもらえないでしょうか。【千葉・C社】

# A. 事後重症や基準障害など　新規受給は年齢へ注意

　障害厚生年金で、障害の増進や複数障害が関係してくるものには、新たに受給権が発生する①事後重症によるもの、②基準障害によるもの（いわゆる「初めて２級」）、すでに１～２級の障害厚生年金受給権者に関係する③併合に関するものがあります。

　まず、①事後重症による障害厚生年金（厚生法47条の２）は、疾病、負傷し障害Ａが残ったものの、厚年令別表１、２で規定する障害等級に該当しなかった場合において、障害Ａが増進し、障害等級３級以上に該当するようになったときに支給されます。65歳の前日までに障害等級に該当し、かつ請求する必要があります。また、障害Ａについて、初診日において被保険者であるという初診日要件と、原則として被保険者期間の３分の２以上保険料を納付している必要があるという保険料納付要件を満たしていなければなりません。年金の支給は、請求月の翌月からです。

　②基準障害による障害厚生年金（厚生法47条の３）は、１～２級に該当しない程度の先発の障害Ａを持つ者が、その後に障害Ｂ（基準障害）を負い、障害ＡとＢを併合して初めて１～２級に該当するような場合に支給されます。基準障害であるＢについてのみ、初診日要件と保険料納付要件が問われます。先発障害は複数あっても構いません。65歳の前日までに併合して１～２級に該当する必要があります。請求は65歳以降でも問題ありませんが、年金の支給は請求があった月の翌月からになります。

　③併合認定に関するものは、以下の２つに整理できます。いずれも、１～２級に該当する先発の障害Ａを持ち、かつ障害厚生年金の受給権を持つことが前提です。

　１つ目は、同受給権者に対し、さらに後発の障害Ｂが発生し、障害Ｂについても１～２級の障害厚生年金が発生した場合です。ＡとＢを併合した障害の程度による新たな障害厚生年金が発生し、従前

のＡ、Ｂに関係する障害厚生年金は消滅することになります。障害
Ｂを負った時期や請求等について、年齢制限はありません。

　２つ目は、１〜２級に該当しない程度の障害を指す「その他障害」
に関するものです。１〜２級の障害厚生年金受給権者に、その他障
害Ｂが発生した場合、ＡとＢを併合すると従前より増進したといえ
る際に年金額が改定されます。65歳の前日までに併合して増進し、
かつ受給権者が改定請求をする必要があります。

## 遺族と障害は併給可能か　寡婦がケガで退職したら

　長年、勤めていたパートさんで、夫の遺族厚生年金を受けてい
る方がいます。事故でケガをされ、長期療養のため、退職される
ことになりました。いろいろと相談に乗った際、「後遺症が残っ
たときは、障害年金を請求できるか」と質問を受けました。遺族
年金と障害年金ですが、どちらか選択だったように記憶します。
併給が可能なケースもあるのでしょうか。【山形・Ｏ社】

## A. 65歳から基礎部分選べる　原則は支給事由から判断

　年金の支給事由は、大きく老齢、障害、死亡の３種類に分けられ
ます（国年法１条、厚年法１条）。支給事由が同一の場合、国民年金
（たとえば、老齢基礎年金）と厚生年金（たとえば、老齢厚生年金）は、
上下一体となって支給されます。

　しかし、支給事由が異なるときは一定の制限を受けます。併給調
整に関しては、厚年法38条に根拠規定が設けられています。

　ご質問の方は、現在、遺族厚生年金を受けているというお話です。
遺族厚生年金については、「他の年金たる保険給付（老齢厚生年金を
除く）または国民年金法による年金たる給付（老齢基礎年金・付加
年金、障害基礎年金、遺族厚生年金と同一の支給事由に基づいて支

給される遺族基礎年金を除く）を受けることができるときはその支給を停止する」旨、定めています。

　まず、厚生年金同士をみると、遺族厚生年金と併給が可能なのは、老齢厚生年金に限られます。遺族厚生＋障害厚生という組み合わせは、認められません。

　次に、厚生年金と基礎年金の関係ですが、遺族厚生年金は老齢・障害・遺族基礎年金のすべてと併給可能です。

　ただし、当分の間、経過措置で「遺族厚生年金」を「遺族厚生年金（その受給権者が65歳に達している者に限る）」と読み替えることになっています。

　ですから、ご質問者が65歳未満であれば、遺族厚生年金と障害基礎年金はどちらか選択となります。65歳に達すれば、遺族厚生年金と障害基礎年金という組み合わせも可能となります。

## Q26 遺族年金は父から子へ？　「転給できない」と説明

　先輩社員が退職し、社会保険関係の仕事を引き継ぐことになりました。年金の勉強をしていたところ、「遺族厚生年金の受給権者が失権しても、次順位者は受給権を取得できません」という記述をみつけました。しかし、母子家庭で母親が死亡しても、子供が引き続き年金をもらえるような気がします。仮に、父子家庭の場合、どうなるのでしょうか。【徳島・R社】

## A. 基礎年金も合わせ父受給　支給停止の状態解除に

　遺族に対する年金には、遺族補償年金（労災保険）、遺族厚生年金（厚生年金）、遺族基礎年金（国民年金）等があります。

　労災保険では「（受給権者が失権した場合、）後順位者があるときは、次順位者に年金を支給する」と規定しています（労災法16条の4）。

これを「転給」と呼んでいます。しかし、遺族厚生年金には、そうした規定は設けられておらず、「次順位者は受給権を得られない」という解釈になっています。

　しかし、ご質問にあるように、母親が死亡した後も、子供は年金を受け取っています。これは支給順位の定め方に理由があります。

　労災保険の場合、1位「妻、または60歳以上等の夫」、2位「18歳年度末まで等の子」…という順序になっています。一方、厚生年金では、1位「配偶者と子」、2位「父母」…と定められています。

　ですから、労災保険では、配偶者が死亡すると、子供に年金が「転給」されます。しかし、厚生年金では、子供は元々最先順位者（配偶者と同じ）と位置付けられています。配偶者の死亡は、同一順位者の失権であり、子供の受給権には影響しないという結論になります。子どもと同一順位者は、「配偶者」という表記になっています。つまり、母子家庭であっても、父子家庭であっても、転給の問題は生じません。

　ところで、遺族厚生年金の受給権を得る際、配偶者の性別によって違いが生じます。

　遺族が母（子供からみて）の場合、配偶者の死により、死亡した被保険者の「妻」として遺族厚生年金の受給権を得ます。

　一方、遺族が父（子供からみて）の場合、死亡した被保険者の「夫」として年金の受給権を得ますが、妻と異なり、55歳以上であることも要件となっています。夫は原則的に60歳まで年金は支給停止ですが、遺族基礎年金の受給権を有するときは、夫に遺族厚生年金が支給されるというルールになっています（厚年法65条の2）。

　子供がいる夫は基礎年金の受給権を得るので、配偶者の片方と子供がいる家庭では、基本的に配偶者が年金を受け取り、子供は支給停止という扱いになります（厚年法66条）。父母（配偶者）が死亡した後は、支給停止が解け、子供が直接年金を受け取る形となります。

## 退職金で生計維持要件は　遺族年金の手続き

当社管理職（女性）のご主人がお亡くなりになり、遺族年金の手続きをします。前年の年収からいえば、生計維持要件をギリギリで満たすと思われます。ただし、心配なのが、今年、定年に到達し、退職金を受け取る予定となっている点です。後から調査等により、問題になったりしないでしょうか。【東京・K社】

## A. 収入に「一時所得」含まず　定年後下回るなら認定可能性

厚生年金の被保険者等が死亡した場合、遺族に遺族厚生年金が支給されます（厚年法58条）。

ご主人が、保険料納付要件等を満たしているとして話を進めます。遺族厚生年金の対象となる遺族の第1順位として、配偶者と子が挙げられています。配偶者には年齢要件がありませんが、子については、「18歳に到達する日以後の最初の3月31日までの間にあるか、20歳未満で障害等級1・2級の状態にあり、かつ、婚姻していないこと」という条件を満たす必要があります。

まもなく定年を迎えるということで、お子さんがいたとしても、20歳以上で、既に家庭を持っている可能性が高いでしょう。

ですから、生計維持要件を満たせば、ご質問の管理職（死亡した被保険者の配偶者）が遺族厚生年金の受給権を得ると考えられます。

生計維持関係があるか否かは、生計同一要件と収入要件に照らして判断します（平23・3・23年発0323第1号）。

まず、生計同一要件ですが、基本的には住民票上同一世帯に属しているかどうか、を確認します。住民票上の住所が異なっていても、単身赴任等の事情があれば、要件を満たすと判断されます。

次に、収入については、原則として、「前年の収入が年850万円未満であること」が要件となっています。1月〜5月の間等で、前年

の収入が確定しないときは、前々年の数字を用います。ご質問にある方は、高給の管理職ですが、「ギリギリ」でこの水準をクリアするだろうということです。

要チェックなのは、定年退職で、一時に多額の退職金を受け取った場合の影響です。

この点については、「一時的な所得（税法上の一時所得、退職金、山林所得等）があるときは、これを除く」という解釈になっています。ですから、前年（前々年）に多額の退職金を受け取り、850万円のボーダーを大きく上回っていても、それは関係ありません。

また、前年（前々年）の所得が仮に給与だけで850万円以上だったとしても、「5年以内に年額850万円未満になると認められる」ときは、生計維持関係ありと判断されます。定年後の再雇用等により大幅に給与が下がる慣行があれば、関係書類の提出により、認定を受けることができます。

## Q28 納めた保険料ほぼ戻るか 脱退一時金が5年分に

年金制度に加入していた外国人の脱退一時金に関して、改正が実施されたと聞きます。5年の範囲内であれば、支払った年金額がおおむね戻ってくるという理解で良いのでしょうか。【愛知・U社】

## A. 半年未満は切り捨てる 令和3年4月から施行

脱退一時金に関しては、国民年金と厚生年金の双方に規定があります。企業にお勤めで、厚生年金に加入しているという前提で、ご説明します。

被保険者は、毎月の給与と賞与受取時に厚生年金保険料を支払います。標準報酬月額（賞与額）に保険料率を乗じた額の2分の1が、

被保険者の負担額となります（労使折半負担）。

外国人は次の条件を満たせば、脱退一時金を受給できます（厚年法附則29条）。

① 被保険者月数6カ月以上
② 日本国籍を持たない
③ 国民年金の被保険者でない
④ 老齢給付の資格期間を満たしていない

脱退一時金の額は、平均標準報酬額と支給率に応じて定まります。

平均標準報酬額は、被保険者期間中の標準報酬月額と標準賞与額の総額を被保険者月数で除して算出します。

支給率は、「被保険者期間に応じて政令で定める数」に保険料率の2分の1を乗じて算出します（小数点1以下四捨五入）。

改正があったのは、「被保険者期間に応じて定める数」に関してです。

従来、被保険者期間の上限は、法律の本則で3年（36月）と定められていました。しかし、改正後は施行令に規定を移したうえで、上限を5年（60月）に延長します。施行は、令和3年4月1日です。

見直し後の「被保険者期間に応じて定める数」は、下表のとおりとなります。

| 被保険者期間の月数 | 一定の数 |
| --- | --- |
| 6月以上12月未満 | 6 |
| 12月以上18月未満 | 12 |
| 18月以上24月未満 | 18 |
| 24月以上30月未満 | 24 |
| 30月以上36月未満 | 30 |
| 36月以上42月未満 | 36 |
| 42月以上48月未満 | 42 |
| 48月以上54月未満 | 48 |
| 54月以上60月未満 | 54 |
| 60月以上 | 60 |

たとえば、被保険者期間が 50 月だった外国人が帰国し、脱退一時金を申請するとします。「被保険者期間に応じて政令で定める数」は、48 月、つまり 4 年です。これに保険料率の 2 分の 1 を乗じて支給率を計算します。これに平均標準報酬額を乗じて得た額は、 4 年間に支払った保険料とおおむね同じ額です。

　半年未満の端数が生じると、その分は切捨てになりますが、基本的な考え方は保険料の還付という形になります。

# 第7章
## 労働安全衛生法編

# Q1 どちらが費用負担　雇入れ時健診で証明書

新たに人を採用しました。雇入れ時の健康診断は、個人で受け、証明書を提出してもらう予定です。費用はどちらが負担すべきですか。【岐阜・Ｎ社】

## A. 法律において規定などなく

事業主は、労働者に、医師による健康診断を行うことが義務付けられており、その１つに雇入れ時の健診があります（安衛法66条1項、安衛則43条）。ただし、健診から3月を経過しない者がその健診の結果を証明する書面を提出した場合、当該項目については省略可能です。

一方、法で事業者に実施が義務付けられている健診の費用は、「法で…実施の義務を課している以上、当然、事業者が負担すべき」としています（昭47・9・18基発602号）。

書面提出で省略した場合の費用負担は、法律などによる定めがありません。よって、事業主が負担しなくとも法律上問題はないという解釈があります。しかし、「雇入れの際」の解釈を、雇入れの直前または直後をいう（昭23・1・16基発83号）としているほか、採用選考時の健診について規定したものではない（平5・4・26事務連絡）と示している点などから、雇入れ直前に実施したものとして事業主が負担するのであれば、それに越したことはないでしょう。

**1年以上は必須か　パートらに定期健診**

　パートやアルバイトの定期健康診断ですが、雇用契約の期間が1年以上あるかどうかで判断すれば良いのでしょうか。無期雇用で所定労働時間が短かったり、所定労働日数が少ない場合どのように考えれば良いのでしょうか。【山形・S社】

## A. 週の労働時間も満たす必要

　安衛法の一般定期健診を行うべき「常時使用する短時間・有期雇用労働者」の定義は、パート・有期雇用労働法の通達（平31・1・30雇均発0130第1号）にあります。

　ご質問の契約期間の条件がありこれに当てはまるのは、有期雇用であって契約期間が1年（特定業務は6カ月）以上、契約更新により1年以上の使用が予定されている、1年以上引き続き使用されている人です。現に1年以上働いていなくても、広く対象に含まれます。条件に該当する場合は、まとめて常時使用として考えます。

　さらに1週間の労働時間数が、同種の業務に従事する通常の労働者の1週間の所定労働時間の4分の3以上であることの要件（2分の1以上なら「望ましい」）も満たす必要があります。社会保険関係とは異なり、1カ月の所定労働日数の要件は直接設けられていません。

**Q3　副業の健康確保は？　過重労働が心配になる**

　副業・兼業を認めたときに心配なのが過重労働です。安衛法の適用がどうなるかや、安全配慮義務に関して何か判断は示されているのでしょうか。【埼玉・T社】

# A. 在籍出向等除き非通算

　安衛法上の措置としては、たとえば長時間労働者に対する面接指導（安衛法66条の8）やその結果に基づく事後措置等（健康確保措置）が挙げられます。原則として、面接指導の対象となる労働者は、週40時間を超えた時間が月80時間を超え、かつ、疲労の蓄積があると認められる者が申し出た場合等です（安衛則52条の2、52条の3）。副業・兼業先における労働時間は通算しない（副業・兼業ガイドライン）という扱いですが、たとえば、在籍出向など使用者の指示がある場合については時間を通算して実施することが適当という扱いが示されています（ガイドラインQ＆A）。

　業務量や時間が過重であることを把握しながら何ら配慮しない場合に、安全配慮義務が問題になり得るとしていて（前掲ガイドライン）、許可制なら副業等の「禁止または制限」を、仮に届出制でも「状況報告等」について話し合っておくのが適当としています。

 **Q4** 能力向上教育どう実施？　安全管理者や作業主任者

　安全管理者や作業主任者等に対しては、能力の向上を図るために一定の教育を実施する必要があるそうですが、この教育はどのように実施するのでしょうか、ご教示ください。【長野・M社】

# A. 初任時は３カ月以内に　５年ごと行い記録管理

　安全管理者や作業主任者等が業務を執行するに当たっては、技術革新等の社会経済情勢の変化に伴って新しい技術、知識を必要とすることがあり、また、その業務をより適切に遂行するために、その知識、技能の維持、向上を図ることが必要です。このため、安全管理者等労働災害の防止のための業務に従事する者に対しては能力の

向上を図るための教育、講習等を行うなどが求められています。以下に、お話の労働災害の防止のための業務に従事する者に対する能力の向上を図るための教育、講習等に係る主な事項についてご説明します。

## 1　労働災害の防止のための業務に従事する者に対する能力の向上を図るための教育、講習等の実施

　事業者は、事業場における安全衛生の水準の向上を図るため、安全管理者、衛生管理者、安全衛生推進者、衛生推進者その他労働災害の防止のための業務に従事する者に対し、これらの者が従事する業務に関する能力の向上を図るための教育、講習等を行い、またはこれらを受ける機会を与えるように努めなければならないこととされており（安衛法19条の2第1項）、厚生労働大臣は、この教育、講習等の適切かつ有効な実施を図るため必要な指針を公表するものとすることとされています（安衛法19条の2第2項）。これを受けて、教育、講習等の対象者、種類、方法等について定めた「労働災害の防止のための業務に従事する者に対する能力向上教育に関する指針」（平元・5・22能力向上教育指針公示第1号）が公表されています。

　この指針では、①教育、講習等の対象者としては、安全管理者、衛生管理者、安全衛生推進者、衛生推進者、作業主任者、元方安全衛生管理者、店社安全衛生管理者、その他の安全衛生業務従事者とされており、②教育、講習等の種類としては、これらの者が初めて当該業務に従事することになったときに実施する能力向上教育（以下「初任時教育」といいます）並びにこれらの者が当該業務に従事することになった後、一定期間ごとに実施する能力向上教育（以下「定期教育」といいます）および事業場において機械設備等に大幅な変更があったときに実施する能力向上教育（以下「随時教育」といいます）とされており、また、③教育、講習等の方法としては、講義方式、事例研究方式、討議方式等教育の内容に応じて効果の上がる

方法とするとされています。

　なお、教育、講習等の対象者および種類ごとに教育カリキュラムが示されています。

　ここで、①の「その他の安全衛生業務従事者」には、ずい道等の建設の仕事で一定のものまたは圧気工法による作業を行う仕事で一定のものにおいて安衛法25条の2第2項に基づき選任する技術的事項を管理する者等が含まれます（平元・5・22基発246号）。また、②の機械設備等に大幅な変更があったときに実施する随時教育について、この場合の「機械設備等」には、機械設備のほか取り扱う原材料、作業の方法が含まれるものであることとされています。

## 2　能力の向上を図るための教育、講習等の実施上の留意事項

　初任時教育は、選任後3月以内を目安に実施することが望ましいとされています。また、作業主任者については、当該業務が衛生管理者、安全衛生推進者等に比べかなり限定されることから、初任時教育は要しないとされています。ただし、作業主任者であっても、資格取得から初めて作業主任者に選任されるまでの間が長期に及ぶ場合（概ね5年を超える場合）には、選任時に定期教育または随時教育を実施することが望ましいとされています。

　定期教育の「一定期間」については、最近の技術革新の進展等を勘案して当面5年とすることとされています。

　前記指針では、事業者は、あらかじめ能力の向上を図るための教育、講習等の実施に当たって実施責任者を定めるとともに、実施計画を作成するものとするとされており、上記通達では、実施計画について、教育の対象者および種類、実施時期・場所、教育の方法、教材および講師、受講予定者または受講予定者数等について作成するとされています。

　事業者は、能力向上教育の修了者について、台帳等により個人別に教育歴を記録し、継続して管理することとされています。

## Q5 荷の積み卸しで注意点は　貨物自動車が構内を走行

当社は、貨物自動車による荷の搬送作業を行っています。工場等の構内で貨物自動車に荷を積み、卸す作業について、安衛法では、労働災害の防止のためにどのような対策を行わなければならないと規定されているのでしょうか。ご教示ください。【千葉・B社】

## A. 荷役運搬機械に規制あり　指揮者や誘導者を選任も

陸上貨物運送業における労働災害について、荷の取扱い関係では、事故の型として、「墜落、転落災害」や「転倒災害」、「激突、激突され災害」が多く発生しています。

安衛則では、貨物自動車は、フォークリフトやショベルローダー等とともに「車両系荷役運搬機械等」と呼ばれており、貨物自動車に荷を積み、または卸す作業に係る労働災害の防止に関しては、貨物自動車に係る防止対策の規定以外に車両系荷役運搬機械等に係る防止対策の規定があります。

### 1　貨物自動車からの墜落、転落災害等の防止

事業者は、①最大積載量が５ｔ以上の貨物自動車に荷を積む作業または荷を卸す作業を行うときは、（ａ）労働者が床面と荷台上の荷の上面との間を安全に昇降するための設備を設けなければならないこと、（ｂ）労働者に保護帽を着用させなければならないこと、②一の荷でその重量が100kg以上のものを積む作業または卸す作業を行うときは、当該作業を指揮する者を定め、（ａ）作業手順および作業手順ごとの作業の方法を決定し、作業を直接指揮すること、（ｂ）器具および工具を点検し、不良品を取り除くこと、（ｃ）作業を行う箇所には、関係労働者以外の労働者を立ち入らせないこと、（ｄ）ロー

安全衛生法

プ解きおよびシート外しの作業を行うときは、荷台上の荷の落下の危険がないことを確認した後に作業の着手を指示すること、（ｅ）上記①の（ａ）の昇降するための設備および①の（ｂ）の保護帽の使用状況を監視することを行わせなければならないこと、③荷を卸す作業を行うときは、中抜きをさせてはならないこと、④最大積載量その他の能力を超えて使用してはならないこと、⑤繊維ロープで、ストランドが切断しているものや著しい損傷または腐食があるものを荷掛けに使用してはならないこと、⑥繊維ロープを荷掛けに使用するときは、その日の使用を開始する前に、点検し、異常を認めたときは、直ちに取り替えなければならないこととされています（安衛則151条の66〜151条の71、151条の74）。

上記①および②の「荷を積む作業」には、ロープ掛けおよびシート掛けの作業を含み、また、「荷を卸す作業」には、ロープ解きおよびシート外しの作業を含みます。

## 2　車両系荷役運搬機械等による労働災害の防止

事業者は、①道路上の走行の作業を除き、あらかじめ、当該作業に係る場所の広さおよび地形、当該車両系荷役運搬機械等の種類および能力、荷の種類および形状等に適応する作業計画を定め、かつ、当該作業計画により作業を行わなければならないこと、②作業計画は、当該車両系荷役運搬機械等の運行経路および作業の方法が示されているものでなければならないこととされています（安衛則151条の3）。

また、事業者は、道路上の走行の作業を除き、③作業の指揮者を定め、その者に作業計画に基づき作業の指揮を行わせなければならないこと、④誘導者を配置し、その者に車両系荷役運搬機械等を誘導させるときを除き、運転中の車両系荷役運搬機械等またはその荷に接触することにより労働者に危険が生ずるおそれのある箇所に労働者を立ち入らせてはならないこととされています（安衛則151条

の4、151条の7）。

　さらに、事業者は、⑤道路上の走行の作業を除き、路肩、傾斜地等で車両系荷役運搬機械等を用いて作業を行う場合において、当該車両系荷役運搬機械等の転倒または転落により労働者に危険が生ずるおそれのあるときは、誘導者を配置し、その者に当該車両系荷役運搬機械等を誘導させなければならないこと、⑥誘導者を置くときは、一定の合図を定め、誘導者に当該合図を行わせなければならないこと、⑦荷を積載するときは、（a）偏荷重が生じないように積載すること、（b）貨物自動車にあっては、荷崩れまたは荷の落下による労働者の危険を防止するため、荷にロープまたはシートを掛けるなど必要な措置を講ずること、⑧運転者が運転位置から離れるときは、原動機を止め、かつ、停止の状態を保持するためのブレーキを確実にかけるなどの逸走を防止する措置を講ずることなどが定められています（安衛則151条の6、151条の8、151条の10、151条の11）

　ここで、①の「作業」には、貨物の積卸しのほか、構内の走行も含まれます。また、①の「等」には、荷の重量、荷の有害性等が含まれ、②の「作業の方法」には、作業に要する時間が含まれます（昭53・2・10基発78号）。

## Q6 木材加工で作業主任者は　選任する方法知りたい

　当社は、丸のこ盤やかんな盤等を使用して木材加工作業を行っています。木材加工作業には作業主任者を選任する必要があると聞きました。木材加工作業に係る作業主任者の選任の方法等についてご教授ください。【神奈川・Ｉ社】

# A. 携帯機械除いて５台なら　受講資格は実務３年など

　木材加工用機械作業主任者が労働災害の防止のために作業方法の決定、労働者の指揮等を適切に行うために十分な知識を有していることは重要です。以下に、お話の木材加工用機械作業主任者の選任に係る主な事項についてご説明します。

## 1　木材加工用機械作業主任者の選任等

　安衛法では、事業者は、労働災害を防止するための管理を必要とする作業で、政令で定めるものについては、都道府県労働局長の免許を受けた者または都道府県労働局長の登録を受けた者が行う技能講習を修了した者のうちから、作業主任者を選任し、その者に当該作業に従事する労働者の指揮その他の厚生労働省令で定める事項を行わせなければならないこととされています（安衛法 14 条）。

　この政令で定める作業は、安衛令６条に規定されており、木材加工用機械作業主任者に関しては、同条第６号に、木材加工用機械（丸のこ盤、帯のこ盤、かんな盤、面取り盤およびルーターに限るものとし、携帯用のものを除きます）を５台以上（当該機械のうちに自動送材車式帯のこ盤が含まれている場合には、３台以上）有する事業場において行う当該機械による作業が掲げられています。

　ここで、安衛令６条６号の「携帯用のもの」とは、人力で携帯できるもので、かつ、使用の際、手で当該機械を保持するものをいうこととされています（昭 47・9・18 基発 602 号）。

　事業者は、この安衛令６条６号の作業については、木材加工用機械作業主任者技能講習を修了した者のうちから、木材加工用機械作業主任者を選任しなければならないこととされています（安衛則 129 条）。

　また、事業者は、木材加工用機械作業主任者に、①木材加工用機械を取り扱う作業を直接指揮すること、②木材加工用機械およびそ

の安全装置を点検すること、③木材加工用機械およびその安全装置に異常を認めたときは、直ちに必要な措置をとることおよび④作業中、治具、工具等の使用状況を監視することを行わせなければならないこととされています（安衛則130条）。

ここで、①の「取り扱う作業」とは、木材加工用機械による木材加工の作業のほか、木材加工用機械の掃除、点検、給油、修理、調整または歯（刃）の取替え等の作業をいうこと、③の「必要な措置」とは、その緊急度に応じ、木材加工用機械または安全装置の使用を停止すること、事業者に報告すること等をいうこととされています（昭47・9・18基発601号の1）。

事業者は、①安衛令6条各号の作業について、それぞれの作業を同一の場所で行う場合において、当該作業に係る作業主任者を2人以上選任したときは、それぞれの作業主任者の職務の分担を定めなければならないこととされており（安衛則17条）、②作業主任者を選任したときは、当該作業主任者の氏名およびその者に行わせる事項を作業場の見やすい箇所に掲示する等により関係労働者に周知させなければならないこととされています（安衛則18条）。

## 2　その他

木材加工用機械作業主任者技能講習は、木材加工用機械による作業に3年以上従事した経験を有する者、職業能力開発促進法施行規則別表第2の訓練科の欄に定める製材機械系製材機械整備科、木材加工系木型科等の訓練を修了した者等に受講資格があります（安衛則79条、木材加工用機械作業主任者技能講習規程1条、下表参照）。

| 講習科目 | 範囲 | 講習時間 |
|---|---|---|
| 作業に係る機械、その安全装置等の種類、構造および機能に関する知識 | 木材加工用機械、安全装置、搬送機械装置および自動送材装置の種類、構造および機能 | 6時間 |
| 作業に係る機械、その安全装置等の保守点検に関する知識 | 木材加工用機械、安全装置等の保守点検　作業環境の整備 | 2時間 |
| 作業の方法に関する知識 | 治具および手工具の種類およびその活用方法　安全作業一般　作業標準 | 5時間 |
| 関係法令 | 安衛法、安衛令および安衛則中の関係条項 | 2時間 |

## Q7 プレス作業主任者必要か　選任要件を教えて

　当社ではプレス機械による作業を行っていますが、プレス機械による作業には作業主任者を選任する必要があると聞きました。プレス機械の作業主任者の選任方法等についてご教示ください。
【愛知・O社】

## A. 機械5台以上ある事業場　氏名や職務周知が必要に

　プレス機械による作業により多くの作業者が被災しており、プレス機械作業主任者が労働災害の防止のために必要な措置を講じることは重要です。以下に、お話のプレス機械作業主任者の選任にかかる主な事項について説明します。

### 1　プレス機械作業主任者の選任等

　労働安全衛生法では、事業者は、労働災害を防止するための管理を必要とする作業で、政令で定めるものについては、都道府県労働局長の免許を受けた者または都道府県労働局長の登録を受けた者が

行う技能講習を修了した者のうちから、作業主任者を選任し、その者に当該作業に従事する労働者の指揮その他の厚生労働省令で定める事項を行わせなければならないこととされています（安衛法14条）。

この政令で定める作業は、安衛令6条に規定されており、プレス機械作業主任者に関しては、同条7号に、動力により駆動されるプレス機械を5台以上有する事業場において行う当該機械による作業が掲げられています。

ここで、安衛令6条7号の「プレス機械」とは、曲げ、打抜き、絞り等の金型を介して原材料を曲げ、せん断、その他の成形をする機械のうち、安衛則147条の適用を受ける下表に掲げるような機械を除いたものをいうこととされています（昭47・9・18基発602号）。

事業者は、①安衛令6条7号の作業については、プレス機械作業主任者技能講習を修了した者のうちから、プレス機械作業主任者を選任しなければならないこととされており（安衛則133条）、また、②プレス機械作業主任者に、（a）プレス機械およびその安全装置を点検すること、（b）プレス機械およびその安全装置に異常を認めたときは、直ちに必要な措置をとること、（c）プレス機械およびその安全装置に切替えキースイッチを設けたときは、当該キーを保管すること、（d）金型の取付け、取りはずしおよび調整の作業を直接指揮することを行わせなければならないこととされています（安衛則134条）。

事業者は、①安衛令6条各号の作業について、それぞれの作業を同一の場所で行う場合において、当該作業に係る作業主任者を2人以上選任したときは、それぞれの作業主任者の職務の分担を定めなければならないこととされており（安衛則17条）、また、②作業主任者を選任したときは、当該作業主任者の氏名およびその者に行わせる事項を作業場の見やすい箇所に掲示する等により関係労働者に周知させなければならないこととされています（安衛則18条）。

## 2　プレス機械作業主任者技能講習

　プレス機械作業主任者技能講習は、Ａ　プレス機械による作業に５年以上従事した経験を有する者、Ｂ　（ａ）職業能力開発促進法施行規則別表２の訓練科の欄に定める金属加工系塑性加工科または金属加工系溶接科の訓練を修了した者や（ｂ）職業能力開発促進法施行規則別表４の訓練科の欄に掲げる板金科、製罐科または金属プレス科の訓練を修了した者等で、当該訓練を修了した後４年以上プレス機械作業の業務に従事した経験を有するものに受講資格があります（安衛則79条、プレス機械作業主任者技能講習規程１条）。

　プレス機械作業主任者技能講習は、教本等必要な教材を用いて行うものとすることとされています（プレス機械作業主任者技能講習規程３条）。

---

　（ａ）印刷用平圧印刷機、筋つけ機、折目つけ機、紙型取り機およびこれに類する機械、（ｂ）ゴム、皮革または紙製品用の型付け機および型打ち機、（ｃ）鍛造プレス、ハンマー、ブルドーザー（重圧曲げ機械）およびアプセッター（横型ボルト・ナット鍛造機械）、（ｄ）鋳型造形機および鋳型用の中子を作るために砂を加圧する機械、（ｅ）圧縮空気、水圧または蒸気を利用し、特殊なダイスを通して軟質金属、陶磁器、黒鉛、プラスチック、ゴム、マカロニ等の物質を押し出す押出し機、（ｆ）れんが、建築用ブロック、排水管、下水管、タイルその他の陶磁器製品の製造に使用する金型を有しない加圧成型機械、（ｇ）梱包プレス、（ｈ）衣服プレス、（ｉ）搾り出し機、（ｊ）射出成形機、圧縮成形機およびダイ鋳造機

---

 酸欠防止の教育は必要か　実施時期や内容教えて

　穀物の倉庫等で作業を行うときには、酸素の欠乏による労働災害を防止するために、特別な安全衛生教育が必要だと聞きましたが、この特別な安全衛生教育について詳しくご教示ください。【福岡・Ｔ社】

# A. 危険な「場所」を列挙　第二種はより危険性高く

　安全または衛生のための教育は、あらゆる分野において、職業生活の各段階に対応してそれぞれ必要な教育が実施されることが大切です。安衛法では、①労働者を雇い入れたときの教育、②労働者の作業内容を変更したときの教育、③一定の危険または有害な業務に就業させるときの特別の教育、④危険または有害な業務に現に就いている者に対する教育、⑤新たに職務に就くこととなった職長その他の作業中の労働者を直接指導または監督する者に対する教育等について規定しています。以下にお話の酸素欠乏危険場所における作業に係る業務に関する安全または衛生のための特別の教育について主な事項をご説明します。

## 安全または衛生のための特別の教育の実施等

　事業者は、危険または有害な業務で、厚生労働省令で定めるものに労働者を就かせるときは、当該業務に関する安全または衛生のための特別の教育を行わなければなりません（安衛法59条3項）。

　厚生労働省令で定める危険または有害な業務の1つとして、安衛令別表6に掲げる酸素欠乏危険場所における作業に係る業務が規定されています（安衛則36条26号）。酸素欠乏危険場所における作業に係る業務について、酸欠則では、第一種酸素欠乏危険作業に係る業務と第二種酸素欠乏危険作業に係る業務に分けて規定しています。

　ここで、酸素欠乏危険作業とは、安衛令別表6に掲げる酸素欠乏危険場所における作業をいいます（酸欠則2条6号）。また、第一種酸素欠乏危険作業とは、酸素欠乏危険作業のうち、第二種酸素欠乏危険作業以外の作業をいい、第二種酸素欠乏危険作業とは、酸素欠乏危険場所のうち、安衛令別表6第3号の3（海水が滞留しており、もしくは滞留したことのある熱交換器、管、暗きょ、マンホール、溝もしくはピットまたは海水を相当期間入れてあり、もしくは入れ

たことのある熱交換器、管、暗きょ、マンホール、溝もしくはピットの内部）または9号（し尿、腐泥、汚水、パルプ液その他腐敗し、または分解しやすい物質を入れてあり、または入れたことのあるタンク、船倉、槽、管、暗きょ、マンホール、溝またはピットの内部）に掲げる酸素欠乏危険場所における作業をいいます（酸欠則2条7号、8号）。

　なお、酸素欠乏とは、空気中の酸素の濃度が18％未満である状態をいい、また、酸素欠乏等とは、空気中の酸素の濃度が18％未満である状態または空気中の硫化水素の濃度が100万分の10を超える状態をいいます（酸欠則2条1号、2号）。

　事業者は、第一種酸素欠乏危険作業に係る業務に労働者を就かせるときは、その労働者に対し、酸素欠乏の発生の原因、酸素欠乏症の症状等について特別の教育を行わなければならないこととされ、また、第二種酸素欠乏危険作業に係る業務に労働者を就かせるときは、その労働者に対し、酸素欠乏等の発生の原因、酸素欠乏症等の症状等について特別の教育を行わなければならないこととされています（酸欠則12条）。

　第一種酸素欠乏危険作業に係る業務の特別の教育は表1、第二種酸素欠乏危険作は、表2によります。

表1

| 科目 | 範囲 | 時間 |
|---|---|---|
| 酸素欠乏の発生の原因 | 酸素欠乏の発生の原因　酸素欠乏の発生しやすい場所 | 30分 |
| 酸素欠乏症の症状 | 酸素欠乏による危険性　酸素欠乏症の主な症状 | 30分 |
| 空気呼吸器等の使用の方法 | 空気呼吸器、酸素呼吸器若しくは送気マスク又は換気装置の使用方法及び保守点検の方法 | 1時間 |
| 事故の場合の退避及び救急そ生の方法 | 墜落制止用器具等並びに救出用の設備及び器具の使用方法並びに保守点検の方法　人工呼吸の方法　人工そ生器の使用方法 | 1時間 |
| その他酸素欠乏症の防止に関し必要な事項 | 労働安全衛生法、労働安全衛生法施行令、労働安全衛生規則及び酸素欠乏症等防止規則中の関係条項　酸素欠乏症を防止するため当該業務について必要な事項 | 1時間 |

表2

| 科目 | 範囲 | 時間 |
|---|---|---|
| 酸素欠乏等の発生の原因 | 酸素欠乏等の発生の原因 酸素欠乏等の発生しやすい場所 | 1時間 |
| 酸素欠乏症等の症状 | 酸素欠乏等による危険性 酸素欠乏症等の主な症状 | 1時間 |
| 空気呼吸器等の使用の方法 | 空気呼吸器、酸素呼吸器若しくは送気マスク又は換気装置の使用方法及び保守点検の方法 | 1時間 |
| 事故の場合の退避及び救急そ生の方法 | 墜落制止用器具等並びに救出用の設備及び器具の使用方法並びに保守点検の方法 人工呼吸の方法 人工そ生器の使用方法 | 1時間 |
| その他酸素欠乏症等の防止に関し必要な事項 | 労働安全衛生法、労働安全衛生法施行令、労働安全衛生規則及び酸素欠乏症等防止規則中の関係条項 酸素欠乏症等を防止するため当該業務について必要な事項 | 1時間 30分 |

 **Q9** 特別教育の科目省略は？　酸素欠乏場所で業務

　酸素濃度が低い場合や、危険な場所で業務に従事する際には特別教育の必要があるといいます。受講科目はすべて必須でしょうか。【埼玉・Ｉ社】

## A. 他事業場で受講済みなら　濃度測定して把握が重要

### 特別の教育の省略等

　事業者は、特別の教育の科目の全部または一部について十分な知識および技能を有していると認められる労働者、例えば、他の事業場において当該業務に関しすでに特別の教育を受けた労働者等については、その科目についての特別の教育を省略することができることとされています（安衛則37条）。また、事業者は、特別の教育を行っ

たときは、その受講者、科目等の記録を作成して、これを３年間保存しておかなければなりません（安衛則38条）。

　なお、安衛法59条等の安全衛生教育については所定労働時間内に行うのを原則とすることとされ、安全衛生教育の実施に要する時間は労働時間と解されますので、当該教育が法定時間外に行われた場合には、当然割増賃金が支払われなければならないものであることとされています（昭47・9・18基発602号）。

## その他

　酸素欠乏症および硫化水素中毒は、いずれも大変危険なもので、酸素欠乏の空気の一呼吸が死を招いたり、硫化水素の吸入により瞬時に意識消失、呼吸麻痺を起すことがあり、また、酸素欠乏の状態は人間の感覚では感知することができないこと、さらには、酸素欠乏空気を有毒ガスと誤認して防毒マスクを装着して酸素欠乏危険場所に立ち入ったため死亡した例もあること等からも、その防止には、まず空気中の酸素あるいは硫化水素の濃度をきちんと把握、確認することが大切です。

　なお、酸素欠乏危険場所は、具体的には、右表のとおりです（安衛令別表６）。

## 酸素欠乏危険場所

① 次のaからeまでの地層に接し、または通ずる井戸等（井戸、井筒、たて坑、ずい道、潜函、ピットその他これらに類するものをいう。次の②において同じ）の内部（次の②に掲げる場所を除く）　a上層に不透水層がある砂れき層のうち含水もしくは湧水がなく、または少ない部分、b第一鉄塩類または第一マンガン塩類を含有している地層、cメタン、エタンまたはブタンを含有する地層、d炭酸水を湧出しており、または湧出するおそれのある地層、e腐泥層

② 長期間使用されていない井戸等の内部

③ ケーブル、ガス管その他地下に敷設される物を収容するための暗きょ、マンホールまたはピットの内部

④ 雨水、河川の流水または湧水が滞留しており、または滞留したことのある槽、暗きょ、マンホールまたはピットの内部

⑤ 海水が滞留しており、もしくは滞留したことのある熱交換器、管、暗きょ、マンホール、溝もしくはピット（以下この⑤において「熱交換器等」という）または海水を相当期間入れてあり、もしくは入れたことのある熱交換器等の内部

⑥ 相当期間密閉されていた鋼製のボイラー、タンク、反応塔、船倉その他その内壁が酸化されやすい施設（その内壁がステンレス鋼製のものまたはその内壁の酸化を防止するために必要な措置が講ぜられているものを除く）の内部

⑦ 石炭、亜炭、硫化鉱、鋼材、くず鉄、原木、チップ、乾性油、魚油その他空気中の酸素を吸収する物質を入れてあるタンク、船倉、ホッパーその他の貯蔵施設の内部

⑧ 天井、床もしくは周壁または格納物が乾性油を含むペイントで塗装され、そのペイントが乾燥する前に密閉された地下室、倉庫、タンク、船倉その他通風が不十分な施設の内部

⑨ 穀物もしくは飼料の貯蔵、果菜の熟成、種子の発芽またはきのこ類の栽培のために使用しているサイロ、むろ、倉庫、船倉またはピットの内部

⑩ しょうゆ、酒類、もろみ、酵母その他発酵する物を入れてあり、または入れたことのあるタンク、むろまたは醸造槽の内部

⑪ し尿、腐泥、汚水、パルプ液その他腐敗し、または分解しやすい物質を入れてあり、または入れたことのあるタンク、船倉、槽、管、暗きょ、マンホール、溝またはピットの内部

⑫ ドライアイスを使用して冷蔵、冷凍または水セメントのあく抜きを行っている冷蔵庫、冷凍庫、保冷貨車、保冷貨物自動車、船倉または冷凍コンテナーの内部

⑬ ヘリウム、アルゴン、窒素、フロン、炭酸ガスその他不活性の気体を入れてあり、または入れたことのあるボイラー、タンク、反応塔、船倉その他の施設の内部

⑭ ①から⑬までに掲げる場所のほか、厚生労働大臣が定める場所

 **パソコン作業者に教育？　時期やカリキュラム教えて**

　パソコン等を使用して行う作業に従事する労働者には、衛生教育を実施するよう求められているそうですが、この衛生教育についてご教授ください。【神奈川・Ｉ社】

# A. 計３時間半必要と認める　「就かせる前」に実施を

　パソコン等情報機器を使用して行う作業に関しては、近年、情報機器作業従事者の増加、情報機器作業の拡大、携帯情報端末の多様化と機能の向上等職場における情報機器を使用して行う作業が大きく変化するなか、令和元年に「情報機器作業における労働衛生管理のためのガイドラインについて」（令元・７・12基発0712第３号）が策定されたことを踏まえ、令和元年10月に「ＶＤＴ作業に係る労働衛生教育の推進について」（昭61・３・31基発187号）の一部が改正され、「情報機器作業に係る労働衛生教育の推進について」が示されました。

　以下に、お話の「情報機器作業に係る労働衛生教育の推進について」に係る主な事項についてご説明します。

　情報機器作業に従事する労働者に係る労働衛生教育の実施等について

　この「情報機器作業に係る労働衛生教育の推進について」（前掲昭61通達。令元10・11基発1011第４号により一部改正）には、「情報機器作業に係る労働衛生教育実施要領」と「情報機器作業に係る労働衛生教育指導員（インストラクター）講習実施要領」とが示されており、これらに基づき情報機器作業に係る労働衛生教育を推進するよう述べられています。

　このうち「情報機器作業に係る労働衛生教育実施要領」は、情報機器作業に従事する労働者（以下「情報機器作業従事者」といいます）

および情報機器作業従事者を直接管理監督する者（以下「情報機器作業管理者」といいます）に対し、情報機器作業に係る的確な労働衛生管理を行ううえで必要な知識を付与することにより、作業環境・作業方法の改善、適正な健康管理の実施に資することを目的としています。

　情報機器作業における問題点等として、「情報機器作業における労働衛生管理のためのガイドライン」において、精神的疲労、身体的疲労等を感じている作業者が多数に上るなどが指摘される状況にあり、このような作業者の心身の負担を軽減し、情報機器作業を支障なく行うことができるようにするためには、事業者が作業環境管理、作業管理、作業者の健康管理等を適正に行い、作業者を支援していくことが重要であるとされています。また、作業者が心身の負担を強く感じている場合や身体に異常がある場合には、早期に作業環境、作業方法等の改善を図る必要があり、それには、事業者が作業者の健康状態を正しく把握し、できるだけ早い段階で作業者の健康状態に応じた適正な措置を講ずることができるよう、作業者の健康管理を適正に行うことが重要です。

　ここで「情報機器作業」とは、「情報機器作業における労働衛生管理のためのガイドライン」には、パソコンやタブレット端末等の情報機器を使用して、データの入力・検索・照合等、文章・画像等の作成・編集・修正等、プログラミング、監視等を行う作業をいいます。

　労働衛生教育の実施時期は、情報機器作業従事者については情報機器作業に就かせる前に実施するとされており、また、情報機器作業管理者については情報機器作業従事者を直接管理監督させる前に実施するとされています。情報機器作業従事者に対する労働衛生教育カリキュラムは下表のとおりとされており、同表の左欄に掲げる科目に応じ、それぞれ、同表の中欄に掲げる範囲について同表の右欄に掲げる時間以上行う必要があります。

安全衛生法

**情報機器作業従事者に対する労働衛生教育カリキュラム**

| 科目 | 範囲 | 時間 |
|---|---|---|
| 情報機器作業における労働衛生管理のためのガイドライン（以下「情報機器ガイドライン」）の概要 | 情報機器ガイドラインの概要 | 45分 |
| 作業管理 | 作業計画・方法、作業姿勢、ストレッチ・体操等 | 1時間45分 |
| 作業環境管理 | 情報機器の種類・特徴・注意点、作業環境が作業の効率や健康に及ぼす影響（情報機器等および作業環境の維持管理を含みます） | |
| 健康管理 | 情報機器作業の健康への影響（疲労、視覚への影響、筋骨格系への影響、メンタルヘルス等）、職場体操等 | 1時間 |

## Q11 PC作業で管理者教育？ 従事者には実施必要も

　パソコン等を用いた作業に従事する人の教育に関して、一定の教育が必要（7章Q10、320ページ参照）とあります。一方で、当該作業に従事する人を直接管理監督する人に、何らかの教育等は必要なのでしょうか。【秋田・N社】

## A. 4科目で合計7時間を　連続作業時間に注意を

　情報機器作業管理者に対する労働衛生教育カリキュラムは右表のとおりとされており、同表の左欄に掲げる科目に応じ、それぞれ、同表の中欄に掲げる範囲について同表の右欄に掲げる時間以上行うものとするとされています。

**情報機器作業管理者に対する労働衛生教育カリキュラム**

| 科目 | 範囲 | 時間 |
|------|------|------|
| 情報機器ガイドラインの概要 | 情報機器ガイドラインの概要（管理者の役割と心構え、労働衛生管理の概論、労働災害統計、情報機器作業従事者に対する労働衛生教育の方法を含む） | 2時間 |
| 作業管理 | 作業計画・方法、作業姿勢、ストレッチ・体操等 | 2時間30分 |
| 作業環境管理 | 情報機器の種類・特徴・注意点、作業環境（作業空間、ワークステーション、什器、採光・照明、空調等）が作業の効率や健康に及ぼす影響と、その改善及び維持 | |
| 健康管理 | 情報機器作業の健康への影響（疲労、視覚への影響、筋骨格系への影響、メンタルヘルス等）、健康診断とその結果に基づく事後措置、健康相談、職場体操等 | 2時間30分 |

（計7時間）

　情報機器ガイドライン（令元・7・12基発0712第3号）では、①作業環境管理、②作業管理、③健康管理、④労働衛生教育等について示されています。

　①作業環境管理では、作業者の心身の負担を軽減し、作業者が支障なく作業を行うことができるよう、（A）室内は、できる限り明暗の対照が著しくなく、かつ、まぶしさを生じさせないようにすること、（B）ディスプレイを用いる場合のディスプレイ画面上における照度は500ルクス以下、書類上およびキーボード上における照度は300ルクス以上を目安とし、作業しやすい照度とすること、（C）情報機器を事業場に導入する際には、作業者への健康影響を考慮し、作業者が行う作業に最も適した機器を選択し導入すること、（D）椅子は、（a）安定しており、かつ、容易に移動できること、（b）床からの座面の高さは、作業者の体形に合わせて、適切な状態に調整できること等の要件を満たすものを用いること等、（E）机または作業台は、（a）その作業面が、キーボード、書類、マウスその他情報機器作業に必要なものが適切に配置できる広さであること、（b）作業者の脚

の周囲の空間が、情報機器作業中に脚が窮屈でない大きさのものであること等とあります。

　②作業管理では、作業者が、心身の負担が少なく作業を行うことができるよう、（A）1日の作業時間は、情報機器作業が過度に長時間にわたり行われることのないようにすること、（B）一連続作業時間が1時間を超えないようにし、次の連続作業までの間に10 ～ 15分の作業休止時間を設け、かつ、一連続作業時間内において1 ～ 2回程度の小休止を設けること等の作業時間の管理を行うとともに、情報機器、関連什器等を調整し、作業の特性や個々の作業者の特性に合った適切な作業管理を行うこと等を求めています。

　③健康管理では、作業者の健康状態を正しく把握し、健康障害の防止を図るため、作業者に対して、（A）健康診断として、（a）新たに情報機器作業を行うこととなった作業者（再配置の者を含みます）の配置前の健康状態を把握し、その後の健康管理を適正に進めるため、必要な調査または検査を実施すること、（b）情報機器作業を行う作業者の配置後の健康状態を定期的に把握し、継続的な健康管理を適正に進めるため、1年以内ごとに1回、定期に、必要な調査または検査を実施すること等、（B）健康相談として、作業者が気軽に健康について相談し、適切なアドバイスを受けられるように、プライバシー保護への配慮を行いつつ、メンタルヘルス、健康上の不安等についての健康相談の機会を設けるよう努めることとしています。

　④労働衛I16生教育では、労働衛生管理のための諸対策の目的と方法を作業者に周知することにより、職場における作業環境・作業方法の改善、適正な健康管理を円滑に行うためおよび情報機器作業による心身への負担の軽減を図ることができるよう、（A）作業者に対する教育および管理者に対する教育を実施すること等、（B）新たに情報機器作業に従事する作業者に対しては、情報機器作業の習得に必要な訓練を行うこと等が述べられています。

# 第8章
## 労働者派遣法編

訓練内容を各人に周知か　ホームページで公開検討

当社は人材ビジネス会社（派遣元）ですが、現行の教育訓練プランについて、全般的な見直しを検討しています。見直し後のプランについては、ＨＰ上で、関係者に公開します。それをみれば概要は分かるので、個々の派遣労働者に、改めて周知する必要はないと考えますが、いかがでしょうか。【鹿児島・Ｓ社】

## A. 説明が「義務」へ格上げ　外部にはネット公表を

派遣法では、事業主に対して、派遣労働者のキャリアアップのための「段階的かつ体系的な教育訓練」の実施を義務付けています（30条の2）。

法定の教育訓練については、その要件が細かく定められています。ですから、事業主が実施する教育訓練は、大きく法定のものとそれ以外（事業主が任意に実施するもの）に分けられます。

教育訓練の内容に関する公開・周知は、法定の教育訓練を対象とする規定です。それ以外の取扱いは任意（実施、公開が望ましい）ですので、以下、法定の教育訓練に関する規定内容を確認しましょう。

事業主は、カリキュラム等の実施計画を定め、許可・更新申請の際に提出する必要があります。許可・更新の次年以降は内容の見直しが可能ですが、毎年の事業報告で実績を申告する必要があります。

教育訓練は原則全員が対象で、1年以上のフルタイム勤務者に対しては、1年8時間以上の機会提供が求められます。最初の3年間は、1人当たり年1回以上実施します。ですから、新たに派遣労働者になった人、すでに派遣で働いている人の両方に対して、教育訓練に関する情報の公開・周知が必要になります。

派遣法23条では、事業主に対し派遣労働者の数、料金、教育訓練の内容等の情報の外部公開を義務付けています。

しかし、令和3年4月からは、マージン率・同一労働同一賃金協定に関する情報含むすべての情報（教育訓練を含む）についてインターネット公開が原則です。貴社は、ＨＰ上にアップするとのことですから、この点は問題ありません。

　派遣元指針（平11・11・17労働省告示137号）では、教育訓練の労働者に対する周知を定めています。令和3年1月からは、事業主が雇入れ時に説明すべき事項に「教育訓練の内容等」が追加されています。同時に、指針の文言も「説明しなければならない」に改められました。

　ですから、貴社としても、関連規制の整備に合わせ、派遣労働者が有効に訓練機会を生かせるように、説明義務を果たす必要があります。

## Q2　構内下請けに制服着用？　統一すると法律違反か

　当社では、構内下請けの形で作業を請け負っている業者がいます。安全管理の徹底を推進する意味で、当社従業員と下請会社従業員の制服を統一するというプランが浮上しています。しかし、外部の方から、「派遣法に違反するのでは？」という疑念が寄せられました。制服と派遣法の間に、どんな関係があるのでしょうか。【佐賀・Ｕ社】

## A.　安全衛生など理由が必要　自社従業員と区分を

　自社の事業所内で、他社が雇用する労働者が就労するという意味で、請負と派遣はよく似た点があります。契約の名称が「業務請負契約」等であっても、実質的に労働者派遣であるとみなされれば、派遣法が適用されます。

　両者を区別するため、「労働者派遣事業と請負により行われる事業

との区分に関する基準を定める告示」（昭61・労働省告示第37号）が公布されています。同基準では、適正な請負と認められる条件の1つとして、請負会社が「労働者の服務上の規律に関する事項についての指示その他の管理を自ら行うこと」を挙げています。

　より具体的には、請負であるか否かは「事業主が、労働者に係る事業者への入退場に関する規律、服装、職場秩序の保持、風紀維持のための規律等の決定、管理につき、自ら行っているかを総合的に勘案して」決定する（派遣業務取扱要領）取扱いとなっています。

　構内下請の業者が独立した事業主であれば、本来、自社従業員がどのような服装をするかを自ら決定すべきだといえます。発注者が、「自社（発注会社）の従業員と同じ制服を着る」ように強制できる筋合いのものではありません。

　厚生労働省が告示第37号に関連して作成した「疑義応答集（第1集）」でも、「発注者が請負労働者に対して直接作業服の指示を行ったり、請負事業主を通じた関与を行ったりすることは、請負事業主が自己の労働者の服務上の規律に関する指示その他の管理を自ら行っていないこととなり、偽装請負と判断される」と注意を促しています。人材ビジネス会社が派遣の許可を受けていなければ、「派遣です」という申し開きもできません。

　ただし、「製品の製造に関する制約のため、事業所内への部外者の侵入を防止し企業秘密を守るため、労働者の安全衛生のため等の特段の合理的な理由により、作業服の着用について、双方合意のうえ、予め請負契約で定める」ことは可能とされています。

　貴社と下請会社間で、制服使用に関する契約を定める場合には、「発注者が制服を提供するときも、適正な対価に基づき清算を実施する」「帽子・腕章等により、発注者従業員と下請会社従業員を明確に区別できる体制とする」よう留意すべきでしょう。

**「先」責任者の追加必要か　製造専門は兼任可と聞く**

　当社では、製造業務の現場で、多数の派遣労働者（180人前後）を受け入れています。このたび、販促キャンペーンを展開するため、派遣労働者の追加を受けます。派遣元からは、新たに「派遣先責任者」を1人、指名するよう求められました。「製造業務専門派遣先責任者」が、事務（顧客対応）関係の派遣労働者も管理できる（兼任可能）と聞きますが、当社は対象にならないのでしょうか。【愛知・M社】

## A. 総数200人超で3人を　事務部門の役割異なる

　派遣先（労働者派遣の役務の提供を受ける者）は、直用労働者と派遣労働者の合計が5人以下の場合を除き、派遣先責任者を選任する必要があります（派遣法41条）。

　必要な人数は、以下のとおりです（派遣則34条）。

　　①　派遣労働者1人以上100人以下を1単位として1人以上、「派遣先責任者」を選任

　　②　製造業務に派遣労働者を従事させるときは、製造派遣労働者1人以上100人以下を1単位として1人以上、「製造業務専門派遣先責任者」を選任

　ただし、

　　③　製造派遣労働者が50人以下のときは「製造業務専門派遣先責任者」は不要

　　④　製造業務専門派遣先責任者のうち、1人は製造業務以外の派遣労働者を併せて担当できる

　ご質問は、上記のうち④に関するものと思われます。貴社（製造派遣労働者180人）では、すでに2人の製造業務専門派遣先責任者を指名されているはずです。

仮に追加で受け入れる「事務（顧客対応）」の派遣労働者が20人とします。この場合、製造業務専門派遣先責任者のうち1人（80人を管理）が、それ以外の20人も併せて担当することができます。

しかし、追加で30人の派遣を受けるとすれば、この人が担当する派遣労働者の総数（製造業＋それ以外）が100人を超えてしまいます。この場合、製造業務専門派遣先責任者を2人（製造業務派遣を100人と80人または90人2組に分けて管理など）、派遣先責任者を1人（それ以外の30人を管理）、選任する形となります（製造業務専門派遣先責任者の1人が製造派遣80人＋それ以外20人、新たに選任された派遣先責任者がそれ以外10人を担当するのも可ですが）。

製造業務専門派遣先責任者と通常の派遣先責任者について、担当する職務範囲は基本的に同じです。しかし、特に安全衛生（健康診断、安全衛生教育、派遣契約で定めた安全衛生措置の確認、事故発生時の対応）に関しては、製造現場とそれ以外で求められる知識・経験等に違いがあります。貴社で責任者を選ぶ基準も、それぞれの業務内容に応じて自ずと異なってくるはずです。

 **「意向なし」回答義務果たす？　正社員切替えの依頼　派遣元から打診があり**

人材ビジネス会社（派遣元）から、「貴社で働いている派遣社員（受入れ3年目）を、直接雇用する意向はあるか」と問合せを受けました。優秀な人材ですが、今のところ、正社員等に切り替える予定はありません。派遣元の依頼に応じる義務はないと考えています。その旨、回答すれば、派遣先として義務を果たしたという理解で良いのでしょうか。【広島・Ｍ社】

## A. 募集情報提供などは必要

派遣元は、派遣労働者の雇用の安定のため、一定の措置を講じる

義務を負います（派遣法30条）。たとえば、派遣先の同一組織で継続3年間派遣見込みの労働者については、①派遣先への直接雇用依頼、②新たな派遣先の提供、③派遣元での無期雇用、④その他（有給の教育訓練等）——のいずれかの措置を講じなければなりません。

従来から、派遣元指針（平11・11・7厚労省告示137号）では、派遣元に対して、面談や電子メール等により「継続就業の希望の有無・希望する雇用安定措置の内容」を把握し、派遣労働者が①直接雇用を望むのであれば、その実現に努めるよう求めていました。

派遣元の対応としては、派遣労働者自身の職業設計に基づき①の措置が必要なら派遣先に依頼文書等を発しますが、直接雇用に至らなかったときは②～④の措置を講じるという順序になります。

こうした仕組みは平成27年の法改正の際に設けられましたが、その際の附則では「施行後3年を目途に必要な検討を行う」とされていました。

それを踏まえ、令和3年4月1日から派遣則が改正され、「派遣労働者が希望する措置の内容を聴取し」（25条の2）、「派遣元台帳に記載する」旨の規定が新設されました。今回、貴社に「直接雇用の意向打診」がなされたのは、こうした法整備を踏まえたものでしょう。

派遣先は、自社の雇用政策に基づき、直接雇用するか否かを判断します。当然、依頼に応じられないケースもあり得ますが、派遣先にも直接雇用の推進に関する義務が課せられています。

派遣元から直接雇用の依頼があった労働者に関しては、「優先雇用の努力義務」（派遣法40条の4）、「労働者募集情報の提供（正社員以外に対する募集情報を含みます）」（40条の5第2項）の規定が適用される点には留意が求められます。

## Q5 依頼あれば対応？　派遣先の直接雇用で　義務を果たすのはどの程度

派遣労働者の直接雇用化に向け、派遣先も一定の責任を負うというQ&Aを読みました（8章Q4、330ページ参照）。当社でも派遣労働者を受け入れていますが、対応が必要なのは「派遣元から直接雇用の依頼があった場合」と理解すれば良いのでしょうか。直接雇用に至らなかったとき、会社として、どの程度の措置を講じれば、「義務を果たした」といえるのでしょうか。【愛媛・U社】

# A. 正社員募集時の情報提供を

「派遣」という働き方は、多様な雇用形態の1つとして位置付けられています。しかし、本人の選択ではなく、やむを得ず派遣就労に従事している人も少なくありません。

このため、派遣法では派遣元・先の双方に対して、直用化の実現に向けた措置を求めています。派遣先に対しては、次の義務が課されています。

①　優先雇用の努力義務（派遣法40条の4）

②　正社員化の推進（40条の5第1項）

③　募集情報の提供（同条2項）

このうち①と③については、ご質問にある「直接雇用の依頼」が条件となっています。

①優先雇用は、「有期雇用派遣労働者が組織単位ごとの同一業務に1年以上継続して従事し」、「派遣先が受入れ期間経過後に直用により人員補充を行う」場合が対象になります。同一職場での業務経験を有する派遣労働者の受入れは派遣先にもメリットがありますが、これは努力義務です。

③募集情報の提供は、「有期雇用派遣労働者が組織単位ごとの同一業務に3年間就労する見込みがある」場合に適用があります。有期

雇用については、個人単位の期間制限（3年）があり、とくに保護の必要性が高いために設けられた規定です。

　正社員に限らず、パート・契約社員等も含め、募集を行う際はその内容を派遣労働者に周知しなければなりません。努力義務ではなく、求人票掲示・メール送付等のアクションを実績として残す必要があります。

　②正社員化の推進は、①③と異なり、「直接雇用の依頼」は条件とされていません。「有期・無期を問わず、1年以上継続就労する派遣労働者（組織単位の異動がある場合も含みます）がいる」派遣先が対象となります。正社員募集の際に、その情報を周知しますが、「新卒総合職の募集」等の場合は除くとされています。

## Q6 期間制限いつから　育休代替後受入れ継続

　当社のある労働者が育休を取得している間、同じ業務を行う代替要員として派遣労働者を受け入れていましたが、業務が忙しくなってきたことから、育休から復職した後も引き続き派遣をお願いしようと考えています。派遣受入れ期間の制限は、どの時点から発生するのでしょうか。【福岡・M社】

## A. 復帰以降より影響を受ける

　派遣労働者の受入れには、事業場単位、派遣労働者個人単位の両方に期間制限が設けられており、原則は3年です（派遣法40条の2、40条の3）。例外として、派遣労働者が60歳以上のときや、育児・介護休業などを取得する労働者の業務に代替として従事する場合は、期間制限を受けません。

　育休から労働者が復帰した後にも代替として受け入れていた派遣労働者を引き続き使用することはできます。厚労省の「改正労働者

派遣法に関するQ＆A［第2集］」では、産休代替等の業務へ3年間派遣後、同一の組織単位における他の業務へ再度派遣することを可能としているためです。同設問の設定から、ご質問の場合における期間制限は、育休代替終了後から3年と考えられます。なお、派遣労働者を特定する特定目的行為とならないよう注意が必要です。

 **離職後1年に抵触か　派遣会社で継続雇用なら**

　60歳定年後はグループ会社の派遣会社で継続雇用するときに、元の職場への派遣は「離職後1年以内の禁止」に抵触してしまうのでしょうか。【岐阜・Ｈ社】

## A.　自社を60歳定年後は可

　定年後、グループ会社で継続雇用することも高年齢者雇用確保措置として認められています（高年法9条2項）。グループ会社が、特殊関係事業主に該当する必要があります（高年則4条の3）。

　派遣法40条の9は、派遣先に対して、派遣先を離職した労働者の派遣を受け入れることを、労働者の離職の日から起算して1年間禁止しています。派遣元が派遣してはならないという規定もあります（法35条の5）。

　禁止の対象は、正社員に限らずいわゆる非正規労働者も含まれます。これはリストラした者を元の企業に派遣することを禁止するという趣旨と解されています（平20・9・24労働政策審議会職業安定分科会議事録）。

　受入れ禁止の例外となる者として派遣先となる自社を60歳以上の定年により退職した者がいます（派遣則33条の10第1項）。ただし、高年齢者雇用確保措置の関係で60歳定年以前に（55歳等）、子会社等へ転籍して派遣労働者となる場合には当該規定に抵触するとした

ものがあります（石嵜信憲「労働者派遣法の基本と実務」）。

# 第９章
## 育児・介護休業法編

# Q1 休日労働の制限は？　残業を回避したはずが

奥さんが第二子を妊娠した同僚と、今後残業をする・しないという話をしました。残業がなくなっても休日出勤を命じられたら、という話になりよく分からなくなりましたが、法的にはどうなっていますか。【青森・M生】

## A. 「所定外」は免除対象に

女性に関して、妊産婦（妊娠中または産後１年を経過しない女性）は、本人の請求により時間外の制限がありますが、条文（労基法66条）に休日に労働させてはならない、と規定しています。もっともここでいう休日は法定休日と解されます。

育介法では、「所定外労働の制限」「時間外労働の制限」の２種類の規定が設けられています。対象は女性に限りません。前者は、３歳に満たない子を養育する場合に所定労働時間を超えて労働させてはならないというものです（法16条の８）。ここでいう所定労働時間ですが、これは、就業規則等において労働者が労働契約上労働すべき時間として定められた時間の意（平28・8・2雇児発0802第３号）とあります。厚労省は過去、所定労働時間以外の勤務を一定程度制限する効果を有するという書き方もしていました（節電に向けた労働時間の見直しなどに関するQ＆A）。所定外として広く休日も制限の対象に含むイメージです。

残業させられるか？　育休で制限を認めたが

　育児中の従業員から所定外労働の制限を求める請求を受け認めたものの、制限期間中に残業させる機会が発生しそうです。同意を得て命じることなどはできるのでしょうか。【鹿児島・H社】

## A. 真の意見に基づけば可

　育介法では、3歳に満たない子を養育する労働者が請求したときは、原則、事業の正常な運営を妨げる場合を除き、所定労働時間を超えて労働させてはならないとしています（育介法16条の8）。この請求は、1カ月以上1年以内の期間について、開始・終了日を明らかにして、制限開始予定日の1カ月前までにする必要があります。

　所定外労働の制限期間中でも、労働者が一時的に子の養育をする必要がなくなった期間等について、労働者の真の意見に基づいて残業させることは差し支えありません（平成21年改正育介法に関するQ＆A）。ただし、頻繁に残業を行わせることは望ましくないとしています。また、同条の「事業の正常な運営を妨げる場合」に該当するかは、担当する作業の内容、繁閑、代行者の配置の難易等諸般の事情を考慮し客観的に判断すべきとしています（平28・12・27雇児発1227第1号）。

育
介
法

## 必要な措置はどこまで？　育休取得の意向確認
無関心な労働者もいるが

令和4年4月から、育介法が変わり、事業主に対して「育児休業の取得意向を確認する」義務が追加されました。これは強制義務で、会社が必要な措置を怠れば法律違反になるという意味だと思います。主として男性の育休取得促進が目的とされていますが、現実には「ほとんど関心のない」従業員もいます。会社として、どの程度の対応を採れば、義務を果たしたといえるのでしょうか。
【熊本・B社】

# A. 働きかけを行えば良い

育介法21条は、従業員から妊娠・出産等（配偶者の妊娠・出産等を含みます）の申出があった際に、事業主が講ずべき措置を定めています。具体的には、①「育児休業関連の情報提供」と②「育児休業の取得意向確認」の2段階に分かれます。

育介法11章では紛争解決の援助（自主的解決、調停、都道府県労働局長による助言・指導等）について定めていますが、労使間で改正後の21条に関する紛争等が生じた場合には、同章に基づき解決が図られます。

事業主としては、法で定める措置を遺漏なく実施する必要があります。まず、①情報提供ですが、周知すべき事項は「育児休業に関する制度」「育児休業の申出先」「雇用保険の育児休業給付に関すること」「休業期間の社会保険料の取扱い」の4種類です（育介則69条の3）。

休業期間中の社会保険料は原則免除となりますが、男性に多い短期取得については対象とならないケースもあります。とくに令和4年10月以降、免除の要件が大幅に変わる点には留意が求められます。

周知の方法としては、「面談（対面での説明）」のほか、「書面交付」

「ファクシミリ」「電子メール」も可能とされています。ただし、「ファクシミリ」「電子メール」による際には、従業員の希望が前提となります。

　②取得意向確認についても同様に、「面談」だけでなく、「書面交付」「ファクシミリ」「電子メール」を選択できます。

　改正に伴い「両立指針」（平21・12・28厚労省告示509号）も修正されましたが、「意向確認は、事業主から働きかけを行えばよい（結果として非取得でも可）」とされています。一方で、「取得を控えさせるような形での周知・意向確認は法所定の措置の実施とは認められない」と述べているので、紛争防止の観点からも不適切な言辞は自戒すべきでしょう。

## Q4 男性育休のルール教えて　細かなニーズにどう対応

　育介法が改正され、新たに「出生時育児休業」という仕組みが設けられたと聞きます。当社としても、男性の育休取得促進に協力する所存ですが、事業主として、負担も大きくなると考えます。今後、男性従業員の細かな休業ニーズに応じて、どこまで対応する義務が課せられるのでしょうか。【山口・Ｊ社】

## A. 一部就労を予定しても可　申出も原則２週間前まで

　改正育介法は段階施行で、「出生時育児休業」に関する部分は、令和４年10月１日が施行日です。

　既存の（レギュラーの）育児休業については、育介法５条〜９条まで条文が設けられています。新設の出生時育児休業に関する規定は、それとは別に条文を追加する形となっています（９条の２〜９条の５）。

　出生時育児休業は、子の出生の日から８週間を経過する日の翌日

まで（出産予定日と出生の日がズレたときは、調整あり）の期間内に４週間の範囲で取得できます。

　休業は、初めにまとめて申し出れば、２回に分割可能です。改正後は、同時にレギュラーの育児休業も、２回に分割して申出できるようになります。出生時育児休業はレギュラーの育児休業とは別枠なので、男性従業員の場合、合計４回に分けて育休を取得できることになります。事業主は、適法な申出を拒むことができません。

　取得に至る手続きについても、出生時育児休業に対して優遇が図られています。レギュラーの育児休業は、特別な事情（予定日より早く子が出産など）がないときは、１カ月前に申し出るのが原則です。特別な事情があるときは、期間は１週間に短縮されます。一方、出生時育児休業は、原則２週間前（特別な事情があるときは、１週間）の申出で可です。事業主にとっては、業務調整のスケジュールが、これまでより忙しくなります。

　ただし、雇用環境の整備を実施し、過半数労組（ないときは過半数代表者）と労使協定を締結すれば、申出期限を最長１カ月（２週間超〜１カ月以内）に延長できる特例が設けられています。

　男性の育休取得促進という観点から、「休業中の就労」という問題についても改善が図られました。育児休業は、その趣旨からいって、「恒常的・定期的に就労するときは、休業と認められない」と解されています（突発的理由に基づく就労は可能）。

　しかし、改正では、出生時育児休業に限り、就労に対する解釈基準を緩和しました。休業期間中の労働日・所定労働時間の半分の範囲内で、「あらかじめ定められた計画に従い就労する」ことができます。ただし、この特例の適用を受けるためには、労使協定を結ぶ必要があります。

**4月に周知必要か　出生時育休の取扱い**

> 　妊娠出産等の申出があった場合に「育休の制度」を説明、周知するうえで、令和4年4月から出生時育休も対象に含まれると考えて良いでしょうか。【岩手・K社】

# A. 予定あれば「望ましい」

　令和4年4月からは、労働者から妊娠出産等の申出があった場合に、事業主は、育休に関する制度その他の事項を知らせるとともに育休の申出の意向を確認する必要があります。説明が必要な「厚生労働省令で定める事項」は、令和4年4月と、出生時育休がスタートする同年10月で、条文の文言がそれぞれ異なっています。違いは、育休の申出先や社会保険料の取扱いに出生時育休を含むか否かです。一方で、「育休に関する制度」は、条文上同じ文言が使われています。しかし、厚労省「改正ポイントのご案内」（令3・11月末時点版）では、個別周知・意向確認ともに、出生時育休は同年10月から対象としています。

　通達（令3・11・4雇均発1104第2号）でも、令和4年10月以降に労働者からの申出が行われた場合には、出生時育休も併せて周知しなければならないとしつつ、同月以降に子の出生が見込まれるような場合には、同制度も含めて周知することが望ましいとしています。

育
介
法

**1歳までの育休で変更は　知らず拒否する心配が**

育介法の改正により、出生時育児休業制度が創設されたほか、既存の育児休業の改善も実施されたと聞きます。これまで拒否できたような申出についても、会社として、認めざるを得ないケースも出てくると思います。具体的には、どのような点が変更されたのでしょうか。【山形・I社】

## A. 夫婦交代は1歳に限らず　分割して原則2回まで可

既存の育児休業は、大きく2グループに分けられます。

第1は子が1歳に達するまでの休業、第2は1歳以降の休業です。

まず、1歳に達するまでの休業ですが、改正前の規定では、配偶者が養育困難になったとき等（育介則5条）を除き、再度の申出ができない規定となっています。しかし、改正後は、そうした事情がなくても、原則2回まで取得可能なルールに改められました。

次に、1歳以降の休業については、保育所がみつからないなど特別な事情（育介則6条）がある場合に限り、取得が認められます。改正前の規定では、利用する際に不便な事項として、次の2点が指摘されていました。

　①　1歳（1歳6カ月）到達後に特別な事情が発生しても、休業の申出ができない

　②　1歳（1歳6カ月）の時点でしか、夫婦交代が認められない

1歳から1歳6カ月までの休業を例として、上記の問題が発生する理由とその改善策をみていきましょう。改正前は、次の2つの要件をともに満たす場合に限り、延長可能とされていました（育介法5条3項）。

　イ　1歳時点で労働者または配偶者が育児休業をしている

　ロ　保育所がみつからないなど特別な事情がある

つまり、「ロ特別な事情がある」場合であっても、「イ1歳時点で…休業」をしていなければ、休業の申出ができませんでした（上記の問題①）。

しかし、改正後は、「ハ延長を申し出たことがない場合」という要件を追加する一方で、1歳到達後に「事情が発生したとき」は、イ、ハの要件は問わないというルールに改められました。

さらに、改正前は、5条3項の申出をする際には、「休業開始予定日を子の1歳到達日の翌日としなければならない」と制限していました（上記の問題②）。

改正後は、「子の1歳到達日の翌日（配偶者が休業しているときは、その終了予定日の翌日以前の日）」という文言に変わりました。これにより、1歳以降、夫婦が交代で休業を取得する際には、その交代日は「1歳到達日の翌日」に限定されなくなります。施行は、令和4年10月1日です。

# Q7 有期の育休条件は？　1年以上勤続廃止と聞く

有期雇用労働者が育児休業を取得するには、1年以上の雇用期間が必要です。この条件が撤廃されたとのことですが、会社は無条件に育休の取得を認めるべきという結論になるのでしょうか。【徳島・I社】

# A. 労使協定で除外が可能

有期雇用労働者が、育児休業や介護休業の取得を申し出るためには、「事業主に引き続き雇用された期間が1年以上」必要とされていましたが、令和4年4月からなくなりました。

育児休業の取得申出にはもう1つ条件があります。子が1歳6カ月に達する日までに、労働契約（更新される場合には、更新後）の

育
介
法

期間が満了することが明らかでない必要があります。介護に関して
は、育児の1歳6カ月を、開始予定日から93日を経過する日から6
カ月を経過する日と読み替えるイメージです。

　育介法が改正され、引き続き1年以上雇用されていない者を労使
協定により除外することは可能です（育介法6条）。

　もう1つの「子が1歳半までの期間満了することが明らかでない」
という条件も残ります。あらかじめ更新回数の上限が設定されてい
るような場合が該当しますが、この場合でも過去の更新状況など実
態をみて判断することがあります。

## Q8 パパ休暇との違いは？　どの点で優遇される　新設の出生時育児休業

　男性の育休取得を促進する改正育介法が施行されました。一番
のセールスポイントとして、「子の出生直後の休業制度（出生時
育児休業）」の創設が注目されます。他社も含め話を聞くと、確
かに男性の育休申出は「妻の産休中」に集中しているようです。
しかし、過去「パパ休暇」という仕組みが設けられていました。
新制度は、これまでと比べ、どのような点が優遇されているので
しょうか。【神奈川・S社】

## A. 長い申出期間や就労条件

　改正育介法は、4段階に分けて施行されます。出生時育児休業の
施行日は、令和4年10月1日です。

　出生時育児休業は、「子の出生の日から8週間を経過する日の翌日
まで（略）の期間内に4週間以内の期間を定めてする休業」と定義
されています（育介法9条の2）。

　一方、改正前の規定でも、男性を対象とする出生後8週間の休業
に関する特例（パパ休暇、育介法5条2項）が設けられていました。

パパ休暇は、特別な事情がなくても、2回目（パパ休暇とは別の育休）の申出が可能としていました。

ただし、「特例」はその点のみで、その他の取得要件・手続きに関しては、通常の育児休業と変わりありませんでした。

これに対して、新設された出生時育児休業は、「男性の育休取得促進」等の観点から、通常の育休とは異なる制度設計となっています。

まず、休業の取得対象期間は同じく「出生後8週間」ですが、取得可能日数自体は4週間に制限されています。

しかし、通常の育休が1カ月前の申出（子が早く出生した場合等は1週間）を条件としているのに対し、原則2週間前（同1週間）で可としています。休業の分割（2回まで）も認められます（この点は、改正後の「通常の育休」も同様です）。

通常の育休期間中は、就労が認められるのは「一時的・臨時的」な場合に限られます。「恒常的・定期的に就労するときは（そもそも）休業と認められない」という解釈です。しかし、出生時育児休業は、労使協定の締結等を前提に、「あらかじめ定められたスケジュールに沿って」働くことも可能とされています。

## Q9 パパ・ママプラスの扱いは？ 期間途中に夫婦交代 法改正あって変更点どこ

改正育介法の内容をチェックしていて、「期間途中での夫婦交代」という項目をみつけました。私は、「基本的に男女（夫婦）が独立して育児休業の申出ができ、夫婦が同時に取得可能」と理解しています。関係ありそうなものとして「パパ・ママ育休プラス」がありますが、改正条文をみても大きな修正があったように思えません。夫婦交代について、どのような改正が実施されたのでしょうか。【東京・Z社】

育 介 法

# A. 1～1歳半でも可能へ

　ご質問にある「夫婦交代」に関する改正は、1歳以降（または1歳6カ月以降）の休業延長に関するものです。1歳を例に取って説明を進めます。

　「保育所の利用不能」「常態として子の養育を行う配偶者の死亡」など雇用継続のためとくに必要な事情が発生した場合、1歳を超えて育児休業の申出ができます（育介法5条3項）。

　ただし、改正前の規定では、「1歳到達日の翌日」を休業日として指定する必要があるため、その時点でしか夫婦交代ができません。子が1歳から1歳6カ月に達する「途中での交代」はできない規定となっていました。なお、「パパ・ママ育休プラス」については、前記の「1歳到達日」を「1歳到達日後の育休終了日」と読み替えます。

　改正後は、休業開始日を「1歳到達日の翌日（配偶者が休業中のときは終了予定日の翌日以前の日）」に変更します。カッコ書きの追加で、子が1歳から1歳6カ月に達する「途中での交代」が可能となります。

　このほか、1歳以降の休業再取得に関する規定も整備しました。改正前の規定では、1歳を過ぎた後に、特別な事情（第1子の育休終了の事由となった第2子の死亡など。改正後の育介則5条の2）が発生しても、再取得できる特例が設けられていませんでした。

　この点について、改正法では、1歳以降の休業延長に関するルールを次のように改め、対応します。原則、「①子が1歳時点で夫婦どちらかが休業中」「②雇用継続に必要な事情が発生」「③1歳到達後に休業未取得」の3条件を満たせば延長可能ですが、②特別な事情（前記）が発生した際は、①③の要件は問いません。

　これらの規定は、「令和4年10月1日」から施行されます。

 **同居すれば対象か　介護休業等の範囲**

介護休業等の対象となる家族の範囲ですが、同居や扶養という要件を満たせば休業等の請求は可能でしょうか。【山梨・R社】

# A. 付与義務なく給付も対象外

介護休業等の対象となるのは、「対象家族」（育介法2条4号）です。配偶者（事実婚を含む）、父母、子、配偶者の父母、祖父母、兄弟姉妹および孫です。祖父母、兄弟および孫は、「かつ」同居・扶養という要件が過去ありましたが現在はありません。同居・扶養という要件を満たせば、上記以外のたとえば叔父や叔母等が対象となるわけではありません。

一方で、広く「家族」を対象とした措置もあります。たとえば、介護休業等に準ずる措置に関する法24条2項があり、ここでいう家族の範囲は、対象家族および「これら以外の同居の親族」です（法2条5号および則4条）。

この場合の「同居」とは、世帯を同じくしている場合のほか、労働者が介護のために別居していた家族の家に泊り込んだり、介護のために別居していた家族を当該労働者宅に引き取る場合を含める（平28・8・2雇児発0802第3号）としています。ただし、同項は努力義務です。雇用保険の介護休業給付金の対象にもなりません。

# Q11 看護休暇どう計算　実際には取得1時間未満

「子供の体調が悪く迎えに来てほしいと保育園から連絡があったので看護休暇を1時間取得し早退したい」と労働者から申出があり認めましたが、実際の退社は終業時刻の45分前でした。当社は分単位の取得を認めていないのですが、1時間分とカウントして良いのでしょうか。【千葉・H社】

## A. 切り上げてカウント可

　令和3年1月から、原則、子の看護休暇と介護休暇を時間単位で取得できるようにすることが求められるようになりました（育介法16条の2、16条の5）。1日当たりの時間数は、1日の所定労働時間で、1時間に満たない端数は切り上げます（育介則34条2項、40条2項）。

　終業時刻の1時間前から看護・介護休暇を取得したいと労働者が申出をしたものの、実際に休んだ時間が1時間に満たない場合については、1時間分の看護・介護休暇を取得したと処理して差し支えないとされています（令2・9・11「子の看護休暇・介護休暇の時間単位での取得に関するQ＆A」）。ただし、労働者が休んだ時間分の賃金を控除する際は、実際に休んだ時間を超えて控除してはならないとしている点に注意が必要です。

 看護休暇を前借り？　入社６カ月未満の扱い

　　当社では、労使協定を締結して子の看護休暇等の適用を一部除外しています。入社間もない人が休暇をどうしても取得したいという場合に、法的には前借りは不可という認識で間違いないでしょうか。【大阪・Ｔ社】

# A. 年度で付与等本人有利なら

　子の看護休暇の対象から除外するには、労使協定の締結が必要です（育介法 16 条の 3）。除外できるのは、雇入れ後 6 カ月未満の労働者や週の所定労働日数が 2 日以下の労働者等です。

　指針（平 29・9・27 厚労省告示 307 号）では、「労使協定を締結する場合」であっても、雇用期間が短い従業員に対して、一定の日数について子の看護休暇が取得できるようにすることが望ましいとしています。

　厚生労働省が示す規定例において、先に付与した日数分は、6 カ月経過時（後）に取得できる当該子の人数に応じた日数から差し引くことができるという一文があります。ただし、前提として一律に年度単位で付与するという条件になっています。法定の付与日に対して、それを本来よりも前倒しにしているようなイメージです。

# 第10章
# その他労働関係法

パート・有期雇用労働法関係
雇用機会均等法関係
高年齢者雇用安定法関係
障害者雇用促進法関係
労働契約法関係
労働施策総合推進法関係
賃金支払確保法関係

# パート・有期雇用労働法関係

 「登用あり」で足りる？　入社時に交わす書面

新たに雇用するアルバイトに労働条件を明示する際、正社員登用制度はとくに明記していませんでした。雇入時に労働条件を説明する場合に、登用制度ありで義務を果たしたことになるでしょうか。【広島・S社】

## A. 説明義務を果たさない

労働者を短時間・有期雇用する場合に必要な労働条件の明示事項は、労基法15条をベースにして、さらにパート・有期雇用労働法で上乗せしている形です。上乗せしているのは、昇給の有無、退職手当の有無、賞与の有無および相談窓口です（則2条1項）。正社員登用制度の有無に関する項目はなく、厚生労働省のモデル労働条件通知書にも書かれていません。

パート・有期雇用労働法14条は、8〜13条までの規定により措置を講ずべき事項について、労働者を雇い入れたときなどに説明しなければならないと定めています。13条が、通常の労働者への転換措置です。試験制度を設けるパターンは選択肢の1つですが、貴社ではこの措置を選択しているということになります。説明義務を果たしたというためには、「資料を活用し、口頭により行う」（平31・1・30雇均発0130第1号）のが基本です。就業規則の条項を記載し、閲覧させるという方法も考えられます。貴社では就業規則で、登用の基準をきちんと定めておく必要があるでしょう。

**福利厚生を説明？　設備や規定ない場合**

> パート等への待遇の説明ですが、更衣室そのものや就業規則で教育訓練に関する規定がありません。説明する際は「なし」とすれば良いでしょうか。そもそも待遇の相違なしといえそうですが……。【福岡・R社】

# A. 雇入れや更新時なら不要に

　短時間・有期雇用労働者は、正社員等と労働条件が異なる理由が分からず不満を抱く場合も少なくないとして、パート・有期雇用労働法では、説明の義務を課しています（14条）。福利厚生施設の利用（12条）も説明が必要な事項です。なお、更衣設備は必要な場合もあることは、念のため注意が必要です（事務所則18条2項）。

　説明が必要なタイミングは2つです。雇入時（法14条1項、更新時含む）は、待遇の相違があるものを説明すれば足り、規定等にないものを説明する必要はありません。通達（平31・1・30雇均発0130第1号）でも、「ない」旨を説明しなくても同項に違反しないとあります。

　一方、労働者から求めがあった場合の説明（2項）ですが、教育訓練（11条）および福利厚生施設（12条）について、通常の労働者にも実施していないまたは利用させていない場合には、講ずべき措置がないためであることを説明する必要があるとしています（前掲通達）。法は、当該事業所のみならず事業主を単位として広く説明の対象にしています。教育訓練の方で説明を求められる可能性はあるでしょう。

その他

## Q3 食事補助など必要か　社員食堂ない営業所

社員食堂は本社のみにありますが、地方の支店・営業所から不公平との声が上がってきました。気になるのはパート・有期雇用労働法で、食事補助など何らかの策を講じるべきでしょうか。【静岡・Ｋ社】

## A. 施設なければやむを得ない

パート等の比較対象となる通常の労働者の範囲は、「同一の事業主」について判断します。

パート・有期雇用労働法 12 条は、たとえば、定員の関係で給食施設を事業所の労働者全員が利用できないような場合に、増築などをして全員に利用の機会を与えることまでを求めるものではないとしています（平 31・1・30 雇均発 0130 第 1 号）。

パート等が雇用される事業所には給食施設がなく、当該事業所の通常の労働者にも給食施設の利用の機会が付与されていない場合はどうでしょうか。その場合、給食施設がある他の事業所に雇用される通常の労働者には利用の機会が付与されているからといって、当該パート等に給食施設の利用の機会を与える必要はないことが通常（前掲通達）とあります。なお、こうした不公平感を緩和するため、新たに食事代補助を検討する企業はあるようです。

# 雇用機会均等法関係

## Q4 妊婦へ配慮どこまで　就業規則に規定なし

妊娠中の従業員から通勤時の電車が混雑してきたので何らか配慮してほしいという要望がありました。就業規則等には具体的な規定はありません。どこまで応じるべきなのでしょうか。【大阪・A社】

## A. 通勤経路などの変更も含む

均等法13条に基づき、妊産婦に対して、事業主には一定の措置を講ずべき義務が定められています。指針（平9・9・25労働省告示105号）により講ずべき措置には、3パターンあります。妊娠中の通勤緩和、妊娠中の休憩、妊娠中・出産後の症状等に対応する措置です。原則として、医師等からの指導があることが前提です。令和3年7月1日からは、医師等の指導内容を事業主へ伝えるための母性健康管理指導事項連絡カードの様式が改正されました。

医師等による具体的な指導がない場合も、通勤緩和や休憩に関して本人から具体的な申出があったとき、事業主は、担当医の判断を求める等適切な対応が必要です（前掲指針）。

通勤緩和に関して通達（平9・11・4基発695号）は、指針の「時差出勤、勤務時間の短縮等」の「等」には、交通手段や通勤経路の変更が含まれるとしています。産業保健スタッフ等の助言に基づき従業員と話し合って決めることが望ましいでしょう。

その他

# 高年齢者雇用安定法関係

 雇用以外の方法どうする　70歳まで就業を確保

高年法により、事業主は「70歳までの就業確保」のための措置を講じるものとされています。当社では、高年齢者の選択ニーズに応えるため、継続雇用だけでなく、創業支援等措置の整備にも取り組む方針です。具体的には、どのような対応が求められるのでしょうか。【兵庫・O社】

## A. 過半数代表から同意得て　計画作成して周知が必要

「70歳までの就業確保」措置は、雇用によるタイプ（高年法10条の2第1項）と創業支援等を行うタイプ（同条2項）に分かれます。両者の関係は、法の条件に適合する後者（創業支援等）の仕組みを整備した場合、重ねて前者（雇用による就業確保）の措置を講じる必要はありません。

創業支援等措置には、2種類あります。第1は、「起業に対する」支援で、65歳到達後の高年齢者と、70歳まで継続的に業務委託契約を締結する制度を設けます。従業員は、雇用労働者ではなく、個人事業主の立場で仕事を請け負い、報酬を得ます。

第2は、社会貢献活動への支援で、「事業主が自ら実施する事業」または「事業主が委託・出資その他の援助を行う団体」と、65歳到達後の高年齢者が委託契約（有償の契約）を結び、社会貢献事業に従事する形を採ります。

創業支援等措置を講じる際には、過半数労組（ないときは過半数

代表者）の同意を得る必要があります。

　具体的には、事業主が「創業支援等措置の実施計画」を作成し、過半数代表と話し合います。実施計画は「事業所単位」で定めるのが原則ですが、企業単位で統一した制度を設け、各事業所の過半数代表が合意すれば、企業単位で協定することも可能です。計画に定めるべき事項は、次のとおりです（高年則4条の5）。

① 就業確保措置のうち、創業支援等措置を講じる理由
② 高年齢者が従事する業務の内容
③ 支払う金銭
④ 契約締結の頻度
⑤ 契約に係る納品
⑥ 契約の変更
⑦ 契約の終了
⑧ 諸経費の取り扱い
⑨ 安全・衛生
⑩ 災害補償・業務外の傷病扶助
⑪ 社会貢献事業を実施する法人その他の団体に関する事項
⑫ 創業支援等措置の対象となる労働者の全てに適用する定め

　事業主は、過半数代表の同意を得て計画を定めたときは、掲示・書面の交付・社内LAN等により、周知を行います。社外で働く従業員（出向労働者やグループ会社で継続雇用されている高齢者）も周知の対象になる点に留意が求められます。

その他

## Q6 どこまで確保必要か　継続雇用制度を採用　65歳以上の努力義務化

令和3年4月1日から、「70歳までの就業確保」が努力義務とされました。当社としては、早期に法改正に対応した措置を整備したいと考えています。「65歳以上継続雇用制度」を選択した場合、どこまで雇用を確保すれば、責任を果たしたといえるのでしょうか。移籍出向の形を採り、継続雇用を約束した会社が、途中で（たとえば67歳で）雇用を打ち切った場合どうなるのでしょうか。【京都・S社】

## A. 整備だけで要件満たす

改正高年法で求める「高年齢者就業確保措置」は、大きく2グループに分かれます。第1は「雇用」タイプ（高年法10条の2第1項）で、第2は「創業支援」タイプ（同条2項）です。

雇用タイプは、定年の引上げ、65歳以上継続雇用制度、定年の廃止の3種類です。

「65歳以上継続雇用制度」は、改正前の「65歳まで希望者全員継続雇用」と異なり、対象者の選別（対象者基準の設定）が認められています（「高年齢者就業確保措置に関する指針」令2・10・30厚労省告示180号）。選別を行う際は、「過半数労組等の同意」を得るのが望ましいとされています。

また、グループ企業以外（議決権20％未満の企業）で高齢者を受け入れることも可能です。

他社で継続雇用（グループ企業以外の会社を含みます）する場合、その会社との間で「引き続き雇用することを約する契約」を締結する必要があります。

就業確保措置の対象となるのは、「雇用する労働者（65歳までの継続雇用制度に基づき、特殊関係事業主〈継続雇用を約束したグルー

プ会社の事業主〉に現に雇用されている者を含む）」です（改正後の高年則4条の4）。つまり、本社で60歳定年制等を設け、定年到達時に移籍出向により雇用を確保したときも、65歳時点で就業確保措置を講じるのは「本社（60歳まで雇用していた事業主）」という解釈になります。

　ご質問は、65歳に到達した後、「移籍出向先が解雇等により70歳まで就業を継続できなかった」場合における取扱いについてです。この点に関しては、厚労省「改正高年法Q＆A」により、本社サイドは70歳までの就業確保措置を整備することで努力義務を満たし、「70歳までの残りの期間について、改めて就業確保措置を講じる必要はない」という解釈が示されています。

## Q7 継続可否いつ判断　70歳雇用　定年時だと早すぎて

　70歳までの継続雇用制度は自社で行うことを検討しています。対象者の基準を定めることが可能といいますが、その判断は定年時（60歳）では早すぎるように思います。適当な時期はいつ頃になるでしょうか。【福岡・U社】

## A. 健診結果などは直近重視も

　65歳以上も雇用するとした場合に、選択肢は自社に限られず他社も可能です（改正法10条の2第3項）。就業機会を確保する必要があるのは、当該労働者を60歳まで雇用していた事業主です（10章Q6、360ページ参照）。対象者の基準を定めるのも、元の事業主です。

　これまでの継続雇用の対象者基準（経過措置）の判断のタイミングは大きく2つありました。定年時点と対象年齢の直前です。厚生労働省は、基準の具体的な内容に左右されるとしたうえで、労使の判断に委ねるとしていました。たとえば、定年時点の健康診断の結

果をいつまでも重視するのは実態にそぐわないでしょう。

　65歳以上継続雇用制度は、その雇用する高年齢者が希望するとき
に、引き続いて雇用する制度です（法10条の2第1項）。厚生労働
省は、特殊関係事業主に雇用された場合ですが、「改めて高年齢者の
希望を聴取し、適切な措置を講じることが望ましい」としています（改
正高年法Q＆A）。

 対象者基準を見直し？　65歳以上柔軟にしたい

　　65歳以上の継続雇用制度を設けた場合の対象者基準ですが、
実際運用してみないと分からない部分もあるため、適宜見直した
いのですが可能でしょうか。そもそも、対象者基準は就業規則、
労使協定のいずれによるべきでしょうか。【山口・D社】

## A. 「就業規則」変更の問題

　65歳以上の継続雇用制度は、努力義務である就業確保措置の選択
肢の1つになります（高年法10条の2）。

　対象者基準の内容は、原則として労使に委ねられますが、過半数
労働組合等との間で十分協議したうえで、同意を得ることが望まし
いという扱いです。厚生労働省の改正高年法Q＆Aでは、就業規則
の記載例が設けられている一方、指針（令2・10・30厚労省告示
351号）では労使協定の締結について特段規定はありません。

　対象者基準の変更に関して、65歳までの雇用確保措置については、
厚生労働省は可能としていました。Q＆Aで「（平成25年3月31日
までに）経過措置により基準を定める場合、（略）内容を変更して新
たに労使協定を締結して、新たな基準を定めることもできます」と
あります。ただし、「具体性・客観性を備えた基準とすることが求め
られ」ます。労使間であらためて協議したうえで、就業規則を変更

することで基準を見直すこと自体は可能でしょう。

## Q9 上司の推薦条件は？　70歳まで継続雇用

　パート・アルバイト等から正社員登用する際の基準を「上司の推薦がある者に限る」としています。改正高年法への対応で、高年齢者を65歳以上も雇用する際の基準も同じく推薦を条件にしても良いでしょうか。【鳥取・S社】

## A. 客観的基準も明らかにする

　パート・有期雇用労働者を通常の労働者へ登用するための制度として、たとえば勤続年数やその職務に必要な資格等があり得ますが、対象者がほとんど存在しないようなものは、法13条の措置として認められないことがあります（平31・1・30雇均発0130第1号）。

　次に、65歳から70歳までの就業機会確保は努力義務であり、措置の対象となる高年齢者の基準を定めることは可能です（令2・10・30厚労省告示351号）。対象者の基準を定める際は、過半数労働組合等の同意を得ることが望ましいとしています。なお、60歳から65歳までの対象者基準の仕組みに関して、就業規則の変更で対応が可能でした。

　厚労省は、労使で十分に協議しても、上司の推薦がある者に限る「のみ」を条件にすることは基準がないに等しく、法改正の趣旨に反するおそれがあるとしています（改正高年法Q&A）。その他、能力等を具体的、客観的に測ることのできる基準も明らかにしておくということでしょう。

# Q10 就業機会確保該当か 派遣会社の紹介あっせん

70歳までの就業機会を確保するうえで、自社に限らない仕組みがあるといいます。派遣会社の活用は可能でしょうか。【富山・H社】

## A. 「登録型」対象外に

65歳から70歳までの就業機会の確保措置（努力義務）は、雇用による措置と雇用以外の措置に分けることができます（法10条の2）。雇用には、65歳までの継続雇用制度でも認められている特殊関係事業主に加えて、他の事業主によるものも含みます。

厚生労働省は、再就職・社会貢献活動をあっせんする機関への登録などは、高年齢者の就業先が定まらないため、高年齢者就業確保措置とは認められないとしています（「高年齢者雇用安定法改正の概要」詳細版）。

派遣に関しては、いわゆる常用型派遣（派遣元が常時雇用する労働者の中から労働者派遣を行うこと）は（継続雇用先として）認められますが（改正高年法Q＆A）、いわゆる登録型は雇用機会が確保されているとはいえず認められないとしています。他の事業主により継続雇用を行う場合には、契約の締結が要件で、紛争防止の観点からは書面が望ましいとされ、例も示されています（前掲Q＆A）。

## Q11 無期転換の心配が？　70歳まで就業機会確保

当社では、60歳定年後は継続雇用制度を導入して、1年の有期雇用契約を締結、更新してきました。70歳まで雇用等が求められたことと、無期転換権の関係はどう考えれば良いのでしょうか。【新潟・D社】

# A. 第二種計画認定を確認

労働契約法18条は、同一の使用者との間で、2以上の有期労働契約を通算した期間が、5年を超える労働者について、無期転換権が発生する旨規定しています。

1年ごとの契約更新を繰り返せば、2以上の要件は満たしますが、5年で契約期間が満了すれば5年を超えることはありませんでした。高年法10条の2の高年齢者就業確保措置は、65歳から70歳までの安定した雇用を確保するよう努めなければならないとしています。その方法は、自社における雇用に限りませんが、65歳以上の継続雇用制度も選択肢の1つです。

定年後引き続いて雇用する人は、5年の通算契約期間から除外する特例があります（有期特措法8条）。都道府県労働局に第二種計画認定・変更申請書を出す必要があります。この仕組み自体は目新しいものではないですが、認定様式に一部変更があり、代表者氏名の欄の押印がなくなり、高年齢者雇用「等」推進者（選任は努力義務）の名称が変わっています。これは、業務に高年齢者就業確保措置（高年法10条の2）の推進が追加されたことに伴うものです。

# 障害者雇用促進法関係

## Q12 実雇用率をみる？　障害者数のカウント

従業員が 100 人で障害者が 2 人いたとき、実際の雇用率は 2％です。法定の雇用率は、2.2％ですが、これを満たさず違法なのでしょうか。【佐賀・D 社】

## A. 法定率乗じて端数は切捨て

雇用する対象障害者の数は、雇用する労働者の数に障害者雇用率を乗じて得た数以上にする必要があります（障雇法 43 条 1 項）。業種によって労働者数から一定の割合を除外できる仕組みがありますが、ここでは 0％として考えます。

障害者雇用率は、令和 3 年 3 月 1 日から 2.3％に引き上げられています（令 9 条、令 2・10・14 政令 311 号）。常時雇用する労働者が 100 人いるときに、3 月以降は 2.3 を乗じます。端数を切り捨てて 2 人以上雇用していれば良いことになります（同項）。

雇用率を計算するうえでは細かいルールがあります（法 43 条 8 項）。分母の常用雇用労働者数を計算する際、短時間労働者（週 20 時間以上 30 時間未満）は 0.5 人とカウントします（則 6 条）。分子の障害者数については、身体障害者・知的障害者に限り、重度障害者を 2 人（短時間の場合は 1 人）とカウントする特例が設けられています（則 5 条）。単純に従業員が 100 人といってもパートなどが極端に多ければ、ここでいう常時雇用する労働者数はそれよりも少なくなる可能性があります。

# 労働契約法関係

## Q13 自動的に無期転換？　契約期間は5年超過

　有期雇用を反復更新して5年以上が経過しました。就業規則を確認すると、無期雇用社員用がありました。労契法には無期転換の仕組みがありますが、自動的に無期雇用に切り換わっていたのでしょうか。【宮城・Ｓ生】

## A. 無期転換は申込みが条件　有期が有利な場合あり

　仮に、雇止めされたときですが、雇止めの有効性を考えるうえでは、労働契約法19条でいわゆる雇止め法理について規定しています。雇止めされた「労働者が有期労働契約の更新・締結の申込み」をした場合で、雇止めが客観的に合理的な理由を欠き、社会通念上相当であると認められないときは、労働者の更新・締結の申込みを使用者は承諾したものとみなすという効果があります。この場合、これまでの有期労働契約が更新された形になります。

　無期転換権は、労働者が期間の定めのない労働契約の締結の申込みをしたとき（労契法18条）という条件があります。19条と18条は別の規定です。学説（荒木尚志ほか「詳説労働契約法」）においては、「有期労働契約であることに伴い労働者に有利な労働条件が定められることもあるので自動的な無期転換ではなく」権利を与えたとしています。いわゆる有期プレミアム（菅野和夫「労働法」）がある場合を考慮しています。

その他

# 労働施策総合推進法関係

## Q14 年齢制限は禁止？ 有期の正社員登用判断で

正社員登用制度を設けようと考えています。現在雇用中の有期契約の従業員のみが対象で、自社ウェブページやハローワークを通じた募集は行いません。この場合も年齢制限の設定は禁止されていますか。【神奈川・G社】

## A. 被雇用者のみなら抵触せず

労働施策総合推進法9条は、募集・採用は、年齢にかかわりなく均等な機会を与えなければならないとしています。同法施行規則1条の3で例外を挙げ、たとえば長期勤続によるキャリア形成を図る観点から期間の定めのない労働契約で若年者を対象とする場合などです。

雇用する有期契約労働者だけが対象の正社員登用制度においては、年齢制限を設けることは可能です。すでに雇用されている従業員の労働契約を更改するのみで広く一般から募集をしないことから、同法9条の募集・採用に該当しないとしています（厚労省「労働者の募集及び採用における年齢制限禁止の義務化に係るQ&A」）。ただ、一般的に、個人の能力・適性をなどで判断するのが望ましいとしています。

## Q15　中途採用率公表どこまで　4月1日時点の情報か

労働専門紙の紙面で、「中途採用比率の公表」が義務付けられるという記事を読んだ記憶があります。具体的には、会社としてどの程度の措置を講じればよいのでしょうか。当然、最新の情報を示す必要があると思いますが、たとえば、4月1日現在の数字を掲載するという形を採れば、義務を果たしたことになるのでしょうか。【神奈川・R社】

## A.　「直近3年度分」が必要　原則はインターネットで

「中途採用比率の公表」は、令和2年3月31日公布の「雇用保険法等の一部を改正する法律」のなかに規定されています。施行は、令和3年4月1日です。令和2年12月末には、細部を定める施行規則も公布されました（通達等も発出）。「職業生活の長期化」が進むなか、新卒採用中心の人員配置計画は見直しを迫られています。中途採用に関する環境整備として、政府は「職業情報の見える化」を推進していますが、法改正はその一環です。

「中途採用比率の公表」に関する規定は、労働施策総合推進法に置かれています。まず、国が実施すべき施策として、「雇用管理・採用の状況その他の情報提供のために必要な施策」が追加されました（労推法4条6号）。そのうえで、「中途採用に関する情報の公表を促進するための措置等」という章を新設しました（7章）。

法27条の2第1項では、常時雇用労働者301人以上の大企業を対象に、「中途採用者の割合を定期的に公表」する義務を課しました。

同2項では、中小事業主も含め、上記以外の情報も併せて「自主的な公表が促進」されるよう、国が必要な支援を行うとしています。

当回答では、強制義務である1項の内容について、施行規則の規定も踏まえ、内容を確認します。

その他

公表すべき情報は、「通常の労働者・これに準ずる者に占める中途採用者の割合」です。

通常の労働者に準ずる者とは、「無期労働契約を締結し、週の所定労働時間が通常の労働者より短く、通常の労働者と同等の待遇を受けるもの」を指します（労推則9条の2第2項）。

中途採用者とは新規学卒採用者等以外の者をいい、新規学卒採用者等には学校教育法で定める学校の在籍者の他、「学校・専修学校の卒業者、職業能力開発総合大学校、各種学校等の在学者・卒業者等」（同3項）が含まれます。

中途採用者の割合は、「直近の3年度」を基準として算定します。「おおむね1年に1回以上、公表した日を明らかにして」、インターネット等により、公表します（労推則9条の2第1項）。貴社の事業年度の末日を基準として計算し、毎年、更新する形になります。

## Q16 300人のカウントは　中途採用率を公表で

中途採用率の公表では、パート、アルバイトなどを含めず正規雇用者が対象と思います。公表の適用が猶予される300人のカウントも正規雇用者の数でしょうか。【愛知・K社】

## A. 「常時雇用」にパートら含む

令和3年4月からは、「直近の3事業年度の各年度について、雇い入れた通常の労働者及びこれに準ずる者に占める中途採用比率」を公表することが必要です（労推法27条の2、労推則9条の2）。ただし、対象となるのは、常時雇用する労働者の数が300人を超える事業主です。

300人のカウントにおける常時雇用の定義は、「期間の定めなく雇用されている者」だけでなく、いわゆる有期雇用であっても「過去

１年以上引き続いて雇用されている者」（見込み含む）です（令３・２・９職発0329第３号）。ただし、昼間学生などは含みません（厚労省「２・９解釈事項等」）。

　中途採用率を計算するうえでの注意点ですが、分母・分子の対象は「通常の労働者」等とあり（通達等では「正規雇用労働者」）、パート・有期雇用労働法２条の正規型および無期雇用フルタイムの労働者を指します。ただし、分子について、採用時にパート等であっても、たとえば正社員に転換した場合、中途採用と扱います（前掲通達）。

## Q17　パワハラ被害者多数！？　就業環境を害したならば

　パワーハラスメントの防止措置として、労働者の就業環境が害されないよう、体制整備等が求められています。当事者以外の周囲が不快に感じるような言動もパワハラとなる場合があるということでしょうか。【山形・Ｊ社】

## A. 威圧や見せしめとされる可能性

　中小事業主は、令和４年４月からパワハラ防止のための体制整備等を講じなければなりません。たとえば、上司から部下へ「業務上必要かつ相当な範囲を超えた」言動が行われると、パワハラの３要素のうち１つを満たす形です。その他に、「職場において行われる優越的な関係」や「労働者の就業環境が害される」という要素があります。

　ハラスメントの類型の１つにマタニティハラスメント（マタハラ）があります。他の女性労働者の妊娠、出産等の否定につながる言動（当該女性に直接行わない言動含む）もハラスメントに該当し得る（平28・８・２厚生労働省告示312号）とあります。

　パワハラに関しても、一見、特定の労働者に対する言動に見えても、

その他

周囲の労働者に対しても威圧するために見せしめとして行われていると客観的に認められるような場合には、周囲の労働者に対するパワハラとも評価できる場合もあり留意が必要です（令2・2・10雇均発0210第1号）。

## Q18 相談対応はどこに　出向先でパワハラ被害

当社から出向中の従業員が、出向先でいじめ・嫌がらせを受けたといってきました。当社の相談窓口で対応すべきということになるのでしょうか。【福岡・H社】

## A. 「元」で配慮が望ましい

労働施策総合推進法30条の2は、事業主に対して、職場におけるパワハラに関し、労働者からの相談に応じ、適切に対応するために必要な体制の整備等を講じるよう義務付けています（中小企業は令和4年4月1日施行、令元・法附則3条、令元・12・26政令211号）。

職場には、通常就業している場所以外にも、出張先、業務で使用する車中および取引先との打合せの場所等も含みます。労働者については、事業主が雇用する労働者のすべてをいいます。派遣労働者の場合は、派遣先も派遣労働者を雇用する事業主とみなします（派遣法47条の4）。一方で、出向にはこうした規定がありません。

出向労働者が、出向先で出向先の従業員からパワハラを受けたときですが、他の事業主が雇用する労働者の行為については、指針（令2・1・15厚生労働省告示5号）では自社において雇用管理上の配慮をすることが望ましいという位置付けです。他のハラスメント指針（たとえばセクハラやマタハラ指針）では、他社に事実関係の確認等の措置を講じるよう求めています。確認を求められた事業主は協力するよう努めるとしています。

## Q19　パワハラ被害どう救済？　中小企業へ適用を拡大

令和４年４月から、パワハラ防止法の適用範囲が中小企業にも広がりました。私の働く職場でも、ノルマを押し付ける上司の言動に疑問を抱くこともあります。この度の法整備により、パワハラ被害を受けた場合、どのような救済を受けられるようになるのでしょうか。【大阪・Ｎ生】

## A.　助言指導や勧告対象に　企業名公表のリスクも

パワハラの「法的責任」に関しては、労働施策総合推進法でパワハラ関係の規定が整備される以前から、不法行為責任や安全配慮義務違反をめぐる裁判が多数提起されてきました。

この度の法整備は、セクハラ（均等法）やマタハラ（均等法、育介法）と同じく、事業主に対し、パワハラ防止に関して、「雇用管理上の措置」を講じるよう求めるものです。具体的には、事業主は「パワハラ指針」（令２・１・15厚労省告示５号）に従って、パワハラを防止する社内体制の整備を進める必要があります。

雇用管理上の措置義務を定める労推法30条の２第１項は、令和２年６月１日に施行されました。中小企業は適用猶予とされていましたが、令和４年３月31日で、経過措置の期限が切れました。パワハラ防止の措置義務化とセットで、紛争の解決援助に関する特例規定も整備されましたが、こちらも労推法30条の２第１項に関するトラブルに限り、中小企業を対象とする適用猶予の対象とされていました。

令和４年４月以降は、中小企業の従業員も、「事業主の雇用管理上の措置」に対し不満があるときは、労推法30条の４から30条の８の規定に従い、紛争解決に関する援助を受けられるようになります。

パワハラ防止措置に関するトラブルが発生した場合、当事者の双

その他

方または一方は、都道府県労働局長に対して、解決の援助を求めることができます（労推法30条の5）。労働局長は必要に応じて助言、指導または勧告を行い、事業主が勧告に従わないときは企業名を公表できます（33条）。

　トラブルの当事者は、都道府県の紛争調整委員会に調停を申請することもできます（30条の6）。都道府県労働局長が「紛争の解決のために必要がある」と判断したときは、紛争についての調停を行うための会議（優越的言動問題調停会議）を主任となって主催する調停委員を指名します（令2・2・10雇均発0210第1号）。

　調停委員（3人）は関係当事者・参考人等の出頭を求め、意見を聴取したうえで、調停案を作成し、関係当事者に対して受諾を勧告します。しかし、受諾する義務はなく、委員会は調停による解決の見込みがないときは調停を打ち切ります。この場合、不服のある関係当事者は、さらに裁判を提起するなどして争うことになります。

# 賃金支払確保法関係

 退職金の原資あるか心配　法律で保証を義務付け？

　私の勤務する会社は中小企業で、従業員の年齢構成に偏りがあります。現在のところ、50歳代後半の従業員が多数いて、これから順次、退職金を受け取ります。私が退職するころには、退職金を支払う原資が不足するのではないかと心配しています。法律上、事業主に資金上の保証などが義務付けられているのでしょうか。【栃木・U社】

## A. 保全措置は「努力義務」　見積額の25％が目安に

　退職金も、「労使間であらかじめ支給条件が明確に定められ、その支払いが使用者の義務とされている」ときは、労基法上の賃金となります（労基法コンメンタール）。

　ですから、賃金の支払に関する労基法24条の規制を受けます。

　通貨払に関しては、労働者の同意を前提として銀行等への振込、小切手による支払いも可能とされています。

　全額払・直接払は原則どおりに適用されますが、退職金は「臨時に支払われる賃金」の一種なので毎月払・一定期日払は対象外です。就業規則に退職金に関する規定を設けるときは、その支払日も定めるので、その規定に従って支払います。

　しかし、破産等により「行為者に適法に行為する期待性がない場合には処罰されない」と解されています（前掲書）。

　退職手当の原資確保に関しては、賃確法（賃金の支払の確保等に

関する法律）中に規定が設けられています。

　同法5条では、「労働契約または労働協約、就業規則等において退職手当を支払うことを明らかにしたときは、貯蓄金の保全措置に準ずる措置を講じる」ように求めています。ただし、貯蓄金の保全措置（いわゆる社内預金等が対象）が強制義務なのに対し、退職金の保全措置は努力義務にとどまっています。

　なお、社外積立（中退共、厚年基金、確定給付企業年金等）を行っているときは、安全性が担保されているので、上記努力義務の対象から除外されています。

　事業主が講ずべき保全措置としては、次の3種類が示されています（賃確則5条の2）。

　　①　銀行その他の金融機関と一定額（要保全額）の支払いを保証する契約を締結
　　②　信託会社等と要保全額についての信託契約を締結
　　③　退職手当保全委員会（委員の半数は過半数代表の推薦）を設置

　要保全額としては、たとえば「全員が自己都合退職したとして計算した見積額の4分の1」等が挙げられています（賃確則5条）。

　保全措置の有無等を確保するとともに、義務未履行の場合には、今後、どのような対策を講じるべきか等について、労働組合等を通じて交渉を行うことも考えられます。

労働実務事例研究　2022年版

2022年 7月 8日　初版発行

編　　者　株式会社労働新聞社

発 行 所　株式会社労働新聞社
　　　　　〒173-0022　東京都板橋区仲町 29-9
　　　　　TEL：03-5926-6888（出版）　03-3956-3151（代表）
　　　　　FAX：03-5926-3180（出版）　03-3956-1611（代表）
　　　　　https://www.rodo.co.jp　　　pub@rodo.co.jp
印　　刷　モリモト印刷株式会社

ISBN 978-4-89761-897-5